국가안보와 대(對)테러전략

최 진 태

도서출판 대영문화사

머리말

미국 뉴욕에 위치한 세계무역센터(World Trade Center)에 대한 알카에다의 9·11 자살테러가 발생한 지도 벌써 8년이 지났다. 9·11 미 테러 이후 국제사회는 인류 공동의 발전, 인간의 존엄성, 그리고 평화를 위협하는 테러에 대한 대응을 위해 안보외교를 강화해 왔다. 아울러 다양한 대테러 정책과 전략을 통해 테러에 대한 극복 방안을 모색하고 있다. 그러나 테러는 줄어들 기미를 보이지 않고 있다. 2008년 한 해 동안 세계 각지에서 이슬람극단원리주의, 민족분리주의, 극우주의 등 다양한 요인에 기인한 테러가 3천 2백여 차례나 발생했으며, 이로 인해 3만 3천 명 이상이 소중한 목숨을 잃었다.

전대미문의 9·11 미 테러에서 증명되었듯이 준(準)군사조직 형태를 갖추고 잘 조직·훈련된 테러조직에 의해서 기획되고 자행되는 최근의 테러는 정치·전략적 접근, 공기무비(攻機無備), 수단 방법의 의외성, 폭력의 무(無)제한성, 위협의 무(無)지향성이라는 새로운 특징을 보이고 있다. 이에 따라 과거와는 다른 테러, 즉 뉴 테러는 21세기 국가안보에 핵심적이고도 새로운 위협으로 등장하고 있다.

테러가 새로운 위협으로 등장한 시대에 우리가 선택할 수 있는 유일한 대안은 단순 협박 테러이든 폭력이 수반되는 테러사건이든 완벽하게 대응할 수 있어야 한다는 것이다. 특히 국가안보 영역의 확대에 따라 국가안보의 개념이 변화되고 있으며, 이에 따라 한국의 국가안보에 대한 새로운 접근이 요구되며, 동시에 군의 역할도 전통적인 전쟁 대비 영역은 물론, 안정

작전 일환으로 실시되고 있는 비군사적 위협에 대한 대비까지 확대되어야 할 것이다.

테러가 빈번해지고 그 양상이 극단화·대규모화되는 추세를 고려할 경우 테러의 예방과 진압을 위한 군의 역할, 특히 대테러작전에서 군의 적극적인 역할 수행은 불가피해질 수밖에 없다. 따라서 군은 국가 대테러 담당 기관과의 유기적이고 체계적인 협조를 근간으로 테러사건이 발생되기 이전에 예방 저지활동에 주력하고, 테러사건이 발생된 이후에는 효과적으로 신속하게 진압할 수 있는 대테러작전 수행 능력을 발전시켜야 할 것이다.

테러의 양상 변화는 테러에 대한 새로운 접근을 요구하고 있으며, 뉴 테러에 대한 국가적 대비 태세와 군 차원의 대테러작전 수행 개념도 새로운 접근을 요구하고 있다. 특히 군의 대테러작전은 전통적 군사작전 이외에 정치, 외교, 경제, 민족, 그리고 종교 등 비군사적 요인을 포함한 수단과 전략이 동원되는 안정작전의 형태로 수행되는 세계적 추세에 따라 군의 역할과 수행 개념도 재정립되어야 하며, 정립된 작전 수행 개념의 효과적인 구현을 위한 대테러작전 능력을 요구하고 있다.

국가안보의 영역이 전통적인 군사적 영역에서 인간 안보를 포함한 포괄적 영역으로 확대되고 있으며, 군의 역할도 테러 대응을 포함한 전시 이외의 군사작전(Military Operation Other Than War: MOOTW)까지 확대되고 있다. 따라서 군은 테러 문제에 대해서 좀더 적극적이고 능동적으로 접근해야 한다. 특히 한국의 경제 발전과 해외 파병 등 국제적 위상이 제고되고 있는 상황에서 국제적 대테러 협력 체계 구축과 국민의 안전 확보 활동은 새로운 당면 과제가 되고 있다.

테러를 포함한 새로운 안보환경의 변화는 국가안보 태세 확립 차원에서 보면 위협의 양상 변화와 새로운 위협 요인이 등장했기 때문에 추가적인 대비 소요와 다양한 대응전략이 요구되는 것이다. 하지만 인간의 능력이 제한적이듯이 국가의 능력도 제한적이다. 국가안보 소요를 전적으로 충족시켜 줄 수 있는 국가의 예산과 자원도 제한적이므로 테러 대비에 필요한 전투력과 장비·물자의 확보를 정책 우선순위에 올려놓고 최우선적으로 시행하는 것은 정규전 위주의 전투 준비 태세를 하고 있는 군의 입장에서는 여러 가지 제한 사항이 있을 수밖에 있다. 따라서 이러한 다양한 안보 위협을 동시에 대비할 수 있는 융통성 있는 전략과 방안을 강구해야 한다.

이 저서는 상대적으로 테러의 안전지대로 평가받던 한국이 테러의 공격 대상으로 등장하고 있는 시점에서 국가안보에 영향을 미치는 국제 테러의 위협 분석과 동시에 한국의 테러환경 그리고 대테러 활동의 문제점을 분석함으로써 국가 차원의 대테러정책과 테러 위협에 대응하는 국가안보의 파수꾼인 군의 대테러작전에 대한 발전 방향을 제시하고, 이를 구체적으로 구현하기 위한 세부 방안을 제시하고자 하는 목적으로 시작된 작업의 결과이다. 그동안 군사학회, 육군, 육군발전협회, 장은재단, 군사사연구소 등의 대테러 연구 프로젝트에 참여하면서 축적된 자료는 이 책을 집필하는 데 필요한 방향 설정에 도움이 되었음을 밝혀 둔다.

2009년 9월
궐동에서
최진태

차 례

제 1 장 국가안보와 테러

제 1 절 국가안보 개념과 군의 역할

1 국가안보 영역의 확대에 따른 안보 개념 변화

전통적 안보 개념의 특징은 군사적 위협이 국가안보 문제 발생의 주요인으로 인식됨에 따라 대응책도 군사 중심의 사고가 지배적이고 위협 발생은 국내가 아닌 국외에서 그 초점이 맞추어져 있었다. 그리고 국가의 영토 개념이 중시되었고, 국경선이 국가안보 문제 발생의 핵심적인 판단 기준이 되었으며, 피·아(彼·我)와 우·적(友·敵)의 구별이 항상 명확했다. 따라서 군사 이외의 비군사적인 요소가 전혀 무시된 것은 아니지만, 단지 부차적·보조적인 것으로 간주되었다. 그러나 냉전 종식 후 국가안보 위협 요인은 전통적인 군사적 위협 요인 외에 정치 및 외교적 위협, 경제적 위협, 환경문제, 테러, 마약, 자연재난, 과학기술과 정보통신 발달 등도 새로운 안보 위협으로 등장했다. 이에 따라 국가 간의 분쟁 요인이 다양화되면서 대규모 군사력이 동원되는 국가 간의 전면전(全面戰) 가능성은 낮아진 반면에 테러, 자원, 환경, 영토 등의 문제로 인한 제한전(制限戰) 가능성이 높아졌다. 그리고 국가 이익 추구와 경쟁력 확보를 위해 첨단 과학기술의 중요성이 부각되고 있다.

과거에는 국가와 국가 간에 군사력을 통해 억제력과 방위력을 확보하기 위해 군비경쟁(arms race)이 치열했다. 그러나 지금은 군사적 위협보다 더 심각한 다양한 형태의 테러 때문에 국가안보 대비의 방향성이 불확실한 실정이다. 특히 테러의 특성상 언제, 어디서, 어떤 형태로 자행될 것인지 예측이 어렵기 때문에 충분한 군사력을 갖추고 있지만 효과적인 테러 대비 체계 구축과 작전 수행 방안을 설정하기가 어려운 실정이다. 이러한 국가 안보환경의 불확실성으로 인해 과거 국가안보의 중심적인 수단이 되었던 군사력의 유용성도 변화되었다. 아울러 이슬람 문화권과 기독교 문화권 간의 충돌이 지속되는 가운데, 국제 범죄, 테러, 마약, 환경오염, 난민문제, 컴퓨터 범죄 등 위협 요소들의 다양화로 기존의 국가 간의 위협은 물론 국가 대 개인 및 단체, 더 나아가 전 세계 차원의 초국가적 위협이 더욱 확산될 것으로 전망된다.[1]

안보 위협의 다양화로 인해 국가안보 영역이 확대되고 개념도 변화되고 있다. 즉, 국가안보의 영역이 군사 중심의 전통적 안보 영역에서 비군사적 영역인 정치・경제・사회・문화 등을 망라하는 포괄적 안보 영역으로 확대되었고, 이러한 영역을 포함한 안보 개념도 변화되고 있다. 이에 따라 과거 영토 확장 및 자원 확보 등을 위한 수단으로 사용되던 군사력 사용이 탈냉전 시대에는 비(非)군사적 영역으로까지 확대되었다. 특히 탈냉전 시대는 군사력이 주로 대(對)테러전에 운용되고 있고, 국가안보 영역에 경제와 과학기술의 유용성이 증대되고 있다. 즉, 과거의 물리적인 수단보다는 경제・기술이 다른 국가를 지배하고 통제할 수 있는 수단이 되고 있다. 그리고 자원, 환경, 영토, 종교 갈등 문제 등으로 분쟁 요인이 다양화되고, 경제・기술의 중요성이 부각됨에 따라 국가 이익 추구나 국가경쟁력 확보 차원에서 국가안보 영역과 개념도 비군사적 측면으로 확대되고 있다.

국가안보 영역의 확대는 곧 국가안보 개념을 변화시키고 있으며, 이러한 추세를 반영하여 국방대학교 안보 관계 용어집에서는 국가안보를 다음과

1) 김수은, 「국가안보와 전쟁」(서울: 합동참모대학, 2008), pp. 25-27.

같이 정의하고 있다.[2)]

> “국가안보는 군사, 비(非)군사에 걸친 국내외로부터 기인하는 각종 각양의 위협으로부터 국가 목표를 달성하는 데 있어서 추구하는 가치들을 보존, 향상시키기 위해서 정치, 외교, 사회, 문화, 경제, 과학기술에 있어서의 정책 체계를 종합적으로 운용함으로써 기존의 위협을 효과적으로 배제하고 또한 일어날 수 있는 위협의 발생을 미연에 방지하며 나아가 발생할 불시의 사태에 적절히 대처하는 것이다.”

이 국가안보의 개념은 전통적 국가안보 개념의 유용성을 인정하면서, 비군사적 위협 발생 가능성이 증대되고 있으며, 전통적 국가안보 개념보다 안보 위협이 복잡해짐에 따라 다각적 대응이 필요하다는 것을 내포하고 있다. 군사적 안보의 필요성과 중요성이 감소된 것은 아니고, 다른 부분의 중요성이 상대적으로 증대되었음을 의미한다. 이러한 변화된 국가안보 개념은 다음과 같은 특징을 보이고 있다.

첫째, 포괄적(comprehensive) 개념, 즉 탈냉전 후 국가의 보존 가치가 일국적, 군사적, 국가 중심적 한계를 초월하여 세계적, 비군사적, 사회 중심적, 인간 중심적 가치로 변화하고 있으며, 보호 대상의 다원화, 위협 근원의 다양화, 안보 주체의 다(多)차원화 등의 특징을 보인다.

둘째, 공동안보(common security) 개념으로 안보환경의 변화로 인해서 자국의 안보가 타국의 안보에 직접적인 영향을 받게 된다는 것이다. 이에 따라 안보를 대립과 경쟁이 아닌 협력과 조화를 바탕으로 접근해야 할 문제로 인식함을 제시해 준다.

셋째, 대안적 및 대체적 안보 개념으로서 군사적 수단만으로 국가안보 유지가 곤란하며, 환경과 식량 등 비군사 분야의 안전을 고려하고 있다.

---

2) 국방대학교, 「안보관계용어집」(서울: 국방대학교, 2007), p. 13.

2 새로운 국가안보 개념과 군의 역할

우리 군은 국방 목표를 "외부의 군사적 위협과 침략으로부터 국가를 보위하고, 평화 통일을 뒷받침하며, 지역의 안정과 세계 평화에 기여한다"로 설정하고 있다. "외부의 군사적 위협과 침략으로부터 국가를 보위한다"라고 함은 자유민주주의 이념 하에 국가 보위와 영구적 독립 보존이라는 국가 목표를 군사적 측면에서 구현하는 것이며, "평화통일을 뒷받침한다" 함은 전쟁 억제의 성공적 달성과 군사적 긴장 완화를 통해 한반도의 안정을 이룩함으로써 조국의 평화적 통일에 기여함을 의미한다. 그리고 "지역의 안정과 평화에 기여한다" 함은 우리의 군사작전이 안정과 평화를 위한 지역적 협력을 지향함으로써 우리의 군사력과 군사정책에 대한 국제적 정당성을 천명한다는 것이다.[3]

이와 같은 국방 목표의 달성을 위해 우리 군은 평시 전쟁 억제에 역점을 두면서 유사시에 대비하여 확고한 국방 태세를 유지하고 있으며, 유엔의 국제적 평화 유지 활동과 지역적 안정 노력에 능동적으로 참여하고 있다. 또한 군은 스스로 국가 발전에 동참하고, 국내외의 사회적 변화에 적응함과 아울러 국민을 위해 봉사하고 진정으로 국민 편익을 증진하는 데 앞장섬으로써 국민의 신뢰를 받는 군대상(軍隊像)을 확립하기 위한 노력을 경주하고 있다. 실제로 국가 발전을 위한 군의 능동적 역할은 여러 분야에서 이루어지고 있다. 대표적으로 군은 국방기술 인력을 양성・배출하고, 민・군 겸용 기술 개발을 적극 유도하며, 산・학・연 협조 체제를 구축하는 등 국가 과학기술 발전에 기여하고 있다. 또한 훈련된 인력과 장비를 활용하여 테러와 국가적 재해・재난 사태에 즉각 참여하고 지원함으로써 국민의 인명과 재산 보호에 일익을 담당하고 있다.

한편 변화된 안보환경에 맞춰 테러 및 마약과 관련된 국제 범죄, 환경문

3) http://www.mnd.mil(검색일: 2008.11.11).

제 등에 대처하는 군의 능동적 역할이 요구되고 있다. 이에 따라 우리 군은 전통적인 임무 외에 합동 안정 및 평화작전[4]을 수행하기 위한 체계와 능력을 구축해 나가고 있다. 이와 더불어 국민에게 다가서는 정책을 더욱 적극적으로 추진하기 위해 농촌 일손 돕기, 대민 지원, 국책사업 지원, 군사시설 이전 사업 등을 체계적으로 시행하고 있다.[5] 이와같이 군은 전통적인 위협인 전쟁에 대비하고 수행하는 군사적 역할뿐만 아니라 치안 유지 역할과 심지어는 민생 안정 역할까지 수행하는 등 광범위한 임무를 담당하고 있다.

3 정보기술과 전쟁 수행 방식의 변화

지난 100년간의 과학기술 발전은 인류 발생 이후 1900년까지의 과학기술 발전을 능가하며, 최근에는 2년 주기로 기술혁명이 이루어지면서 지식 반감기도 3~4년으로 단축되고 있다. 특히 우주항공, 정보통신, 원자, 생명공학, 로봇, 해양기술은 인간의 경제활동 공간을 우주, 사이버, 바다, 미시(微視) 세계 등으로 계속 확장시키고 있으며, 특히 정보기술(information technology: IT)의 폭발적 발전은 디지털혁명, 인터넷혁명으로 지칭될 만큼 전 지구적 차원에서 초 단위의 정보권 형성, 사이버 공간을 통해 '일'을 하고 '부(富)'를 창출하는 '시간', '공간', '거래', '관계'의 개념을 근본적으로

4) 합동 안정 및 평화작전이란 분쟁 및 평시에 군이 국익과 평화를 증진하고 국민의 생명과 재산을 보호하며 국가정책을 뒷받침하는 제반 활동을 말한다. 전쟁은 싸워서 승리하여 국가 생존을 보장하는 데 목적이 있는 반면, 합동 안정 및 평화작전은 전쟁 억제, 분쟁 해결, 국익 및 평화를 증진하는 데 그 목적이 있다. 합동 안정 및 평화작전은 전투나 비전투로 수행되며, 전투 상황에서는 국가의 생존을 보장하고 전쟁으로의 확대를 방지하는 데 중점을 둔다. 비전투 상황에서는 무력분쟁이 수반되지 않는 위기 상황에 관련된 문제를 해결하거나 국가 이익을 증진시키는 데 중점을 둔다. 비전투 상황일지라도 지휘관은 항시 전투 상황으로 전환될 것에 대비하여 계획하고 준비해야 한다. 합동 안정 및 평화작전은 국가 및 군사 전략 개념 하에 국가 모든 분야의 노력과 활동이 통합되고, 국제기구 또는 다른 국가와의 협조가 우선적으로 이루어져야 한다. 김선범, 『안정작전』(서울: 합동참모대학, 2008), pp. 27-28.

5) 국방부, 「국방백서」(서울: 국방부, 2006), pp. 54-55.

바꾸어 놓은 정보 · 지식사회의 새로운 문명 패러다임을 만들어내고 있다.[6]

과학기술은 전쟁의 수행과 성격에 영향을 끼치는 다수 요소 중 하나이나, 특정 전쟁에서의 전투 수행 방식을 결정해 주는 주요한 요인이 되고 있다. 많은 경우에 전투의 역사는 과학기술을 활용해서 군인들의 벌이는 투쟁의 역사로 전투의 승패는 과학기술을 가장 잘 활용할 수 있는지의 여부에 의해 결정되고 있다. 따라서 전투 결과에 영향을 끼치는 만큼이나 과학기술은 전쟁의 수행에 직접적인 영향을 끼치며, 간접적으로는 전쟁 이후의 평화에 더 많은 영향을 끼치고 있다. 오늘날에는 예전에 감히 상상조차 할 수 없던 성능을 가진 무기들이 지구상 곳곳에 몇 분 이내에 도달하는 상황이 전개되고 있다. 지난 200여 년간의 미국의 경험에서 보면 전쟁의 본질과 전법이란 측면에서 변화를 유발한 요인은 화력 · 정교성 및 사정거리 측면에서 무기의 변화였다. 이들 변화는 전투의 규모 · 강도 · 속도 · 조직 · 범주 및 비용이란 측면으로 반영되고 있다.

<표 1-1>은 다양한 첨단 정보기술의 상호 융합을 군사 과학기술에 적용함으로써 혁신적인 무기 체계의 등장, 미래 전장 환경, 그리고 작전 수행 방식의 변화 유도를 잘 보여 주고 있다.

미래 전장에서는 군사 과학기술이 합동 전장 기능별로 적용되어 지휘, 통제, 컴퓨터, 통신, 정보, 감시, 정찰(Command, Control, Computer,

〈표 1-1〉 과학기술의 발전과 군사 과학기술의 적용

정보통신기술	센서기술	유도 · 항법기술
• 전천후 웹(web) 방식 서비스, 광대역 통합 네트워크, 이동 통신기술 • 실시간 정보 획득 · 융합 및 전파 • 데이터링크 시스템 중요성	• 탐지 · 수집 센서기술: 초소형, 경량화, 지능화 • 첨단기술 활용: Radio Frequency Identification (RFID), Ubiquitous Sensor Network(USN)	• 원격 · 자율제어와 유도 조종을 지능화: 무인비행체, 무인전투 체계 • 정밀타격 능력 향상: 벙커버스터, 순항 미사일, 무인 공격기

출처: 합동참모본부, 「합동 개념 요구능력서」(2008.3).

6) 권태영, “우리 군의 미래전 대비 개념과 발전 방향,” 육군대학 제1회 합동교리 · 교육발전 세미나(2008, 7), p. 10.

Communication, Intelligence, Surveillance, Reconnaissance: C4ISR)과 정밀 유도무기(Precision Guided Munition: PGM)가 융합되는 개념의 복합무기 체계 보편화가 예상된다. 즉 모든 감시 수단을 네트워크화한 광역 감시 체계, 감지 및 타격 체계를 연동한 지능형 C4I 체계, 초고속·장사정화·정밀 타격 및 치명성 증대, 작전반응 시간 단축 및 동시 교전 능력 향상, 웹(web) 기반의 군수통합 정보 체계와 자산가시화 체계가 구축될 수 있다. 이러한 군사 과학기술로 인해 미래의 전장은 네트워크(network)화된 합동 전장 환경으로서 지·해·공 및 우주와 사이버 공간을 포함한 5차원 공간의 동시 전장화, 시스템 복합 체계 중심의 단일 합동 전장 환경이 가능해질 것이다. 따라서 무기 체계 간 전술정보 교환을 위해 데이터 링크 및 상호 운용성이 증대되고, 지·해·공 전투공간의 협소로 공역통제 및 통합 화력 운용이 필요하게 되며, 작전 요소 간의 주도 및 지원 관계에 의한 네트워크 운용이 보장되는 전장환경이 형성될 것이다.

과학기술은 인류 사회의 삶을 질을 향상시키기 위해 계속 발전하게 할 것이며, 인간의 생명은 절대 및 최고의 가치이기에 이러한 인간의 생명을 지키려는 욕망 때문에 전투 수행 방식도 발전할 것이다. 그리고 인명중시 사상은 현대전을 수행하는 전쟁 지도 및 군사지휘관에게 최소 피해 전승(戰勝)과 부전승전략(不戰勝戰略)을 우선적으로 고려하게 하는 중요한 요인이 되고 있다. 이와 함께 군사 과학기술 발전은 미래 전장환경의 변화를 유도하고, <표 1-2>와 같이 전장 운영 중심축의 변화를 수반케 하고 있으

〈표 1-2〉 군사 과학기술에 따른 전장 운영의 중심축 변화

과거 전장 운영 중심축	미래 전장 운영 중심축	비고
선형· 근거리전	비선형·비접적·원거리전	분산작전
대량 파괴·살상·소모전	소량 파괴·살상·효과전	효과 중심작전(EBO)
시차·축차전	동시·병렬전(parallel warfare)	
물리적 'Body' 파괴전	심리적(mind) 파괴전, 마비전	
3차원 입체전	5차원 통합전	우주전+사이버전
플랫폼(platform) 중심전쟁	네트워크(network) 전쟁	

출처: 육군대학, 「합동 교리·교육발전 세미나」(2008.7).

며, 정치 목적을 달성하는 수단으로서 전쟁 수행 방식도 변화를 불가피하게 만들었다.

이러한 전장 운영의 중심축 변화에 따라 운용 전력도 민·관·군 통합전력·지원 전력이 전투력의 승수 효과(synergy effect)를 창출할 수 있도록 다음과 같이 네트워크 중심전(Network Centric Warfare: NCW), 효과 중심작전(Effects Based Operation: EBO), 동시·통합작전 개념으로 운용하도록 요구되고 있다.

첫째, 네트워크 중심전은 네트워크화된 전장 운용 체계를 구축하고, 실시간(realtime) 감지와 동시 타격(sensor to shooter)이라는 개념을 구현하고 합리적 의사결정 지원 체계를 구축하여 전투력 승수 효과를 창출하는 것이다. 이러한 네트워크 중심전을 수행하기 위한 운용개념은 네트워크 중심 작전환경을 구축하는 것으로서 감지 수단(sensor)과 의사결정자, 타격 수단을 효과적으로 연결하여 전장 상황 인식을 공유하고 빠르고 효과적인 의사결정으로 작전 수행 속도를 증가시키고, 적보다 상대적 정보 우위 및 전력 우위 달성을 통해 전투력 승수 효과를 발휘하게 하는 것이다. 이러한 네트워크 중심 작전환경은 물리적 영역(플랫폼 간 통신 네트워크가 존재하는 공간)뿐만 아니라 인간과 조직에 관한 인식적 영역(판단하는 영역: 상황 인식, 공통 가치), 사회적 영역(의사소통이 이루어지는 영역), 정보 영역(정보가 존재하는 영역: 정보의 질, 분포, 상호작용) 등 모든 영역을 통합한 네트워크 운용환경을 조성하는 것이다.

둘째, 효과 중심작전이다. 효과 중심작전은 부여된 정책 목표를 달성하기 위해 작전환경에 대한 전반적인 이해를 바탕으로, 국력의 요소들을 통합 사용하여, 적의 행동 또는 능력에 영향을 미치거나 변화시키는 데 중점을 두고 계획, 수행, 평가, 조정하는 작전[7]이다. 즉 효과 중심작전이란 적을 파괴하거나 격멸하지 않고도 아군이 원하는 방향으로 적을 변화시켜서 작전 목표를 달성하고자 하는 것이며, 이를 위해 적의 정치·군사·경제·사

7) US Joint Forces Command, *Operational Implications of Effects-Based Operations*, (2004.11. 17), p. 2.

회·정보·기반시설 체계를 정밀하게 분석하여 종합적으로 이해한 상태에서 어디에, 어떤 조치를 할 것인지를 결정한 후, 군사력뿐만 아니라 외교, 정보, 경제 등 국력의 수단을 통합 운용하는 작전이라고 할 수 있다. 이러한 효과 중심작전이 발전하게 된 배경에는 앞서 언급된 인명중시사상의 부각되는 세계적 분위기와 함께 여러 가지 요인이 있지만 첨단 정보과학 기술의 발전, 안보환경의 변화, 국민의 의식 변화가 큰 영향을 미쳤다. 여기서 첨단 정보과학 기술은 효과 중심작전을 가능하게 해 준 요인이고, 안보환경과 국민 의식 변화는 발전의 필요성을 제기시켜 준 요인이다.[8]

셋째, 동시·통합전 수행이다. 미래 전장환경의 시·공간상에서 모든 능력 및 활동의 유기적 연동을 통해서 전력 운용의 승수 효과 달성을 추구할 수 있는 작전 수행 방식으로서 효과에 기반을 둔 동시 작전계획 수립·수행·평가 체계를 구축하는 것이다. 이와같이 안보 위협의 다양화와 전장환경 변화에 따라, 안보 체계와 전쟁 양상 및 수행 방식도 변화됨에 따라 군사혁신이 일어나고 있다. 즉 첨단 정보과학 기술(민간 분야에서 선도되는 정보, 통신, 정밀전자, 항공, 우주, 신소재, 레이저 기술 등)을 군사 분야로 전이시켜 군사적으로 활용을 증대시키는 군사혁신(military revolution)이 발생하고 있다. 이에 따라 각국은 지식, 정보 중심의 새로운 전쟁 수행 개념에 부응할 수 있도록 군사혁신을 단행하고 있다.

이와 같은 군사혁신은 개발 속도로 봐서, 2010~2020년경까지 미국이 선도해 나갈 것이며, 중국과 일본 등 주요 강국들은 미국의 뒤를 이어, 자국 실정에 적합한 군사혁신을 달성하거나, 혁신을 위한 잠재력을 확보할 것으로 전망된다. 이러한 최첨단 군사력 발전의 근간은 정보·통신 중심의 군사기술혁명(Military Technology Revolution: MTR)으로 고도의 정밀무기와 획기적인 신무기 체계를 개발하고 새로운 시스템의 복합 체계를 구축하는 것이다.

미래의 새로운 전쟁 양상은 군사혁신 및 첨단 정보과학 기술의 발전으로

---

8) 이윤규 외, "EBO 쟁점 사항 재정립과 한국군 적용 방향," 「합동참모대학 참고서지」(서울: 합동참모대학, 2007), pp. 7-10.

산업 시대의 전쟁 양상과는 달리, 대규모 전면전쟁은 억제되는 반면, 국지전 및 제한전 수준의 첨단 정보과학 기술 전쟁 양상으로 전개될 것이며, 사이버전 및 실시간 동시작전이 가능한 고도의 C4I전, 장거리 초정밀 미사일에 의한 비(非)접적 전쟁 수행 등으로 전쟁 양상이 변화할 것이다. 따라서 대규모의 절대 전쟁 형태보다 첨단 정보과학 기술을 활용한 저강도 전쟁 형태나 테러 및 대테러전 형태의 복합된 양상으로 전개될 것이다.

이러한 전쟁 양상과 수행 방식의 변화는 국가안보 차원에서 후방지역에서의 대비는 평시에는 테러 대비 및 대테러작전, 침투 및 국지 도발 대비작전, 그리고 국가재난 지원 등 군의 안정화작전이 될 것이며, 전시에는 이라크전과 같은 대테러전 형태의 후방지역작전이 전개될 것이다. 따라서 이러한 모든 위협과 작전 전개 양상에 포괄적인 준비를 위해서는 상황에 적시적으로 전환하고 효과적으로 대응할 수 있는 첨단 정보과학 기술을 활용한 접근 방안이 요구된다.

제 2 절 테러의 본질

1 테러의 개념

테러가 국가안보 영역의 성격으로 인식됨에 따라 테러의 개념도 국가안보를 위협하고, 전쟁 목적을 달성하는 새로운 전쟁의 방식으로 변화되고 있다. 테러가 오늘날 국제사회가 당면한 심각한 문제이면서 국가안보적 영역으로 확대되고 있으나 아직도 테러에 대한 보편적인 정의와 개념이 정립되어 있지 않고 다양하게 설명되고 있다.

테러 및 대테러를 연구하는 학자, 정치가, 보안 전문가, 저널리스트들을 포함한 여러 다양한 직군(職群)의 사람들이 "테러리즘이란 과연 무엇인가?"라는 물음에 답하기 위해 수없이 많은 테러리즘의 정의를 제시해 왔다.

이들 중 일부는 테러리즘에 대한 정의를 내리면서 테러조직의 공격 방식에 중점을 두기도 하고, 다른 일부는 테러리즘의 동기와 특징, 그리고 개별 테러범의 공격 방식을 강조하는 정의를 내리기도 했다.

슈미트(Alex P. Schmidt)와 용만(Albert Jogman)은 그들의 저서 『정치 테러리즘(*Political Terrorism*)』에서 테러리즘 분야의 전문가들과 학자들에 대한 설문조사를 수행하는 과정에서 획득한 109개의 제각기 다른 테러리즘에 대한 정의를 인용하면서 분석 작업을 한 바 있다. 그들은 109개의 정의들 중 특정 단어가 포함되는 빈도를 통계적으로 나타내었다. 특정 단어에 대한 통계는 폭력 또는 무력(85%), 정치(65%), 테러에 중점을 둔 공포(51%), 위협(47%), 심리적 현상과 예측된 반응(41.5%), 목표물과 희생자 간의 불일치(37%), 고의적・계획적이며 체계적이고 조직화된 행동(32%), 전투, 전략, 전술의 한 방법(30.5%) 등으로 나타났다. 슈미트와 용만은 이를 바탕으로 장문의 테러리즘에 대한 정의를 다음과 같이 시도했다.[9]

> "테러리즘이란 폭력의 희생자 발생이 무작위적이고 상징성을 띠는 조직적인 전투 방법이다. 목표 달성을 위한 수단이 되는 희생자들은 특정 단체에 소속되어 있거나 계급적인 투쟁에 공격 대상이 된다. 희생자들은 이들 단체와 계급에 소속되어 있는 구성원들에 대한 선행 폭력 혹은 폭력에 대한 위협으로 극도의 공포 상태에 빠진다. 이들 중 안전에 대한 위협을 경시하는 사람들이 테러리스트의 목표가 된다. 폭력 표적의 희생화는 대부분의 목격자들에 의해서 비정상적인 것으로 간주되는데, 이는 폭력의 잔인성, 시간(평화시) 그리고 장소(비전투지역) 등에 근거해서 볼 때 재래식 전쟁 시 수용되는 교전규칙에 대한 미준수에서 기인된다. 폭력의 수준은 테러리스트의 표적을 넘어서 다수의 대중에게 영향을 미치며, 이들 대중들을 순차적으로 조종하려는 의도를 가지고 있다. 이러한 간접적인 전투 방법의 목적은 순종 혹은 복종을 유도하기 위해 표적을 무력화시키거나, 전투 방법 사용자의 장・단기 이익에 유리하도록 제2의 표적(정부) 또는 대중(여론), 즉 공격 대상자들의 태도 변화를 유도하거나 그들에게 동조하도록 하는 데 있다."

9) Alex P. Schmid & Albert Jongman, *Political Terrorism: New Guide to Actors, Authors, Concepts, Data Bases, Theories, and Literature*(Amsterdam: SWIDOC, 1988), p. 1.

슈미트와 용만의 방대한 학문적 노력에도 불구하고, 이 장문의 정의 역시 학자들과 전문가들이 모두 인정하는 테러리즘의 정의로 정착되지는 못했다. 오늘날 국제사회가 당면한 가장 심각한 문제 중의 하나임에도 불구하고 지금까지 테러리즘에 대한 합의된 정의가 존재하지 않고 있다. 심지어는 정확하지 않은 용어의 사용으로 테러리즘 정의 자체의 혼란을 초래하고 있다. '테러'를 테러리즘과 동일한 개념으로 사용하는 경향이 그러한 대표적인 예이다.

테러(terror)라는 용어는 원래 라틴어 'terrere'에서 기원하여 '공포', '공포 조성', '커다란 공포' 혹은 '죽음의 심리적 상태'를 의미하며, 이는 곧 '떠는', '떨게 하는 상태', 그리고 '죽음을 야기하는 행위나 속성'을 뜻하는 것이다. 이 용어는 오늘날의 테러리즘과 거의 동의어로 사용하고 있다. 그러나 테러와 테러리즘이라는 용어는 어의(語義)상 마땅히 구분되어야 하지만 일상용어로는 물론이고 전문용어로서도 구별하지 않고 혼용하는 경우가 많다. 테러리즘의 약어로 '테러'라는 용어를 사용하는 경우가 대부분이다. 하지만 이 두 용어는 엄격히 구분되어야 한다는 것이 전문가들의 지배적인 견해이다.

슈미트와 용만은 테러를 마음의 상태(state of mind)로 표현하고 있다. 반면에 테러리즘은 특정 목적 달성을 위해 자행되는 폭력행위로 표현하고 있다.[10] 아울러, 심리학자들에 의하면 테러란 "특정한 위협이나 공포로 인해 모든 인간들이 심적으로 느끼게 되는 극단적인 두려움의 근원이 되는 것"으로 규정하고 있다. 극단적인 두려움은 일상생활의 부산물로 엄청난 인명과 재산상의 피해를 입히는 홍수, 폭설, 지진, 화산 폭발 등과 같은 자연재해, 삼풍백화점 붕괴사고, 성수대교 붕괴사건, 대구지하철 방화사건 등과 같은 인재 사고, 그리고 빈번하게 발생하는 연쇄 살인사건과 대형 교통사고를 목격하거나, 뉴스를 통해 알게 됨으로써 경험하기도 한다.

즉 테러란 발생 원인이 무엇이든지 간에 극도로 불안한 심리적 상태를 말하며 자연적인 현상이다. 반면에 테러리즘은 조직적인 폭력을 사용함으

10) Ibid., pp. 20-21.

로써 복종을 요구하는 것, 특히 정치적 무기나 정책으로써 폭력이 사용되는 것이다. 테러리즘은 테러와는 구별되는 폭력적 행위의 한 형태를 의미하는 것으로 항공기 납치, 요인 암살, 공중시설 폭파 등을 통해 사람에게 공포를 일으키게 하는 행위를 의미하는 것이다. 결국 테러는 자연적 현상이며, 테러리즘은 폭력의 조직적·의도적 이용으로 강압적이며, 희생자 혹은 희생자와 연관된 모든 사람, 그리고 대중들의 의지를 이용하기 위한 목적 지향적인 행위이며, 이를 위해 강제·협박·위협을 통해 폭력을 체계적으로 활용하는 것이라고 할 수 있다. 이러한 차이성에 따라 테러는 테러리즘이 없이도 발생이 가능하며, 테러는 테러리즘의 중요한 구성 요소가 되고 있다.

그동안 학자와 전문가들의 학문적 노력에 의해 테러리즘의 정의에 관한 연구가 많은 진전을 보여 왔지만 아직도 모든 학자들이 전적으로 동의하는 테러리즘의 정의는 내려져 있지 않다. 이는 테러리즘 개념 정의 자체가 난제임을 반증하는 것이다. 테러리즘의 동기, 대상, 범위, 주체, 이념 등의 포함 여부 그리고 학자와 테러리즘 전문가들의 시각에 따라 테러리즘이 달리 정의됨으로써 테러리즘의 정의에 관한 연구와 논쟁은 끊임없이 계속되고 있다.

동일한 사건을 관점에 따라 테러리즘으로 규정하기도 하고, 어떤 경우에는 단순한 일반범죄로 취급하기도 하며, 다른 시각에서는 애국적인 행위로 평가하기도 한다. 한 예로 영국 정부는 아일랜드공화군(Irish Republican Army: IRA)의 모든 공격을 테러리즘으로 그리고 IRA 요원들을 테러리스트로 규정하고 있다. 반면에 IRA를 추종하는 사람들이나 리비아 등 IRA를 직접 혹은 간접적인 방법으로 지원하고 있는 국가들은 IRA의 행위를 민족주의 해방운동(National Liberation Movement)으로 그리고 IRA 요원들을 자유 투사(Freedom Fighter)로 규정하고 있는 실정이다.

심지어는 한 국가 내의 부처마다 테러리즘에 대한 정의가 서로 다른 경우도 있다. 미국의 경우 중앙정보부(CIA), 연방수사국(FBI), 국무부, 법무부 그리고 국방부가 각각 다른 테러리즘 정의를 채택하고 있다. 미국 국무부는 1983년 이후 테러리즘을 "테러리즘은 준(準)국가 단체 혹은 국가의 비밀 요원이 다수의 대중에게 영향력을 행사하기 위해 비전투원을 공격 대상으로 하는 사전에 치밀하게 준비된 정치적 폭력이다"[11]로 정의하고 있다. 미국의 CIA는 테러리즘을 "테러리즘은 개인 혹은 단체가 기존의 정부에 대항하거나 혹은 대항하기 위해서든 직접적인 희생자들보다 더욱 광범위한 대중들에게 심리적 충격 혹은 위협을 가함으로써 정치적 목적을 달성하기 위해 폭력을 사용하거나 혹은 폭력의 사용에 대한 협박을 행하는 것이다"[12]라고 정의하고 있다.

미국 국무부의 정의는 가해자의 실체와 목적이 불분명하다. 만약 개인이 테러를 자행하면 테러리즘이 아니라는 의미로 해석될 수 있고, 종교·민족·인종주의 목적을 가지면 테러리즘의 범주에 포함되지 않는다고 볼 수 있다.

CIA가 규정하고 있는 테러리즘의 핵심은 "개인이나 단체가 정치적 목적을 달성"하는 데 두고 있다. 그렇다면 이 정의에 따르면 본질이야 어찌됐든 표면적으로 종교적·이데올로기적 폭력, 불법행위 등은 테러리즘이 아니라고 할 수도 있는 문제이다. 그렇다면 현재 이루어지고 있는 중동의 테러리스트의 활동은 테러리즘이 아닌 것이 되는 것이다. 그들은 종교적 이유를 기치로 내걸고 있기 때문이다. 예를 들어 알카에다의 경우에도 그 표면적 사상이자 목적은 무슬림국가의 건설로 되어 있다. 그렇다면 과연 이 정의로 봤을 때 알카에다의 종교적 목적을 위한 모든 테러행위는 테러리즘이 아닌 것인가의 문제가 발생된다. 포괄적인 테러집단의 범위는 어디까지인지, 그리고 그 포괄적이란 의미 자체가 상당히 추상적이고 "광범위한 심리적 충격과 협박"은 어디까지를 그 경계를 두고 있는지 질문을 던진다면 이 두 변수에 의해 이 정의에 의한 테러리즘 자체도 추상적이고 생각지도 못한 부분까지, 개인의 차이에 따라 광범위해질 수도 있다.

심지어는 동일 부처에서 시대에 따라 다른 정의를 내리기도 하는 실정이다. 미국 국방부는 1983년과 1986년에 각기 다른 테러리즘에 관한 정의를

---

11) US Department of State, *Patterns of Global Terrorism: 2003*(Washington DC: US GPO, p. xxi.

12) Ibid.

내리고 있다. 1983년의 정의에 의하면, "테러리즘은 혁명기구가 정치적 혹은 이데올로기적 목적 달성을 위해 정부 혹은 사회를 위압하거나 협박하는 수단으로 개인과 재산에 대한 비합법적인 폭력을 사용하거나 폭력 사용에 대한 협박을 하는 것이다"라고 정의하고 있으며, 1986년의 정의에 의하면 "테러리즘은 정치, 종교, 이데올로기적 목적 달성을 위해 정부 혹은 사회에 대한 위압 혹은 협박 수단으로 개인 혹은 재산에 대해 비합법적인 힘 혹은 폭력을 사용하거나 비합법적인 힘 혹은 폭력의 사용에 대한 협박을 하는 것이다"[13]라고 규정하고 있다.

한국의 국가정보원은 테러란 한마디로 말하면 '정치적(이념적) 폭력'으로 정의되나 이념 대립, 종교·민족 갈등, 이해관계에 따라 논란이 많은 개념으로 보고 있다. 국정원은 학자들의 주장과 우방국 관계 기관 등이 정의한 내용을 보면 도태로 공통되는 요소를 첫째, 정치적 목적이나 동기가 있다, 둘째, 폭력의 사용이나 위협이 따른다, 셋째, 심리적인 충격이나 공포심을 불러일으킨다, 넷째, 소기의 목표나 요구 사항을 관철시키려고 한다, 다섯째, '자유민주주의'라는 보편적 가치와 '자국의 국익'을 고려한다는 등 다섯 가지로 분석하고, 여러 가지 개념적 요소와 다양한 정의를 종합하여 '테러'를 "정치적·사회적 목적을 가진 개인이나 집단이 그 목적을 달성하거나 상징적 효과를 얻기 위해 계획적으로 행하는 불법적 폭력행위"[14]로 정의하고 있다. 국정원의 정의에서 가해자는 "정치적·사회적 목적을 가진 개인이나 집단"이다. 하지만 실제적으로 이외에도 사상적·종교적 목적 실현을 위해 테러를 자행하는 경우도 빈번히 발생하고 있다. 즉 사상적·종교적 목적을 가진 집단이 그 테러 주체가 되는 것도 이 정의에 포함시키는 것이 바람직하다 하겠다. 방법은 '불법적 폭력행위'라 할 수 있지만 정확한 테러의 목표에 대한 언급이 없다. 물론 목적을 위한 모든 수단은 테러의 방법이고 그 대상이 목표가 될 수 있다고 규정지을 수 있지만 테러리즘의 정의를

13) US Department of Defense, Directive 2000.12, quoted in Report of the DOD Commission on Beirut International Airport Terrorist Acts, October 23, 1983, p. 1220.

14) http://www.tiic.go.kr(검색일: 2008.11.2).

내리면서 이 부분은 누락되었다.

이처럼 한 국가 내에서도 테러리즘의 정의에 관한 합의(consensus)를 기대하기는 힘들고, 시대에 따라 미비한 테러리즘의 정의를 보완하는 점을 인정한다고 하더라도 한 부서 내에서조차 서로 다른 정의를 사용하고 있음을 알 수 있다. 또한, 학자들은 각자의 주장이나 이론에 따라 각기 다른 테러리즘의 정의를 내리고 있다. 한 연구 결과에 의하면 지금까지 100개 이상의 테러리즘에 대한 정의가 학자들과 각 국가 및 국제기구 등에 의해 제시되어 온 것으로 조사되었다.15)

모두가 동의하는 보편적인 테러리즘의 정의를 도출하는 것은 결코 쉬운 일이 아니지만, 테러리즘의 정의가 없이는 테러리즘에 대한 연구를 할 수 없음은 물론이고, 대(對)테러정책을 수립하기 위한 첫 단계도 테러리즘에 대한 정의 도출에서 시작되어야 하므로 포기할 수 없는 영역이라고 할 수 있다.

다양한 테러리즘 정의와 이들 정의의 문제점을 분석하면 공통적인 요소들이 있다. 그것은 폭력 혹은 폭력 사용에 대한 위협, 정치적 동기, 조직적인 사전 준비, 무차별적인 공격 양상 등이다. 그러나 점차 증가하고 있는 새로운 유형의 측면은 아무도 제시하지 못하고 있다. 이는 테러리즘의 양태 자체가 시대에 따라 변화하기 때문에 소홀하기 쉬운 부분이라고 할 수 있다.

지금까지 테러리즘의 정의에서 가장 중요한 요소로 지적되어 왔으며, 단순한 범죄와 구별짓는 기준이 되어 왔던 것은 정치적 목적의 유무였다. 그러나 최근에 발생하는 테러리즘은 좀더 다양한 목적 하에 자행되고 있다. 팔레스타인 해방기구(Palestine Liberation Organization: PLO)는 테러리즘을 민족해방운동의 수단으로 효과적으로 이용했으며, 북아일랜드의 소수파 가톨릭 교도가 주축을 이루고 있는 IRA는 표면상으로는 영토의 완전한 독립이지만 실제적으로는 다수파인 기독교 세력과의 종교적 분쟁 수단으로 테러리즘을 이용하는 측면이 매우 강하다. 이스라엘과 아랍국가 간의 분쟁

15) Alex P. Schmid & Albert Jongman, Op. cit., pp. 1-59.

의 씨앗도 이슬람과 기독교의 대결 양상임을 배제할 수가 없다. 인도의 시크 교도들과 스리랑카의 타밀족은 분리 독립을 위해서, 터키에서 강압적으로 쫓겨났던 아르메니아족들은 과거의 대량 학살에 대한 정치적 보복으로서 테러리즘을 이용하고 있다. 그뿐만 아니라 중남미에서는 민주주의와 군부 독재 세력 간의 갈등과 대결로 인해 테러리즘이 발생하고 있다.

이처럼 테러리즘은 단순히 정치적 목적만을 달성하기 위해서 이용되는 것이 아니고, 정치·사회·종교·민족주의적인 요소들이 복합적으로 작용하여 나타나는 것이다. 이러한 측면을 고려하여 학자들은 종교적 테러리즘, 이데올로기적 테러리즘, 민족주의적 테러리즘, 분리주의적 테러리즘, 국가테러리즘 등으로 세분화하기도 하지만 이러한 시도는 테러리즘의 정의 도출에 혼란만을 초래하는 결과를 낳고 있다. 따라서 본인은 최근에 변화하는 테러리즘의 양상과 목적 등을 포괄할 수 있도록 다음과 같이 테러리즘을 규정하고자 한다.[16]

> "테러리즘은 주권국가 혹은 특정 단체가 정치, 사회, 종교, 민족주의적인 목표 달성을 위해 조직적이고 지속적인 폭력의 사용 혹은 폭력의 사용에 대한 협박으로 광범위한 공포 분위기를 조성함으로써 특정 개인, 단체, 공동체 사회, 그리고 정부의 인식 변화와 정책의 변화를 유도하는 상징적·심리적 폭력행위의 총칭이다."

아울러, 앞에서 언급을 했지만 테러와 테러리즘이 혼용되어 사용됨으로써 상당한 혼란이 발생하고 있는 것이 사실이지만 테러라는 용어가 테러리즘과 동일한 의미로 받아들여지고 있다는 현실적 상황을 반영하여 테러는 개별 행위나 사건을 표현하는 의미로, 테러리즘은 테러를 통한 목적 달성이라는 노선이나 주의를 의미하는 용어로 사용해도 무방하리라고 본다.

---

16) 최진태, 『테러, 테러리스트 & 테러리즘』(서울: 대영문화사, 1997), pp. 29-30.

2 테러의 발생 원인과 목적

테러의 발생 원인에 대해서 사회·심리적 측면의 원인, 폭력이론, 국제정치 현상, 현대 사회 현상 등이 있다. 하지만 이들 이론 역시 테러리즘의 발생 원인에 대한 설명을 어느 정도 가능하게 해 주기는 하지만 완벽하게 포용하지는 못하고 있다. 그 이유는 테러리즘이 어느 한 가지 원인에 의해 발생하기도 하지만 대부분 여러 가지 요인들이 복합적으로 작용하여 발생하고 있기 때문이다.

과학기술과 교통 및 통신 수단의 발달도 테러 발생의 간접적 원인으로 작용하고 있다. 즉 과학기술의 발달로 무기 제조 기술이 발전했으며, 무기 체계도 고도로 정밀화되어 살상 능력과 정확도가 매우 향상되었으며, 교통 통신의 발달로 테러 기술의 전파가 용이해졌고 테러리스트들의 유대 협력도 매우 강화되어 테러의 국제화가 크게 진전되고 있다.

또한 고도로 집중화된 현대 사회의 도시는 테러리스트에게 무제한적으로 공격 표적을 제공해 주고, 공격 후 용이하게 은신할 수 있게 해 주며, 자행한 테러리즘 행위 원인을 신속하게 전파할 수 있는 대중이 거주하고 있기 때문에 테러리스트의 활동무대가 되고 있다. 그리고 테러의 성공 사례들이 발전된 미디어를 통해 즉각적이고도 광범위하게 전달되어 테러의 효과성에 확신을 심어 주고, 테러 기도를 고무하는 것도 테러의 증가 원인이 되고 있다. 한편. 무기 체계의 고도 정밀화 및 소형화는 테러분자들에게 테러 행위에 대한 안전성을 향상시켜 주면서 테러 목표에 대한 접근, 시행, 탈출 과정에서 테러분자에게 생존 가능성을 높여 주고, 파괴력도 향상시키기 때문에 테러를 더욱 합리적인 도구로서 선택하게 만드는 요인으로 작용한다.[17]

이러한 테러의 발생 원인으로 인해 테러범들은 정치·경제·사회·종교 등 특정의 목적 달성과 다음과 같은 다양한 효과를 노리고 수행한다. 즉 ①

---

17) 국방부, 「국제 테러리즘」(서울: 국방부 2001), pp. 11-30.

테러의 목적 및 능력을 표출하여 자신의 존재와 힘을 과시, ② 테러 대상 정부의 과도한 반응 유도, ③ 국가 간의 선린 관계 저해, ④ 국민의 안정을 보장하지 못하는 정부의 무능력 표출, ⑤ 자신들의 특정한 요구 관철, ⑥ 파업이나 태업 선동, ⑦ 자금 또는 물자 확보이다.

이러한 테러 목적과 효과를 극대화하기 위해 테러범들은 아래와 같은 제반 불법행위를 자행한다. 즉 ① 국가 요인 및 그 가족, 각계 주요 인사, 외국 요인, 주한 외교사절, 해외 체류 외교관, 유학생, 상사원, 취업 근로자 및 해외 여행자 등의 납치 및 암살, ② 국가 중요시설, 다중 이용시설, 재외공관 및 기업체, 주한 외국시설 등의 점거, 방화, 폭파, ③ 항공기, 선박, 열차, 차량 등 교통 수단의 납치 및 폭파, ④ 폭발물, 총기류, 유해 생화학물질 및 기타 고성능 무기를 이용한 무차별 인명 살상, ⑤ 컴퓨터 통신망을 이용한 정보 조작과 전산망 파괴, ⑥ 기타 불특정 다수에 대한 폭력 등 불법행위 등이다.

제 3 절 테러조직의 구성 및 유형

1 테러조직의 구성

테러조직이란 설립 목적의 여하를 불문하고 그 조직원이 지속적으로 테러를 감행하는 국내·외의 결사(結社) 또는 집단을 말한다. 테러조직은 테러 목적, 테러조직의 지원 유·무와 통제 정도에 따라 다양하게 분류가 가능하며 일반적으로 독자적 결성 테러조직, 특정 국가의 지원을 받는 테러조직, 특정 국가로부터 조종·통제를 받는 테러조직으로 구분한다.[18] 독자

---

18) 독자적 결성 테러조직으로는 일본의 옴진리교 또는 알카에다가 있으며, 특정 국가의 지원을 받는 테러조직으로는 하마스 과격파, 특정 국가로부터 조종·통제를 받는 테러조직으로는 헤즈볼라 등이 있다. 최근에는 자금 조달, 국제적 연계, 종교 및 신앙, 민족주

적 결성 테러조직은 어떠한 정부로부터도 지원을 받지 않기 때문에 자금 조달이나 신형 무기의 지원이 곤란하여 납치, 암살, 폭파 등 재래식 형태의 테러를 주로 자행하고 있고, 특정 국가의 지원을 받는 테러조직은 특정 국가로부터 은신처, 자금, 무기, 테러 대상에 대한 정보 등을 지원받을 수 있기 때문에 정보 획득과 테러 수단 획득이 용이하며, 장기간에 걸친 치밀한 계획과 준비를 통해 다양한 목표에 대해 테러를 자행할 수 있다. 한편 특정 국가로부터 조종·통제를 받는 테러조직은 특정 국가에서 정보, 작전, 군수 지원을 은밀하게 받음으로써 지원받는 특정 국가의 적대적 국가에 대해 무차별적인 테러를 자행한다. 테러조직 내에서는 임무 수준에 따라 역할이 다른 조직원들로 구성되어 있으며, 통상적으로 동선원적 구조를 형성하고 있다. 테러조직은 일반적으로 원점 기준 외곽으로부터 적극적 우호조직 및 수동적 지원조직, 직접적 지원조직, 행동조직 및 지도자조직으로 구성되어 있다.

적극적 지원조직은 테러범들에게 직접적으로 상당한 정도의 지원을 제공해 주는 사람들이나 조직을 말한다. 이 같은 조직은 선전 효과의 증대, 자금 획득, 조직의 확대에 기여함은 물론 기초적인 정보 수집 및 감시활동, 은신처 제공, 의료 지원, 인적 및 물적 수송 지원 등을 통해 행동조직을 적극적으로 지원하는 임무를 수행한다. 이 조직은 테러조직과의 관계에 대해 충분히 인식하고 있는 것이 보통이지만 때로는 그들의 행위가 테러조직이나 폭력행위에 관여되고 있다는 것을 인식하지 못하는 경우도 있다. 이들은 폭력행위의 자행에 직접적으로 가담하지는 않는다.

수동적 지원조직은 테러조직의 의도나 목표에 대해 동정적인 집단이나 개인들로 행동으로 옮길 정도로 사명감을 가지고 있지는 않다. 하지만 이들 조직은 테러조직의 생존 기반에 해당하며 정치적 전위집단이나 후원자의 역할을 한다. 직접적으로 테러조직과는 무관하나 집단행동에서 다수의 위력을 발휘하는 데 도움을 주어 테러조직에는 없어서는 안 될 존재로 인식되고 있다.

의적 성향 등으로 정확히 구분하기는 곤란하다.

전문적 지원조직은 특정 분야에 계속적으로 지원을 제공하는 조직이다. 조직 목표에 대한 참고 자료나 정보를 제공해 주고, 체포된 테러범들에 대한 비호, 은닉 혹은 유리한 알리바이 등을 제공하며, 법적인 지원 및 의료 지원 등을 제공하는 조직을 말한다.

직접적 지원조직은 핵심 요원들에게 직접적·계속적으로 전술작전을 지원하는 중추적인 조직이다. 이들 조직은 대피소, 공격용 차량의 준비와 관리, 핵심 요원의 훈련, 테러 대상에 대한 정보 제공과 감시, 무기 및 탄약 지원 등을 한다.

행동조직은 테러행위를 실행하는 핵심 요원 조직이다. 공격 현장에서 직접 테러행위를 자행하는 핵심 요원들이다. 이들 조직은 생명에 대한 위협이 큰 반면 순교자적 행위로 인해 수반되는 잠재적 명예에 대한 궁극적인 만족을 찾으려는 조직이다.

지도자조직은 테러조직의 최고 지휘조직으로 테러조직의 정치적·전술적 두뇌를 제공하는 조직이다. 이들은 지휘부의 정책 수립, 계획, 통제 및 집행 업무를 수행한다.

[그림 1-1] 테러조직의 인적 구성

2 테러조직의 구조모형

일반적으로 조직은 그들이 추구하는 목적을 달성하기 위해 형성된 분업과 통합의 활동 체계를 갖춘 단위체로서 다양하고 복잡하게 구성되어 있다. 이러한 조직은 추구하는 이상적인 목적, 상황, 환경 등과 같은 변수의 상호작용에 따라 집권화와 분권화, 계층적 구조와 수평적 구조 등 다양한 구조를 가지고 있다.

테러조직의 유형은 크게 계층구조 형태를 가진 조직과 네트워크 구조를 가진 조직으로 구분된다. 어떤 조직은 두 가지 유형 중에 하나를 선택하기도 하지만, 어떤 조직은 두 가지 유형을 적절하게 혼합한 구조를 가지고 있기도 한다. 신생 테러조직은 네트워크 구조를 더 선호하는 경향을 보이고 있으며, 레닌주의 혹은 마오쩌둥주의 등 이데올로기 조직 그리고 정치적 성향이 강한 조직은 엄격한 중앙통제가 가능한 계층조직을 선호하는 경향을 보인다. 그러나 전술적 이점을 살리기 위해서 행동조직을 네트워크 구조 형태로 조직화하는 경우도 있다.

1) 계층구조

계층구조 테러조직은 지휘 및 통제 그리고 책임 소재에 명확한 수직구조를 가지고 있다. 테러조직의 운영과 관련된 모든 정보는 위에서 아래로, 아래에서 위로 전달되며, 수평적으로 전달되지 않는다. 지휘 통솔 및 지원구조가 잘 갖추어진 대부분의 테러조직은 계층구조를 가지고 있다. 계층구조 테러조직의 경우 하위 조직세포들의 기능이 좀더 분화 및 전문화되어 있는 경향을 보인다.

각각의 세포조직원들은 조직 내 다른 세포조직의 역할에 전혀 알지 못하며, 다른 조직세포들과의 접촉도 거의 이루어지지 못한다. 세포 단위 리더만이 세포조직원들의 역할에 대해서 파악하고 있으며, 다른 세포조직원 간의 연락이나 접촉할 수 있는 권한을 가지고 있다. 계층구조 테러조직에는

[그림 1-2] 계층구조

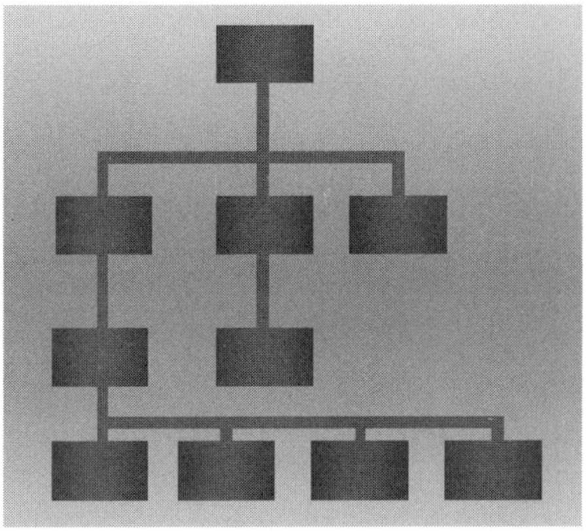

급진 좌익주의 성향을 보였던 일본 적군, 독일의 적군파, 이태리의 붉은 여단 그리고 민주주의 성향을 가진 팔레스타인 조직, 아일랜드공화군, 스페인의 ETA 등이 있다.

계층구조를 가지고 있는 테러조직은 지휘와 명령 체계가 상부에서 하부로 일사불란하게 이루어짐에 따라 일사불란한 장점을 가지고 있지만, 상부의 지휘 체계가 무너지거나 와해될 경우 조직이 쉽게 무너지는 취약성을 가지고 있다. 따라서 계층구조의 테러조직을 제거하는 가장 용이한 방법은 지도부를 제거하는 것이다. 지도부의 제거는 조직의 방향성을 상실하게 하며, 조직 구성원의 동요를 불러와 조직 전체의 해체를 유도할 수 있다. 실제로 계층구조를 가지고 있던 독일 적군파 그리고 일본 적군 등은 지도부의 체포 및 투옥으로 조직이 해체되었고, 현재는 명맥도 유지 못하고 있는 실정이다.

2) 네트워크 구조

계층구조를 가지는 테러조직과는 달리 네트워크 구조를 가진 테러조직은 상대적으로 최근에 신설된 조직이 많으며, 최근에 증가하는 추세이다. 네트워크 구조 테러조직은 핵심 역량 위주로 합리화하고, 여타 기능은 연결되

[그림 1-3] 네트워크 구조

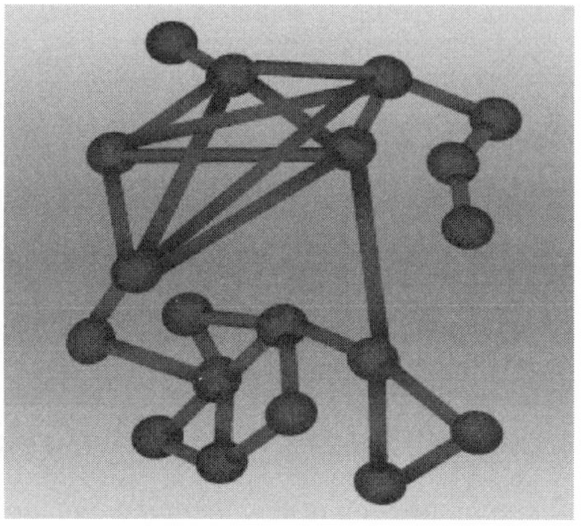

어 있는 외부 세력과의 아웃 소싱 관계를 형성하여 수행하는 구조이다. 이들 테러조직은 종교주의 혹은 단일 이념을 표방하고 있어서 정치적 혹은 민족주의적 색채가 약하여 고도의 집중이 요하는 계층구조의 필요성을 느끼지 못하고 있다는 특징을 가지고 있다. 대신에 이들 테러조직은 각기 다른 지역에 거주하는 개인 혹은 동일 마인드를 가진 집단들이 느슨하게 연계하고 있는 구조를 취하고 있다. 네트워크는 테러조직을 지지 혹은 지원하는 개인, 세포, 다른 네트워크 혹은 계층구조를 가진 조직이 연계하여 형성되고 연결된다.

네트워크 구조는 구성 인자, 즉 개인, 세포 혹은 다른 테러조직 등이 동일한 이념을 가지고 있거나, 상호 이해가 일치할 경우 조직의 운영, 작전 등에서 효율성을 발휘할 수 있고, 만약 목표 달성에 실패하더라도 조직을 구성하는 일부 인자만이 이탈하게 되어 조직 전체가 와해되거나 분리되는 것을 예방할 수 있다는 장점을 가진다.

네트워크 구조를 가진 테러조직은 바로 알카에다가 대표적이다. 알카에다의 핵심 인물들은 모두 각 테러조직의 지휘부에 소속되어 있거나, 소속이었다. 쉽게 말하면 알카에다는 테러조직협회의 성격을 가지고 있다고 할 것이다. 이와같이 테러집단 사이에서도 네트워크가 형성되어 있어 현대의 테러리즘은 매우 광범위해지고 복잡하게 되며 테러의 실질적인 주체를 찾아낸다는 것을 더욱 불가능하게 만들고 있다. 네트워크 구조를 가지고 있는 테러조직은 현대의 테러리즘을 안개와 같은 성격으로 만들고 있다. 테러 자행 주체가 분명히 보이는 것 같지만 잡을 수가 없고, 나타났다가 갑자기 사라지기를 반복하는 것이 현대 테러리즘의 큰 특징이라 할 수 있을 것이다. 실체가 분명치 않다는 것은 테러조직이 네트워크 구조로 운영되기 때문이다. 네트워크를 구성하는 인자들이 독립적으로 활동을 하게 되므로 상부조직과 직접적인 연계성을 찾기가 쉽지가 않다는 점이다. 또한 평소에는 일반인들과 같이 생활하고 같은 대중과 같은 생활 패턴을 유지함으로써 의심을 살 만한 노출을 최소화하면서 생활하다가 테러 임무가 발생하면 테러를 범하는 것이 지금의 테러리스트 집단의 운영 형태이다.

계층구조 테러조직과는 달리 네트워크 구조를 가진 테러조직은 지도자가 제거되더라도 그 지도자를 대신할 수 있는 구성 인자들이 많아 일시에 조직이 와해되거나 무기력한 모습을 보이지 않는다는 특징을 가지고 있다. 그리고 네트워크 구조의 특징은 배후를 가려내는 것이 용이하지 않다는 특징도 가지고 있다. 7·7 런던 테러, 3·11 스페인 테러 등 대형 테러사건에 알카에다가 연계되어 있다는 심증은 가지만 구체적인 증거를 찾아내지 못하는 것은 네트워크 구조의 특징에서 비롯된다. 네트워크 구조에서 그물처럼 구성 인자들이 연결되어 있지만, 어떻게 연결되어 있는지를 명백하게 밝히는 것은 모래밭에서 바늘을 찾는 것과 같다. 여기에 네트워크 구조를 가진 테러조직에 대응해야 하는 국제사회의 고민이 있는 것이다.

네트워크 구조는 크게 세 가지 유형으로 분류할 수 있다. 어떤 테러조직은 아래의 유형 중에 한 형태를 보이는 경우도 있지만 대부분 둘 혹은 세 가지 네트워크 모두를 복합적으로 적용하여 운영하는 조직도 있다.

(1) 체인 네트워크

조직을 구성하는 인자들이 순차적으로 연결되는 구조가 체인 네트워크 구조이다. 구성 인자 간의 의사소통은 한 구성 인자에서 다른 구성 인자로 순차적으로 전달된다. 중간 연결고리 역할을 하는 구성 인자 없이는 다른

[그림 1-4] 체인 네트워크

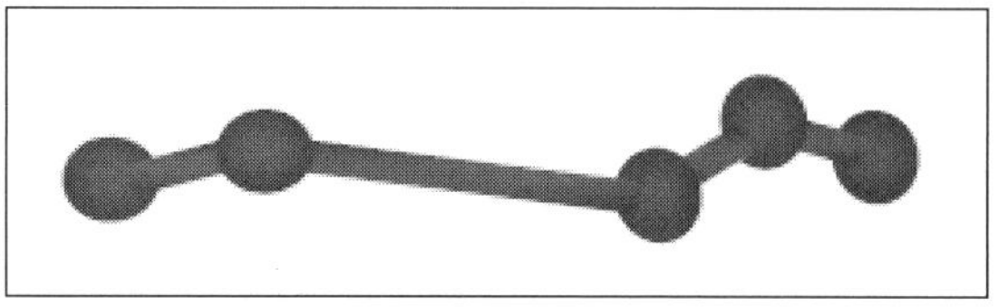

구성 인자들과 소통할 수 없는 구조이다.

이에 따라 최종 명령권자가 누구인지를 구성 인자들은 모르는 경우가 대부분이다. 체인 네트워크는 밀수 혹은 돈 세탁 등을 전문으로 하는 조직에서 통상적으로 나타난다.

(2) **허브·휠 네트워크**

허브·휠 네트워크 구조는 조직을 구성하는 인자들이 하나의 인자를 중심으로 연결되는 것이다. 인자들을 연결하는 중심적인 역할을 하나의 인자는 반드시 조직의 리더이거나 의사결정 권한을 가지고 있는 것은 아니며, 단지 결정된 명령을 전달하는 역할을 수행하는 경우가 대부분이다.

허브 네트워크의 특징은 중심 인자가 모든 구성 인자들과 연결되어 의사소통을 하지만 구성 인자들은 중심 인자를 배제한 채 다른 구성 인자와 의사소통이 단절되어 있는 구조이다. 휠 네트워크는 중심 역할을 담당하는

[그림 1-5] 허브·휠 네트워크

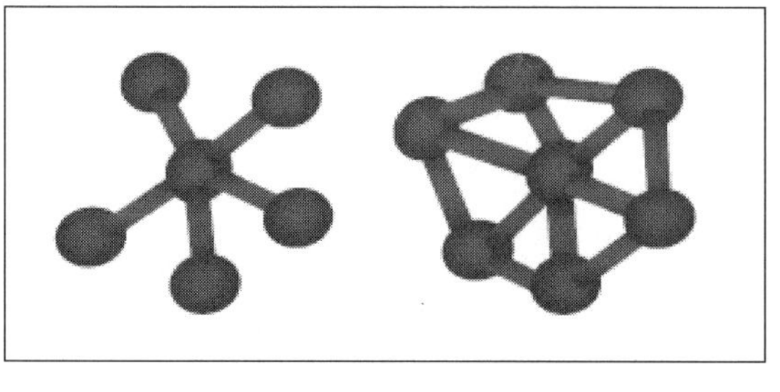

인자를 중심으로 각각의 구성 인자들이 연결되고, 동시에 이웃한 인자들 간에도 직접 연결되어 있어 의사소통이 가능하다. 하지만 제2 혹은 제3의 인자와의 접촉이나 의사소통은 중계하는 인자의 도움을 받아서만 가능한 구조이다.

(3) 다(多)채널 네트워크

다채널 네트워크는 각각의 구성 인자들이 다른 각각의 구성 인자들과 연결되어 있는 수평적 구조를 말한다. 일방적으로 전달되는 수직적 지휘 및 통제는 없으며, 수평적으로 네트워크 내에서 의사결정이 이루어진다. 모든 구성 인자들이 자유롭게 정보를 공유할 수 있어 의사소통의 효율성은 가질 수 있으나 비밀이나 보안을 유지하는 데는 어려움이 따르는 네트워크 구조이다. 하지만 전략 혹은 전술과 관련된 의사결정을 일방적으로 내리고 명령을 하달하는 지도자가 없어 테러 대응 당국의 공격에도 조직이 쉽게 와해되지 않는다.

3 테러조직의 공격 목표 선정 기준

테러조직의 공격 대상은 대개 테러 목적을 최대한 달성할 수 있는 곳으로 선정하고 있으며, <표 1-3>과 같은 표적이 일반적인 대상이 되고 있다. 한편 테러리스트들은 그들의 특정 목적을 달성하고 효과를 극대화하기 위해 다음과 같은 특징적 양상으로 전개하고 있다. 첫째, 목표 지향적 계산된 행동이다. 테러는 계획적인 폭력과 위협을 통해 테러 효과를 극대화하고 목적 달성을 위해 계산된 행동을 한다. 둘째, 고도의 심리전술을 활용한다는 점이다. 테러는 단순히 암살과 파괴를 하기보다는 공포감을 조성하고 불특정 다수를 협상의 도구로 활용하여 대상 집단이 요구 조건을 받아들이게 하고, 정치 · 경제 · 심리적으로 불안정을 확대시키기 위해 고도의 심리전 수단을 병행한다. 셋째, 폭력성과 과시성이다. 테러는 무차별적인 폭력을 통해 테러단체의 존재 가치 및 의지와 능력을 대외적으로 과시함으로써 테러의 목적을 달성하고자 한다. 넷째, 소규모의 단기 속전속결이다. 테러단

〈표 1-3〉 테러조직의 일반적인 공격 대상

• 국가 및 군사 중요 시설 • 5대 도시 기반시설 • 국내외 외교관 및 외교시설 • 정부 인사 및 시설 • 군 인사 및 시설 • 경찰관 및 경찰시설 • 민간 항공기, 공항 및 항공사 • 주요 기업인 및 기업시설 • 해상 운송 선박 또는 교통 수단	• 음식물 및 상수도 • 기자 및 언론 관련 • 해상 운송 수단 및 해양시설 • 비정부기구(NGO) • 종교지도자 및 종교기구 • 통신 관련 시설 • 해외 거주 교민, 유학생, 관광객 • 육상교통 수단 • 일반 시민 및 사유재산

체는 조직원의 관리 및 훈련, 보안 유지, 작전 수행 여건 등을 고려하여 대부분 소규모로 편성 및 조직된다. 또한 달성하고자 하는 목적, 테러범의 작전 수행 능력, 생존성 보장, 테러 효과의 지속성 등을 고려하여 최소한 단기간으로 계획하며, 신속하게 치고 빠지는 '히트 앤 런(hit and run)' 전술을 구사한다.

제 4 절 테러의 역사와 발전

1 테러 변천 과정

사회학적으로 테러리즘은 인류의 역사와 더불어 존재해 왔으며 생태적으로 가장 일반적인 사회 현상이며 이익 추구를 위한 투쟁으로 인류 사회의 발달과 더불어 그 성격이나 동기, 목적, 수단 등에서 변화 발전하는 과정을 거치고 있다. 테러리즘의 변천사를 시대적 변화 과정과 연계하여 시기별로 분류해 보면 고대부터 테러리즘이란 용어가 등장하고 사용되기까지를 고전적 테러리즘 시대라고 본다면 그 이후부터 1960년대까지 근대국가의 형성과 민족 의식에 의한 민족해방 투쟁 시기를 근대적 테러리즘 시대라고 볼

〈표 1-4〉 테러리즘의 변천 과정

구 분	시 기	특징 및 사례
고전적 테러리즘 시대	~18세기 (테러리즘 용어의 등장 시기까지)	인류 역사상 최초 테러리즘 기록(구약성서의 카인의 아벨 살인) 정치적 테러리즘의 대표적 사건: 기원전 43년 줄리어스 시저 암살사건 종교적 테러리즘은 기원전 66~77의 팔레스타인 종교집단의 시카리라는 테러리즘 집단 결성→로마 통치에 협력하는 유대인 공격 주로 생존권적 이익이나 정치적 대립, 종교적 갈등에서 폭력적 위협이나 암살 등이 자행됨.
근대적 테러리즘 시대	18세기~ 1960년대 이전까지	근대적 테러리즘은 민족구가 형성 과정에서의 민중해방 운동을 위한 폭력적 저항과 국가 형성 후 정치적 대립 관계에서 국가 권력에 의한 관제 테러리즘으로 특징지을 수 있음. 오스트리아 페르디난트 황태자 살해: 제1차 세계대전의 원인 제공 20세기 러시아(레닌, 스탈린), 독일(히틀러), 이태리(무솔리니) 등의 민중 탄압을 위한 관제 테러리즘
현대적 테러리즘 시대	1960~ 1990년대 뉴 테러리즘의 등장까지	현대적 테러리즘의 태동으로 그 양상에 커다란 변천을 가져온 시기로서 국가 지원 테러리즘의 발생: 대형화, 정치화 이스라엘의 형성과 아랍 민족주의의 형성/이슬람 원리주의의 표면화 항공 테러리즘의 등장 및 성행(항공기 납치, 공중 폭파, 승객 공격 등) Guerrilla International의 형성(1966, 쿠바, 83개 단체 531명 참가)으로 국제 테러리즘의 협력 기반 형성 팔레스타인 문제를 중심으로 민족주의적 종교 이념 대립에 의한 국가 지원 테러리즘이 본격화, 불특정 다수인에 대한 무차별 공격
뉴 테러리즘 시대	1990년대 후반 이후	종교적 이념 대립에 의한 문화적 단층에 기인하는 민족적·종교적 테러리즘의 심화 불특정 다수인에 대한 무차별적인 대형 공격 발생(도쿄 지하철 사린가스 살포 사건, 9·11 미 무역센터 항공기 충돌 등) 테러리즘 방지를 위한 선제공격 전쟁(pre-empty war) 발생

수 있다. 이후부터 1990년대 후반 뉴 테러리즘이 등장하기까지 냉전 시기 국가 테러리즘의 등장과 국제 테러리즘이 성행하던 시기를 현대 테러리즘 시대라고 구분할 수 있고, 그 이후 2000년대에 들어 본격적으로 나타난 대량 살상 무기나 불특정 다수인에 대한 무차별적 공격행위가 나타나는 시기를 뉴 테러리즘 시대로 분류할 수 있다. 이를 시기와 특징으로 분류하면 <표 1-4>와 같다.[19]

2 테러 발생 현황

1960년부터 2008년까지 총 3만 8천 749건의 테러가 전 세계적으로 발생했다. <표 1-5>에서 보듯이 이러한 테러로 인해 7만 2천 454명이 목숨을 잃었고, 15만 5천 749명이 부상을 입은 것으로 나타났다.[20] 테러의 발생 건수는 1960년대에 200건을 시작으로 계속해서 증가했다.

발생 건수의 증가와 함께 테러로 인한 사망자와 부상자 수도 증가했다. 그러나 문제의 심각성은 사상자의 증가가 단순히 발생 건수의 증가에 따른 것만은 아니라는 것이다. 문제의 심각성은 사건당 사망자 수를 살펴보면 나타난다. 10년 단위로 사건당 사망자 수를 보면, 1970년대가 0.70명, 1980년대가 1.13명, 1990년대가 1. 21명, 그리고 2000년대가 2.15명으로 지속적으로 증가하고 있다는 것이다.

테러로 인한 사건당 사망자 수의 증가는 테러조직의 전술상의 변화와 함께 과학화의 부정적 기능이 작용하고 있는 것으로 분석되며, 구체적인 이유는 다음과 같다.

첫째, 공격 수단이 되는 무기의 성능 향상에 기인하고 있다. 과학기술의

---

19) 최기남, "중동지역 테러리즘이 한국 요인 경호환경에 미치는 요소와 대책," 경기대학교 대학원 박사학위 논문, 2004, pp. 38-41.

20) 이 통계는 미국의 National Memorial Institute for the Prevention of Terrorism (MIPT), Terrorism Knowledge Base와 국가정보원 테러정보통합센터의 자료를 바탕으로 작성한 것이다.

〈표 1-5〉 테러 발생 현황(1960~2008)

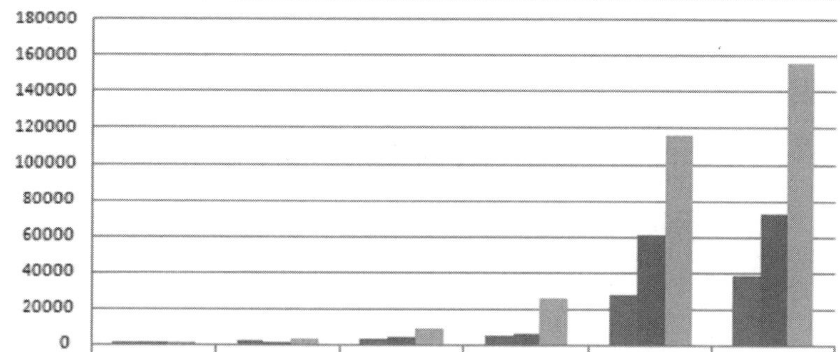

	1960s	1970s	1980s	1990s	2000s	합계
발생 건수	200	2,150	3,408	4,707	28,284	38,749
사망자	36	1,504	3,868	5,693	61,353	72,454
부상자	253	3,631	9,366	26,126	116,373	155,749

출처: National Memorial Institute for the Prevention of Terrorism(MIPT), Terrorism Knowledge Base; 테러정보통합센터.

발달로 인해 무기의 소형화가 달성되어 은닉이나 운송이 용이해짐과 동시에 파괴력이 상상을 초월할 정도로 증가되었다는 것이다.

둘째, 테러리즘이 마약과 같은 중독성이 있다는 것이다. 테러범들은 과거와 같은 수준의 테러리즘으로는 관심을 끌 수 없다는 믿음을 가지고 있다. 계속되는 테러리즘으로 인해 일반 대중과 언론이 단련되었고 충격에 무감각해진다는 것이다. 따라서 과거에는 사상자의 수가 적어도, 사건 자체만으로 관심의 집중을 받을 수 있었지만, 이제는 더욱 극적이고 파괴적이지 않으면 과거에 얻을 수 있었던 상징적·심리적 효과를 거둘 수 없다고 테러범들이 인식하고 있다는 것이다. 이는 곧 테러리즘의 대규모화 및 무차별화로 이어지고 있다.

셋째, 국가 지원 테러리즘의 지속이다. 주권 국가의 테러리즘 지원으로 인해 평범한 테러단체의 공격 능력과 파괴력이 향상되어, 과거에는 조잡한 수준의 무기를 이용한 공격이 전부였던 단체들이 체계적인 교육훈련과 무장 등을 통해 특수 정예부대의 수준으로 발전되었다.

넷째, 종교적 동기에서 자행된 테러리즘의 증가가 사상자 수의 증가와 관련이 있다는 것이다. 1980년대 이슬람 시아파(Shia) 테러리스트 단체의 테러활동과 1990년대의 많은 대형 사건이 종교적 동기에서 비롯된 것이라는 사실에서 알 수 있듯이 종교적 동기를 지닐 경우 더욱 과격화 양상을 보이고 있다. 특히, 종교적 동기의 테러리즘은 일반적인 목적의 테러리즘과는 달리 종교적 테러단체의 극단적인 가치 체계, 합법화 및 정당화 논리, 윤리관 등으로 인해 더 많은 인명을 살상하는 경향이 있다는 것이 전문가들의 지배적인 견해이다. 종교적 목적을 가진 테러리스트 단체에서 폭력은 성스러운 행동이거나 신성한 의무(divine duty)로서 직접적으로 종교적인 요구나 필요에 의해 자행되고 성전(聖典)을 통해 정당화된다.

3 테러 유형별 발생 추이

테러조직의 대표적인 공격 유형은 폭발물 테러, 무장 공격, 암살, 납치, 방화 등이다. 1960년부터 2008년까지 3만 8천 749건의 테러 중 <표 1-6> 에서 보듯이 테러 건수 중 52.6%인 2만 395건이 폭발물을 이용한 테러로

〈표 1-6〉 테러 유형별 현황(1960~2008)

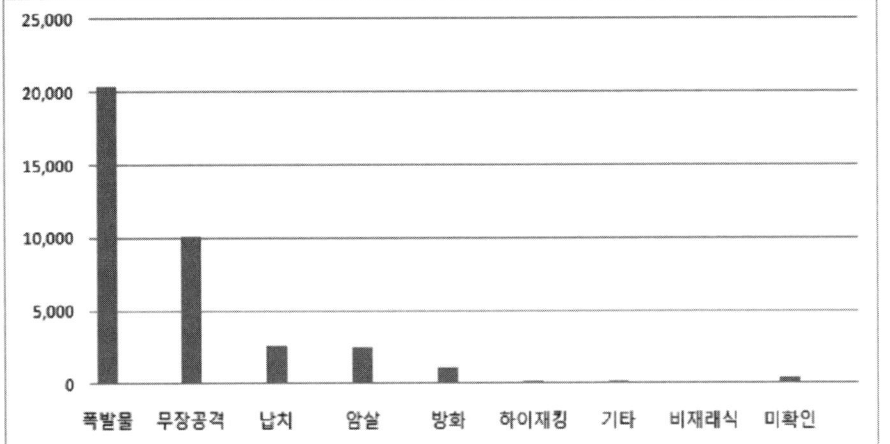

출처: National Memorial Institute for the Prevention of Terrorism(MIPT), Terrorism Knowledge Base; 테러정보통합센터.

제일 많이 발생했고, 그 다음으로는 무장 공격(10,151건), 납치(2,459건), 암살(2,459건) 순이다.

폭발물을 이용한 공격이 증가하는 이유는 테러리즘의 무차별성과 깊은 연관성을 가지고 있으며, 폭탄 공격의 경우 예방은 물론 사후 대처도 불가능하다. 아울러, 일단 폭탄 공격이 성공적으로 이루어지면 증거 확보상의 어려움으로 인해 그 배후 세력을 밝히는 것조차 어렵다는 것이다.

아울러 폭탄 제조 기법 등을 정보화의 산물인 인터넷을 통해 쉽게 습득할 수 있다는 것도 한 원인이 되고 있다. 폭발물 테러, 암살, 무장 공격 그리고 방화 등의 전술 형태는 공격의 시작과 함께 테러범의 궁극적인 목표가 이루어지는 반면, 인질 테러의 공격 유형은 특정·불특정 다수의 인질을 확보해 두고 확보된 인질을 이용하여 테러범들의 궁극적인 목표를 달성하게 된다는 점에서 후자는 테러범과의 대응 문제를 불가피하게 야기하는 공격 방법이라고 할 수 있다.

1) 급조 폭발 테러 급증

급조폭발물(Improvised Explosive Device: IED[21])을 포함한 폭발물 테러는 세계 곳곳에서 강력한 테러 무기로 부상하고 있다. 특히 IED는 말 그대로 폭약과 금속 파편, 간단한 폭발장치 등을 이용해 만든 저급한 수준의 폭발물이지만, 이름과 달리 가공할 파괴력을 지녀 국제사회를 공포에 떨게 만들고 있다. 『워싱턴 포스트』는 2007년 6월 3일자에 IED 특집 기사를 싣고 "IED가 미군을 상대로 한 단일 무기 가운데 가장 위협적"이라고 평가했다. 현대적 의미의 IED는 1886년 시카고 폭동 때 처음 사용됐다. 1, 2차 세계대전에서도 일부 선보였지만, 본격적으로 주목받은 것은 1995년 미국 오클라호마시티 연방정부 청사 폭발사건이었다. 테러 주범인 티모시 맥베이는 당시 IED를 실은 트럭을 폭파시켜 건물 절반을 파괴했고, 이로 인해

---

21) 급조폭발물(Improvised Explosive Devices: IED)이란 테러조직이 살상, 파괴, 타격 등을 목적으로 상용 및 군용 폭약, 직접 제작한 폭약, 각종 화기탄, 화학 및 생물학적 약품이나 병원체 등을 사용하여 인위적으로 급조한 모든 폭발성 장치를 말한다. 합참본부, "IED 공격 대비 방안 보고"(2008.8) 참조.

168명이 희생됐다. 2004년 190명이 숨진 스페인 마드리드 통근열차 테러와 2005년 영국을 공포로 몰아넣은 런던지하철 테러에도 IED가 이용됐다.[22)]

IED가 심각한 위협으로 자리잡은 계기는 이라크와 아프가니스탄에서 벌어진 테러와의 전쟁이다. 2003년 3월 말 이라크 나자프 고속도로의 미 육군 검문소 인근에서 터진 IED 폭발을 시작으로 2006년까지 모두 8만여 건의 IED 공격이 발생했다. 2007년에도 2만 5,000여 건의 IED 테러가 발생하는 등 해마다 이라크 저항 세력의 IED 공격이 증가세를 보이고 있다. 이라크 주둔 미군 사망자 3,092명 가운데 약 3분의 2인 1,952명이 IED 공격으로 숨졌으며, 전투 도중 부상한 미군 2만8,009명 가운데 69%인 1만 9,248명이 IED로 다쳤다.[23)] 알카에다 등 이슬람 테러조직은 미국 등 동맹군에 대한 공격 수단으로 IED를 최대한 활용하고 있다. 2005년 종전 이후에도 IED 테러로 인한 미군 사망자는 급증했고, <표 1-7>에서 제시된 것처럼 2007년에는 전체 사망자 수의 66%가 IED에 의해 발생했다.

우리나라도 이미 1983년 미얀마 아웅산 국립묘지에서 폭발물에 의한 테

〈표 1-7〉 급조폭발물 테러에 의한 미군 사망자 현황

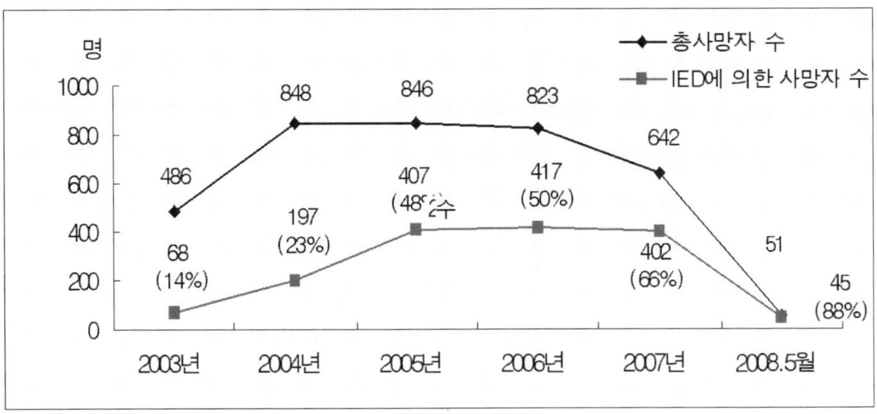

출처: http://www.icasualties.org(검색일: 2008년 8월 5일).

22) 최진태(2006), 「알카에다와 국제테러조직」(서울: 대영문화사, 2006), pp. 399-401.
23) http://www.segye.com/Articles/News/International/Article.asp, 「세계일보」(검색일: 2008. 10. 2).

러를 당했으며, 1987년에는 KAL기가 폭파되어 115명의 사상자가 발생했다.[24] 특히, 북한과 대치하고 있는 우리나라는 그 어떤 나라보다 급조폭발물의 위협에 가장 크게 직면해 있다. 또한, 북한은 16만여 명의 특수전 부대를 보유하고 있으며 다양한 IED 사용 능력과 IED 테러에 활용 가능한 다양한 폭약 재료, 대량 살상무기(Weapon of Mass Destruction: WMD) · 화학무기 등의 보유량이 세계 3위를 나타내고 있다.

급조폭발물 테러는 대량 살상, 대량 파괴, 심리적 위협 효과의 극대화를 가져올 뿐만 아니라, 증거 인멸이 용이하여 테러범뿐만 아니라 배후 세력을 색출하는 것도 매우 어렵다. 특히 폭약을 기폭시킬 수 있는 기폭장치는 테러범의 입장에서 보면 가장 안전하고, 폭발물이 폭파 전에 발견되더라도 안전 처리가 어려울 뿐 아니라, 공격 대상을 쉽게 속일 수도 있기 때문에 테러조직이 선호하는 공격 전술이 되고 있다.

또한 오늘날 대도시의 인구 집중 현상과 복잡성으로 인해 피해 및 혼란 효과의 극대화를 가져올 수 있으며, 폭발물의 운반 도구로 사용되는 자동차의 대중화는 급조폭발물 테러를 가중시키는 주원인을 제공하고 있고, 과학기술의 발달로 소형화 · 정밀화가 가능하여 원격 조정 장비 및 시한폭탄의 제조, 우편물 및 소포를 이용한 폭파테러 등 가히 상상을 초월한 공격의 수법들이 개발되고 있다는 점도 급조폭발물 테러의 증가와 밀접한 관련이 있다.

2) 무장 공격테러

무장 공격은 테러 공격 대상에 대해 권총, 기관총, 로켓포, 미사일 들을 발사하고 수류탄 등을 투척함으로써 시설물을 파괴하거나 인명을 살상하는 전술 형태를 의미한다. 공격의 방법이 되고 있는 무기들이 정교하지 못하거나 규모가 크며, 공격 방법면에서 잔인상과 대담성을 보여 주고 있어 공포심과 사회 혼란을 최대한 조성해 보겠다는 의도에서 이루어지는 경우가

---

24) 미얀마 아웅산 국립묘지 테러는 서류가방의 급조폭발물에 원격조종 장치로 제작되었고, KAL기 테러는 액체 폭약과 시한장치로 제작되었다.

많다. 또한 원거리 공격이 가능하기 때문에 테러범의 생존을 높이고 대량 살상이 가능하다. 통계적으로 살펴보면 지금까지 219개 테러조직이 무장 공격을 자행한 것으로 나타났다.

무장 공격에 동원되는 무기는 자동화기에서부터 SAM-7과 같은 지대공 미사일에 이르기까지 매우 다양하며, 이러한 무기는 밀거래 조직을 통해 혹은 무기 판매 암시장에서 손쉽게 구할 수 있다. 무장 공격은 단순하게 요인에 대한 공격 수단뿐만 아니라 민간 항공기에 대한 공격 수단으로도 이용된다. 한 예로 2003년 11월에 알카에다와 연계된 테러범이 케냐의 나이로비 공항에서 이륙하는 이스라엘 항공기를 향해 두 발의 미사일을 발사한 사건이 있다.

3) 인질 납치테러

인질의 사전적 의미는 "약속 이행을 보증하기 위해 상대방에 인도・억류된 사람"으로 정의되어 있다. 그리고 인질 납치사건은 특정인 또는 불특정인을 유괴 또는 납치하여 억류하거나 시설물의 사용자 및 교통 수단 탑승객들을 억류시킨 후 납치 자들의 요구 사항을 관찰시키기 위해 매개물로 이용하고자 하는 사건을 지칭하고 있다.[25] 그러나 인질 납치테러에 대한 개념이 정확하게 정의되어 있지 않다. 그 이유는 인질 혹은 납치를 의미하는 다양한 용어들이 필요에 따라 사용되거나 혼용되고 있기 때문이다. 대표적인 용어들은 일반적으로 인질 억류를 의미하는 hostage taking,[26] 유괴 혹은 납치를 의미하는 kidnapping,[27] 항공기 납치를 의미하는 hi-jacking, 해상에서의 선박 납치를 의미하는 sea-jacking, 그리고 육상교통 수단에 대한 납치를 의미하는 car-jacking 등이다.

---

25) *The Columbia Electronic Encyclopedia*(6th ed.)(Columbia: Columbia University Press, 2003; *The Oxford Essential Dictionary of the US Military*(Oxford: Oxford University Press, 2002).

26) Hostage taking은 인질범이 경찰 혹은 대응 당국의 병력에 의해 완전히 포위된 상황으로 범죄 주체의 도주로가 차단된 상황을 의미한다.

27) Kidnapping의 경우는 인질범과 인질의 위치가 외부에 알려져 있지 않고, 은밀하게 억류 장소를 변경하거나 이동함으로써 대응 당국을 무력하게 만드는 사건을 의미한다.

인질 납치테러를 자행하는 목적은 다양하지만 크게 몇 가지로 요약할 수 있다. 첫째, 정치적 요구 달성이다. 2006년 7월 19일에 시작되어 40여 일간 지속된 한국인 아프간 인질 납치테러 시에 탈레반이 가장 우선적으로 요구했던 조건은 정치적인 것, 즉 아프간에서의 한국군 철수였다. 둘째, 선행 테러사건이나 배후 혐의로 구속된 수감자 석방이다. 1970년대에 팔레스타인 테러조직에 의해 자행된 상당수의 인질 납치테러는 동료 테러범들의 석방이 주목적이었다. 1972년에 발생한 뮌헨올림픽 테러사건 역시 이스라엘 교도소에 수감 중인 동료 200명의 석방을 위해 검은 구월단(Black September Organization)이 자행한 사건이었다. 셋째, 테러조직의 운영자금 등을 확보하기 위해 인질의 석방에 대한 금전적 대가를 요구한다. 아프간 그리고 이라크 등지에서 발생한 인질 납치테러 사건 중에 수백만 달러의 석방금을 지불한 경우가 여러 차례 있었다. 넷째, 테러 자행 후 혹은 체포 위험 상황에서 안전지역으로의 도피를 위한 피난처 및 이동 수단의 제공 요구이다. 뮌헨올림픽 테러사건 진행 과정에서 검은 구월단은 그들이 제시한 최초의 요구 조건이 수용되지 않자, 인질의 석방 조건으로 아랍국으로 탈출을 위한 항공기 제공을 요구했었다. 마지막으로 방송이나 신문 등 언론매체의 관심을 끌어 특정 사안의 보도 등을 위한 성명서의 발표 종용 및 요구이다.

인질 납치테러는 폭발물 테러, 무장 공격, 암살 다음으로 많이 발생하는 테러 유형 중 하나이며, 1960년대와 1970년대에 브라질, 아르헨티나, 쿠바, 콜롬비아 등과 같은 남미 지역 그리고 이란, 레바논, 요르단 등 중동 지역, 에티오피아, 소말리아, 탄자니아 등 아프리카 지역에서 테러조직이 선행 작전에 참여하여 수감된 동료 테러범의 석방을 위한 수단으로 혹은 인질을 볼모로 정치, 사회 혹은 종교적 선전 등과 같은 특정 목적 달성을 위해 선호했던 전술이다. 1968년부터 2006년까지 269개의 테러조직이 인질 납치테러를 자행했다는 사실이 이를 잘 증명해 주고 있다.

인질 납치테러는 인질(hostage-taking)테러와 납치(kidnapping)테러, 두 가지 유형으로 구분할 수 있다. 인질테러는 1970년대에 가장 많은 67건으로 가장 빈번하게 발생했으며, 1980년대에는 56건, 1990년대에는 52건, 그리고 2000년대에는 34건으로 감소하는 추세를 보였다. 인질테러는 1960년대 3건, 1970년대 152건, 1980년대 328건, 1990년대 436건으로 점진적으로 증가하는 추세를 보이다가 2000년대에 들어서면서 폭발적으로 증가하여 1,271건이 발생했다. 인질테러의 경우 주된 공격 대상은 외교관 및 정부 인사, 그리고 기자 등이 주를 이루었다. 외교관이나 정부 인사의 경우 고도의 상징성과 대표성을 가지고 있다. 외교관은 곧 특정 국가를 상징하는 인물이다. 미국 외교관을 납치하는 것은 곧 미국을 납치하는 의미를 지니게 된다는 점에서 외교관 한 명을 납치함으로써 미국이라는 한 국가 전체를 공격하는 상징적인 테러가 된다는 점에서 테러조직이 선호했다.

인질 납치테러는 위험 부담이 상대적으로 낮으면서 정치적 선전 효과가 높아 1970년과 1980년대에는 하나의 유행처럼 확산되면서 전 세계적인 문제의 하나로 등장했다. 1996년에 발생한 페루 대사관을 점거하고, 인질 납치테러를 자행한 테러범들은 쿠바의 최고지도자 카스트로가 망명처를 제공하겠다는 제안을 거절하고 언론을 통해 자신들의 정치적 의도를 선전했으며, 심지어는 일본 방송사 기자 두 명을 페루 경찰 몰래 불러들여 인터뷰를 하는 대담성을 보이기도 했다.

1990년대 후반 그리고 2000년대에 접어들면서 외교관, 정부 인사에 대한 인질테러가 점진적으로 감소한 이유는 이들 인사들을 보호하기 위한 경호 및 경비 대책이 강구되었기 때문이다. 테러조직에게 연성 목표(soft target)였던 대상이 강성 목표(hard target)로 전환되었기 때문이다. 이에 따라 테러조직은 새로운 연성 목표에 집중하기 시작했으며, 이는 납치테러의 증가로 나타났다.

또한 저널리스트 및 방송기자, 외교관, 기업체 소속 근로자 등 인질 납치테러의 대상에 대한 구분도 없다. 저널리스트 및 방송기자에 대한 인질 납치테러가 빈발한 곳은 정치적인 목적 달성을 주된 목적으로 하는 중동 지역이다. 기업체 소속 근로자에 대한 인질 납치테러가 빈번하게 발생한 곳은 콜롬비아이며, 대부분 금전적 이득을 목적으로 자행되었다. 외교관에 대한 인질 납치테러가 빈발한 곳은 주로 아프리카 지역 국가이다.

최근에는 보안 대책이 강구되어 납치가 상대적으로 어려운 외교관보다는 기업인에 대한 납치테러가 증가하고 있다. 그 이유는 납치의 경우 공격 대상에 대한 보안 대책이 전무하거나 미비하여 쉽게 성공할 수 있다는 점이 크게 작용하고 있다. 아울러 납치를 통해 거액의 석방금을 받아낼 수 있다는 인식이 확산되면서 납치가 급증했다. 이에 따라 2000년대에 이르러서는 테러조직이 기업체 소속 근로자를 대상으로 한 인질 납치테러를 하나의 산업으로 간주하는 경향까지 보이기 시작했다.

4) 암살테러

암살테러는 정치적 적대 관계에 있는 정적이나 사회적 또는 국제적으로 저명한 지위에 있는 사람들을 제거하여 사회 구성원에게 공포심과 불안감을 조성하고, 구성원 간의 상호 반목을 조장하여 정권을 붕괴시키기 위해 취하는 공격 방법을 말한다. 암살은 주요 인사에 대해 한 명 내지 두 명의 테러범이 한 조를 이뤄 자행하는 방식에서부터 폭발물을 설치하여 살해하는 방식이 주를 이룬다. 1968년부터 2006년까지 암살을 테러의 수단으로 이용한 테러조직은 150개 조직이다.[28] 가장 대표적인 암살은 제1차 세계대전의 발생 원인으로 작용한 페르디난트(Ferdinand) 오스트리아 황태자 부처 암살사건이 있다.[29] 암살의 기원은 로마 시대의 황제 암살에서 비롯될 정도로 오래된 역사를 가지고 있으며, 암살을 단지 과거의 유산으로 일축할 수만은 없는 상황이다. 2007년 12월에 발생한 파키스탄의 총리를 두 차

---

28) http://www.tkb.org/GroupTacticModule.jsp(검색일: 2006년 6월 8일).

29) 1914년 6월 보스니아에서 열린 오스트리아 육군 대연습을 참관한 페르디난트 왕세자 부처는 귀국길에 이 지역의 수도 사라예보를 방문했다. 6월 28일 오전 10시 사라예보에 도착한 황태자 부처는 헤르체고비나 총독의 영접을 받으며 무개차에 승차, 공식 환영식이 열리는 시청 광장으로 행차하던 도중에 괴한으로부터 수류탄 공격을 받았다. 그러나 황태자 부처는 무사했고 뒤따르던 메르치 대령을 비롯한 3명의 수행원과 수십 명의 군중들이 부상했다. 폭발사고가 나자 페르디난트 황태자와 동승했던 포티오렉 장군이 황태자에게 피신할 것을 권유했음에도 황태자는 이를 듣지 않고 차에서 내려 흉탄에 부상한 메르치 대령을 몸소 부축하여 차에 태운 후 병원으로 보내고 자신은 궁으로 돌아가려고 출발했다. 그러나 분노한 황태자는 귀로 도중 메르치 대령이 입원한 병원으로 다시 가자고 명령하여 황태자의 승용차가 방향을 바꾸었으나 선도차가 새로운 행선을 통지받지 않아 방향이 빗나갔으며 황태자의 운전수도 지리를 몰라서 사건 현장 부근까지 차를 다시 몰아 방향을 바꾸기 위해 머뭇거렸다. 이에 황태자 부처는 일차 공격에서 실패하여 돌아가던 또 다른 괴한으로부터 권총 저격을 받고 무참하게 사살당했다.

례나 역임했던 베나지르 부토(Benazir Bhutto) 여사의 암살사건이 이를 잘 증명한다.

5) 해상테러

국제적 관심과 이목을 집중시켰던 테러리즘은 지금까지 해상이 아닌 육상과 하늘에서 주로 발생해 왔다. 테러리즘을 통해 특정 목정을 달성하는 것이 효과적이란 판단을 내림에 따라 많은 단체들이 공간적 제한을 두지 않고 지금은 하늘에서, 땅에서, 그리고 해상에서도 테러리즘을 교묘하게 이용하고 있다. 소련의 붕괴로 냉전 체제가 무너지고 새로운 국제 질서가 형성되고 있지만 오히려 핵무기 및 생화학 무기 등 대량 살상무기가 확산되고 있는 가운데, 특히 핵 원료의 안전 수송과 관련하여 선박 납치문제는 중요하게 부각되고 있다.

다른 유형의 테러와 마찬가지로 해상테러 역시 오랜 역사를 가지고 있다. 최초의 해상 테러리즘 사건은 1924년 1월에 홍콩 연안에서 발생한 영국 선박의 납치사건으로, 납치 과정에서 선장이 살해되었다. 1940년부터 1959년까지는 8건의 해상 테러리즘이 발생했는데, 이 중 6번은 선박에 대한 폭파시도였다. 지금까지 발생한 해상 테러리즘 사건 중 가장 많은 희생자가 발생한 것은 1960년 3월 6일 쿠바의 아바나(Havana)에서 발생한 프랑스 상선의 폭파사건이었다. 이 사건으로 100명이 목숨을 잃었고, 200여 명이 부상을 당했는데, 카스트로를 반대하는 세력의 소행으로 밝혀졌다.

1960년부터 1969년까지 13건의 해상 테러리즘이 발생했는데 이는 항공기 납치 등 다른 형태의 테러리즘 발생 건수와 비교할 때 상대적으로 낮은 편이다. 하지만 1970년대에 이르러 해상 테러리즘은 급격하게 증가하는 추세를 보이기 시작했다. 해상 테러리즘의 발생 건수가 다른 유형의 테러리즘 발생 건수와 비교할 때 상대적으로 낮은 이유는 몇 가지로 요약할 수 있다. 먼저 해상 테러리즘보다는 항공기 납치를 포함한 항공 테러리즘의 성공률이 높아 항공 테러리즘을 선호했다고 볼 수 있다. 항공기 납치의 경우 일단 조종사만 제압하고 나면 짧은 시간 내에 테러리스트 지원국으로 탈출하기가 쉽고, 무력에 의한 구출작전의 징후가 보이면 손쉽게 특정 국가를 탈출할 수 있는 전술적 이점이 있기 때문이다. 둘째로는 항공기 납치의 경우 밀폐된 공간에 다국적의 승객을 인질로 잡을 수 있기 때문에 협상에 매우 유리하다는 것이다. 셋째로는 그 어떤 형태의 테러리즘보다 항공기 납치사건은 극적인 요소를 가지고 있어 세계 언론매체의 관심을 쉽게 끌 수 있어 그들의 정치적 목적을 광범위하게 알릴 수 있다는 것이다.

1960년대에 거의 발생하지 않았던 해상 테러리즘은 1970년 중반기부터 급증하는 추세를 보이기 시작했다. 1960년대에 단지 13건이었던 해상 테러리즘은 1970년부터 1979년까지 30건이 발생하여 높은 증가율을 기록했다. 1970년대에 해상 테러리즘이 급격하게 증가한 이유는 쉽게 찾을 수 있다. 그것은 항공 테러리즘이 빈번하게 발생하자 국제사회가 금속 탐지기 도입, 무장승무원 탑승 조치 등 각종 대응책을 마련하여 항공기 납치가 상대적으로 어려워졌으며, 이에 따라 테러리스트들이 점차적으로 성공률이 낮아진 항공 테러리즘보다는 해상 선박을 공격하는 것이 용이하다는 판단을 내렸다는 것이다. 실제로 테러리스트들은 공격이 용이한 목표를 집중적으로 공격하는 경향을 보여 왔다는 데에 주목해야 한다.

1970년대 중반부터 급격하게 증가하기 시작한 해상 테러리즘이 1980년대 초에도 계속되었다. 이에 따라, 국제사회는 해상 테러리즘 방지를 위해 승선객에 대한 검색을 강화하는 등 대응책을 마련하기 시작했다. 특히 1985년 이탈리아의 호화 여객선 아킬레 라우로의 납치사건이 발생한 후 국제해상기구(International Maritime Organization: IMO)는 해상 테러리즘 방지를 위한 협약의 체결을 촉구하고 나섰고, 그 결과 1988년에 해양 항해의 안전을 위협하는 불법적인 행위 억제를 위한 협약(Convention for the Suppression of Unlawful Acts Against the Safety of Maritime Navigation)이 체결되었다. 또한 IMO는 해상 테러리즘 방지를 위해 해상 테러리즘 발생 시 대응 방안을 포함한 포괄적인 지침서를 마련하여 회원국들에게 배포하여 숙지하도록 하는 노력을 하기도 했다.

이러한 노력에 따라 1980년 중반 이후 해상 테러리즘은 점차적으로 감소하기 시작했다. 1990년대에는 12건만이 발생했다. 이 수치는 1980년대에 발생한 79건에 비하면 현저히 줄어든 것이다. 하지만 완전히 해상테러가 사라진 것이 아니라는 것이다. 2000년대에 들어서도 지속적으로 해상테러가 발생하고 있다.

6) 방화 및 환경테러

방화테러는 사회적으로 최대한의 혼란을 조성하기 위한 방법으로 사람들이 많이 운집하는 장소를 대상으로 발화물질을 이용하여 고의적으로 화재를 일으키는 것을 말한다. 방화는 다른 유형의 전술보다 극적인 면이 다소 덜하지만, 테러범에게는 위험 부담이 적고 기술적인 지식도 많이 필요치 않은 전술이다. 통상적으로 단순 방화사건과는 달리 테러조직은 공포 확산을 위해 대형 방화를 획책하거나 연쇄적으로 방화하는 수법을 동원한다는 특징을 가지고 있다. 방화테러는 폭발물 테러, 무장 공격, 인질 납치, 암살 등과 함께 빈번하게 이용되는 테러 전술이다. 그리고 환경테러(eco-terrorism)는 환경 보호를 명분으로 테러를 자행하는 것으로서, 최근 환경에 관심이 증대되고 이에 관련 단체가 국제적 연대를 형성하여 극단적인 활동들을 시도하고 있다.

4 미래의 테러 위협 전개 양상과 특징

테러의 태동기라고 할 수 있는 1960년대 이후 테러조직의 전술은 폭발물 테러, 무장 공격, 암살 등 커다란 변화가 없이 지속되었으며, 테러의 수단 역시 폭발물, 총기류 등 재래식 무기가 주로 사용되어 왔다. 과연 이러한 과거의 경향은 변함없이 미래에도 지속될 것인가? 아니면 급변하는 국제 정세와 과학기술에 의해 이제까지와는 전혀 다른 모습으로 전개될 것인가? 이와 같은 물음에 명쾌한 답을 얻는다는 것은 매우 어려운 일이다. 그러나 앞에서 살펴본 국제 테러의 현황과 유형에 대한 통계적 분석을 통해 몇 가지 분명한 사실들을 도출할 수 있다.

첫째, 20세기 후반에 시작된 무기 체계 성능의 가속적 발전 추세는 21세기에도 지속될 것이다. 특히 핵폭탄과 같은 크기 또는 힘을 과시하는 무기나 연구 집약적인 고가의 무기보다는 단순하되 효율성이 좋은 무기 체계가 주로 발전될 것으로 보인다.

둘째, 최근 개발된 플라스틱 폭탄처럼 일반적인 탐지기로는 감지하기 어려운 종류의 폭탄이 점차 다양해질 것이다.

이러한 정황 등을 고려해 볼 때, 그리고 테러의 역사 속에 나타난 유형적 특성들을 고려할 때 21세기의 지구촌 곳곳에서 발생할 테러의 양상은 과거와는 다른 모습으로 전개될 가능성이 높다. 미국이 '테러와의 전쟁'을 선포한 이후 세계 각국은 테러에 대한 대비책 마련을 국가안보의 화두로 삼고 있다. 테러 대응 체계 구축에 막대한 예산을 투입하기도 하고 인도네시아, 싱가포르, 영국 등 일부 국가에서는 자국 내에서 오래 전부터 암약하던 테러조직을 소탕하기 위한 군사작전을 적극적으로 전개하고 있다. 일부 전문가들은 앞으로 테러리스트들의 설 땅이 점차 좁아질 것이라는 견해를 제기하기도 한다. 그러나 이러한 노력에도 불구하고 테러가 단기간 내에 지구상에서 소멸될 것이라고 전망하는 전문가는 단 한 사람도 없다.

테러조직들은 이전의 수단에 만족하지 않고 지속적으로 새로운 방법을 추구할 것이며, 21세기의 첨단화된 과학기술과 무기 체계는 그들에게 더욱 다양한 선택 범위를 제공할 것이기 때문이다. 21세기에 세계 각지에서 발생하게 될 테러리즘의 수단과 방법은 대체적으로 다음과 같을 것으로 전망된다.

1) 재래식 테러 수단 지속과 테러 수단의 다양화

재래식 테러는 요인 암살, 인질 납치, 항공기 테러 등 1960년대부터 지속되어 왔던 대표적인 테러 양상을 의미한다. 과학화의 진전이 테러조직에는 새로운 전술 도입 등의 기회를 제공하고 있는 것은 사실이다. 그러나 전통적 테러 수법이 가지는 매력으로 인해 이러한 공격 유형은 상당 기간 지속될 것으로 전망된다.[30] 왜냐하면 테러에 이용되는 폭발물, 총기류, 중화기, 도검류, 화염병, 소이탄, 우편폭탄, 독극물 등은 테러조직이 이들 무기를 이

30) 최진태 외, "미래 테러 위협 대비 육군의 역할"(건군 60주년 기념세미나의 발표자료 정리, 2008. 10.22).

미 수중에 보유하고 있으며, 불법적인 거래를 통해 지속적으로 공급받을 수 있기 때문이다.

그리고 최근에 그 위험성이 높아지고 있는 지대공 미사일(Surface-to-Air Missile: SAM)이 테러 수단으로 확산될 가능성도 높다. 그 이유는 첫째, 휴대용 대공 미사일(Man-Portable Air-Defense Systems: MANPADS)은 치사성이 높다는 것이다. 이륙 또는 착륙하는 항공기에 공격을 가할 경우 탑승객 대부분을 사망시킬 수 있다. 둘째, 소형이기 때문에 휴대가 간편하고 은닉이 용이하다는 것이다. MANPADS의 길이는 약 1.5m 정도이며, 무게는 12~18kg 정도로 골프가방에 넣을 수 있고 소형 차량 트렁크에 실을 수 있다. 셋째, 구입비용이 상대적으로 저렴하다는 것이다. 국제 암시장에서 재래식은 1기당 수백 달러이며 개량형은 1기당 약 5백 달러 정도에 거래되고 있어서 경제력이 풍부하지 못한 테러조직이 선호하고 있다. 이에 따라 세계적으로 30여 개 정도의 테러단체가 견착식 미사일을 보유하고 있는 것으로 알려져 있다.[31)]

테러가 전쟁의 한 수단으로 등장하면서 테러의 양상도 급격하게 변하고 있다. 전쟁의 승리를 위해서는 많은 적을 궤멸시켜야 한다. 테러조직도 테러 목적을 달성을 위해 공격 대상이 되는 국가에 더 많은 인적·물적 피해를 입히려 하고 있다. 그리고 테러는 마약과 같은 중독성을 가지고 있다. 즉, 과거에는 테러로 인한 극소수의 희생만 발생하더라도 언론의 관심을 끌 수 있었고, 언론을 이용해 그들이 추구하고자 하는 목적에 대한 정치적 선전이 가능했다. 그러나 계속되는 테러에 대한 언론의 관심이 줄어들기 시작하면서 과거에 얻을 수 있었던 효과를 거둘 수 없게 되었다. 이에 따라 공격 대상에 대한 무차별적 공격 전술을 채택하여 언론의 관심을 유도하여 그들의 테러 목적과 효과를 극대화하기 위해 비(非)재래식 무기, 즉 대량살상무기를 이용하거나 지금까지 사용하지 않았던 새로운 다양한 수단을 사용할 것으로 전망된다.

31) 최진태, 「알카에다와 국제테러조직」(서울: 대영문화사, 2006), p 23.

2) 극단적 자살테러의 확산

자살테러는 오랜 역사를 가진 테러 유형 중에 하나이지만, 현대적 의미에서 최초로 일어난 실질적 자살테러 사건은 1983년에 레바논에서 헤즈볼라(Hezbollah)에 의해 자행되었다. 1983년 10월 23일 아침 이른 시간에 12,000파운드의 폭약을 실은 노란색 벤츠 트럭이 베이루트에 있는 미 해병대 사령부 정문을 통과하여 사령부 건물 정면으로 돌진하여 자폭했다. 이 사건으로 241명의 군인이 사망했다. 그리고 같은 날 프랑스 군 주둔지에서 또다시 자살폭탄 테러가 발생해 58명이 사망했다. 헤즈볼라에 의한 두 건의 자살테러는 레바논에 주둔하고 있던 미국, 영국, 프랑스, 이탈리아의 평화유지군이 철수하게 된 계기로 작용했다.[32] 헤즈볼라의 자살테러는 그들의 관점에서는 점령군 철수라는 목적을 달성한 성공적인 작전이었고, 자살폭탄 테러가 헤즈볼라가 가장 선호하는 전술로 정착되는 계기가 되었다.

그리고 9·11 미국 테러사건은 자살테러의 종합 결정판이며, 아프가니스탄 대테러 보복 전쟁, 그리고 이라크전쟁을 치르면서 자살테러는 전형적인 테러의 한 형태가 되고 있다. 자살테러의 수법도 갈수록 지능화되고 있어 앞으로 가장 위협적인 테러 수법이 될 것으로 전망할 수 있다.

자살테러는 충동적으로 자행되는 것이 아니고, 철저한 준비 과정을 통해 공격 목표의 선정, 자살테러범 선정 및 훈련, 자살테러 방법, 자살테러를 통해 얻고자 하는 목표 등을 가지고 의도적으로 행해지는 잔인한 테러 수법이다. 역사적으로 보면 자살테러는 분리주의자 혹은 극단적인 종교주의자 집단에 의해 주로 자행되어 왔다. 자살테러에 나타나는 두드러진 특징은 몇 가지로 요약할 수 있다.

첫째, 대부분의 자살테러는 개인의 우발적 행동보다는 테러조직의 연쇄적인 테러 캠페인의 일환으로서 자행된다.

둘째, 자살테러는 조직의 전체적인 전략적 목적의 일부이다.

셋째, 대부분의 자살테러는 이슬람 테러조직에 의해 주로 자행된다.

---

32) US Department of Defense, *Report of the DoD Commission on Beirut Airport Terrorist Act*(October 23, 1983), p. 141.

넷째, 여성 자살 테러리스트를 전술적으로 이용하는 경향은 점점 늘어가고 있다.

다섯째, 자살테러는 비용 대비 피해 효과가 막대하여 다수의 희생자 발생이 뒤따르며, 언론의 취재 대상이 되어 테러조직의 정치적 선전의 기회로 삼을 수 있다는 특징을 가지고 있다는 것이다.

화생방 무기를 포함한 대량살상 능력을 가진 현대의 무기 체계와 목적 달성을 위해 기꺼이 목숨을 던지는 자살행위가 결합되는 자살테러는 전례가 없는 치명적인 위험을 불러올 수 있다는 지적은 많은 것을 시사한다. 알카에다 등 테러조직이 성전(聖戰) 혹은 순교(殉敎) 작전 수행을 선동하고 있고, 이들 조직의 대량 살상무기 보유 가능성에 대한 우려는 자살테러의 양상이 더욱 심각해질 수 있다는 것을 의미한다.

자살테러 현상이 세계 곳곳으로 확산되면서 합법적인 전쟁 수단으로 인식하고 있어 자살테러를 조장하는 계기가 되고 있다. 이에 따라 다양한 테러 전술과 항공기 납치, 차량 탈취 등이 결합된 자살테러는 더욱더 치밀해질 가능성이 높으며 횟수도 증가될 것으로 전망된다.

3) 대량 살상무기를 이용한 메가 테러의 등장 가능성

화생방무기 및 핵무기(chemical, biological, radio-logical, nuclear: CBRN) 등 대량 살상무기가 테러 수단으로 이용되는 메가 테러(mega terror)의 시대에 접어들 수도 있다는 것이다. 메가 테러는 최악의 시나리오로 국제적 비난에 직면할 수 있지만 오래 전부터 그 위험성이 제기되어 왔다. 미 본토에서 발생한 최대의 테러 사건인 9·11 대참사, 최악의 교통수단에 대한 테러사건인 3·11 스페인 마드리드 열차 테러사건, 그리고 G-8 정상회담이 열리는 와중에 발생한 7·7 런던 테러사건의 공통점 중에 하나는 테러로 인한 피해가 전쟁 수준에 도달했다는 것이다. 이에 따라, 테러를 전쟁의 대체 수단으로 규정하고, 테러에 대한 대응도 대테러 전쟁이라는 용어가 등장하고 있다.

화학물질 및 생물무기가 테러의 수단으로 사용된 사례는 여러 차례 있었다. 1995년 일본의 옴진리교 교도들이 인구가 밀집한 도쿄시내 전철역에 사린가스를 살포하여 12명이 사망하고 5천 명 이상의 부상자가 발생한 바 있다. 그리고 9·11 미 테러 직후에는 탄저균 테러로 인해 대량 살상무기 위협의 사례는 지구촌 곳곳에서 점차 증가하고 있다. '빈자의 원자폭탄'이라고도 불리는 생화학무기는 소규모 시설을 통해서 값싸고 쉽게 제조할 수 있어 제3세계 국가로까지 널리 확산될 뿐만 아니라 도쿄 사린가스 공격에서 경험한 것처럼 테러리스트 단체에 의해서도 무분별하게 사용될 수 있다는 것이 증명되었다.

4) 비물리적 세계에 대한 테러 확산

지난 2009년 7월 7일 미국과 한국에서 동시다발적으로 발생한 분산 서비스 거부(Distributed Denial of Service: DDoS) 공격은 '인터넷판 9·11 테러'로 불릴 정도로 그 파장이 컸다. 7·7 사이버 테러를 놓고 보안전문가들은 적성(敵性) 세력의 전문 해커집단이 본격 공격을 앞두고 시험적인 공격을 시도한 것으로 추정하고 있다. 2003년의 1·25 사이버 테러는 전 세계 불특정 다수를 대상으로 한 테러였다. 반면에 7·7 사이버 테러는 백악관·청와대·국방부·조선일보 등 고도의 상징성과 대표성을 가진 사이트가 집중적인 테러 대상이 됐다. 이것은 사이버 테러를 자행한 집단에 분명한 목적이 존재함을 보여 주는 것이다.

국가정보원은 이번 해킹 공격의 해외 접속 확인에 이어 배후에 북한 혹은 북한을 추종하는 세력이 있는 것으로 추정하고 있다. 그 이유는 첫째, 6월 16일 국방부의 '사이버 스톰'(미국 주도 사이버 테러 대비 훈련) 참여에 대해 북측이 '도발'이라고 반응한 점, 둘째, 북측이 6월 27일 조국평화통일위원회(조평통) 성명을 통해 "가만히 있지 않겠다"고 발표한 점 등을 들고 있다. 이를 뒷받침하듯 미국도 한국과 미국 주요 인터넷 사이트에 대한 대규모 사이버 테러를 벌인 배후는 북한이라고 밝혔다. 이는 우리가 전통적 방식의 대남(對南) 테러뿐만 아니라 총성 없는 새로운 유형의 안보 위협에 직면하게 됐음을 의미하는 것이다.

비(非)물리적 세계에 대한 테러는 물리적 세계에서 자행되는 테러가 아닌 가상공간에서 자행되는 테러, 즉 사이버 테러를 의미한다. 사이버 테러범들은 눈에 보이는 물리적 방법이 아니라 가상공간을 통해 우리를 공격한다. 현재 인류는 첨단기술의 발달로 대부분의 물리적 세계가 가상공간의 세계로 쉽게 전환되는 시대에 살고 있다. 물리적 세계가 가상공간의 세계로 전환되는 대표적인 예는 주변에서 쉽게 찾아볼 수 있다. 차고의 문을 열고 닫는 자동 개폐 시스템, 교통 통제, 항공기 관제 통제, 금융 업무의 처리, 식료품 공정 처리, 의약품 제조 공정 처리, 국방 관련 통제 처리 등 거의 모든 분야가 물리적 세계에서 가상공간의 세계로 전환되어 있다.

가상공간을 공격하는 사이버 테러의 경우 과거에 테러로부터 인류의 평화와 인권을 보호하던 대(對)테러 활동은 아무런 효과를 거두지 못한다. 2000년 4월 26일의 체르노빌 바이러스(CIH) 사건 때에는 국내에서만 30만 대 이상의 컴퓨터가 피해를 입었고 수리 및 데이터 복구에만 약 20억 원이 소모되었다. 전 세계적인 피해액은 무려 2억 5천만 달러에 이를 것으로 추정되었다. 스팸 메일의 사례는 2001년 3월 나토의 유고 공습 사건에서 찾아볼 수 있다. 공습이 시작되자 유고 정부는 자국의 컴퓨터 사용자와 타국의 지지자들에게 나토(NATO)의 무력행위를 비판하는 메시지를 미 국방부, 백악관, 나토본부 등에 동시에 보내도록 했다. 이들의 전자우편 폭탄 공격으로 인해 미국과 나토의 주요 기관에서 운용하는 웹사이트가 하루 종일 마비되고 특정 업무 수행이 정지되는 혼란이 발생되었다.

눈에 보이는 것이 공격과 방어의 대상인 재래식 전쟁과는 달리 정보전이라고 불리는 사이버 테러는 눈에 보이지 않는 정보가 공격과 방어의 대상이다. 사이버 공간에서 테러가 증가하는 이유는 다음과 같다. 즉. 우선 사이버 테러리즘은 작전을 준비하고 수행하는 데 비용이 저렴하다는 것이다. 핵무기나 생화학무기의 경우에는 연구 개발과 생산에 막대한 비용과 시간이 소요되지만, 사이버 테러리즘 수행을 위한 비용은 거의 소요되지 않는다. 사이버 공간을 통해 네트워크에 접근할 수 있는 능력만 갖추고 있다면 쉽게 공격할 수 있기 때문이다. 또한, 사이버 테러의 경우 재래식 전쟁과 비교하여 전쟁의 경계가 명확하지 않다는 것이다. 사이버 공간에서의 상호작용이 증가함에 따라 과거에는 명확했던 공공과 개인의 이익, 전쟁과 범죄행위 등을 구분하기가 어려워지고, 국가 간의 지역적·정치적 경계가 모호해지고 있다. 그리고 사이버 테러의 위협과 공격행위가 국내에서 시작된 것인지 아니면 외국에서 시작된 것인지 구별하기가 힘든 상황이다. 심지어는 공격 대상은 물론 누가 공격을 당하고 있는지도 파악할 수 없다.

사이버 테러리즘은 전선이 따로 없는 전쟁이다. 정보기술과 네트워크로 연결된 사회에서는 후방도 전방과 동일한 공격의 대상이 된다. 정보 시대에는 통신, 전력, 유류 저장과 송전, 운송, 급수, 응급 서비스 등 국가의 모든 기반구조가 서로 연결된 정보 기반 구조에 의존하게 되는데, 사이버 테러는 이들이 연결되어 있는 사이버 공간에서 수행되기 때문에, 공격 효과가 큰 대상들이 사이버 무기로 무장한 사이버 테러리스트에게 쉽게 노출된다. 따라서 사이버 테러에서는 전장과 후방의 구분이 무의미하며, 네트워크를 통해 접근할 수 있는 곳은 어디든지 잠재적 전장(戰場)이 될 수 있다.

사이버 테러리스트들은 그들의 목적을 달성하기 위해 트럭에 폭탄을 싣고 공격 목표물을 향해 돌진할 필요가 없다. 비행중인 항공기 폭파를 위해 미사일을 발사할 이유도 없다. 요새화되어 있는 군사기지에 침투하기 위해 특공대를 조직하고 중무장하여 침투할 필요도 없다. 테러리즘을 자행하는 동안에 목숨을 잃을 염려도 없고 체포될 염려도 없다. 사이버 테러리스트들은 수천 킬로미터 떨어진 그들의 은거지에서 발견되지 않고 원하는 공격목표물을 정하고 공격할 수 있다. 그들의 손에 피를 묻히지 않고 죽음의 그림자를 전 세계에 드리우게 할 수 있다는 것이다. 따라서 사이버 테러리즘은 정보화 시대의 발전과 맞물려서 여러 가지 형태로 전개될 가능성이 높다.

5) 심리전으로서 협박테러의 증가

테러는 물리적 폭력이 동반되는 경우는 물론이고 물리적 폭력을 사용하겠다는 협박도 명백한 테러이다. 테러조직은 물리적 폭력의 행사를 통해 얻을 수 있는 효과를 협박으로도 얻을 수 있다는 인식을 가지고 있다. 협박을 통해 공포를 확산하는 심리전(心理戰)적 특징을 활용하는 것이다. 특히 살상 효과가 높은 폭발물 테러 협박을 그들의 전술 목록에 올려놓고 있다. 테러범들은 폭발물을 설치했을 경우 혹은 폭발물을 설치하지 않고 협박을 가하는 경우도 있다. 단순한 협박을 통해서 일상적인 경제활동을 중단하도록 할 수 있고, 테러의 주된 목적 중에 하나인 광범위한 공포 분위기 확산이 가능하여 소기의 목적을 달성할 수 있다는 인식을 하고 있다는 것이 협박의 주된 원인이 된다. 폭발물을 이용하는 전화 협박은 크게 두 가지 상황으로 나눌 수 있다. 첫째는 실제 폭탄이 장치되어 있을 경우는 보통 불필요한 인명 피해를 막기 위함이다. 왜냐하면 만약 무고한 사상자가 발생했다면 정치적으로 비난받을 수가 있기 때문이다. 둘째는 폭탄이 설치되지 않은 경우로 단순히 공포와 혼란을 야기하려는 목적을 가지고 있다.

폭발물을 이용한 공격에 대한 협박 전화는 실제로는 아무 위험도 발생하지 않는 악의 어린 장난이 대부분이다.[33] 하지만 그 중에 진짜 테러범에게서 걸려오는 협박 전화가 있다는 것이다. 그러나 일반인이 그 협박이 진짜인지 가짜인지 판단한다는 것은 매우 어려운 일이다. 따라서 직접적으로 혼란을 가중시킬 수 있고, 간접적으로 경제적 피해도 유도할 수 있는 협박테러는 근절되지 않을 것이다.

제 5 절 한국 대상 테러 사례 및 추이

한국에 대한 테러 위협은 크게 북한에 의한 국내에서의 테러, 국제 테러조직에 의한 한국에서의 테러, 그리고 북한 및 국제 테러조직에 의한 해외에서의 테러로 구분할 수 있다.

1 북한에 의한 국내에서의 테러

북한의 대남 테러는 1950년대 중반부터 본격화되었으며, 1960년대부터는

33) 최진태, Op. cit., pp. 23-24.

국내·외에서 주로 한국인을 대상으로 조직적인 테러를 자행했다. 북한은 노동당 중앙위원회 산하 비서국 예하에 대외연락부(일명 사회문화부), 35호실(일명 대외조사부), 작전부, 통일전선부가 편성되어 있다. 이들 부서는 테러 및 공작 요원을 양성하여 남한에 침투시켜 남한 내의 혁명 역량을 구축하고, 정보 수집과 사회 혼란을 조성하며, 필요시 요인 암살, 납치, 파괴 등의 테러를 전담하는 임무를 수행한다.[34)]

대외연락부는 공작원을 양성하여 남한에 침투시켜 혁명 역량을 구축하는 임무를 수행한다. 35호실은 남한 사회의 정치·경제·사회 분야의 움직임과 미국과 일본의 대(對)한반도 정책, 대북정책, 한·미 유대 관계 및·국제정세와 동향을 파악하고, 그와 관련된 정보를 수집한다. 또한 대남 테러공작 임무를 담당하고 있는데, 이들은 1978년의 최은희·신상옥 납치사건, 1987년의 KAL기 폭파사건, 1997년의 이한영 암살사건 등을 주도한 것으로 알려지고 있다. 작전부는 남한과 제3국에 침투하는 공작원을 일정한 장소까지 안내하는 임무와 요인 암살 및 납치, 군사 정찰, 폭파 등의 임무를 수행한다. 통일전선부는 북한의 대남 공작기관 중에서 가장 방대한 조직으로 적화통일을 위한 국내·외적 여건과 분위기 조성을 목표로 주로 해외교포 사회에 침투하여 친북 세력을 확보하고 모든 형태의 남북 교류와 대북 협상전략을 수립·조정한다. 이들 노동당 예하의 테러조직원은 13,000여 명에 달하는 것으로 알려지고 있다.

또한 총참모부 정찰국은 군사 정보기관으로 요인 납치, 요인 암살, 기밀문서 탈취, 고도의 전략적 모략공작, 핵심시설 폭파, 간첩 임무, 핵심 전략시설 정찰 등을 수행하는 공작기관으로 1996년 강릉 무장공비 사건으로 주목받게 되었으며, 1982년 미얀마 아웅산 묘지 폭파사건도 정찰국 요원의 소행으로 알려졌다.[35)] 이런 방대한 조직을 가진 북한의 대남 테러행위를 연대별로 요약해 보면 <표 1-8>과 같다.

---

34) 김현기, "북한군 특수부대의 실체," 「국방저널」, 2001년 11월호(2001), pp. 29-30.

35) 김국신·배천규, 「미래의 대테러작전 수행 개념 및 발전 방향」, 육군교육사령부, 2005, pp. 2-9.

〈표 1-8〉 연대별 북한의 대남 테러 주요 사례

연대별	1960년대 이전	1960년대	1970년대	1980년대	1990년대	2000년 이후
사 건	· 재일본인 북송 · KNA기 납치	· 청와대 기습 · 울진 · 삼척 공비 침투 · 푸에블로 호 납북 사건	· 국립묘지 현충문 폭파 · 8·15 대통령저격미수 · 간첩단 침투	· 아웅산 폭파 · KAL 858기 폭파 · 김포공항 폭파	· 이한영 피살 · 최덕근 주러 총영사 피살 · 동해 잠수정 침투	· 서해교전 · 남해 잠수정 침투
특징	· 남한 내 기지 구축	· 월남전 배경 · 전면전쟁 유인	· 국가 지도 체제 혼란 조성	· 경제 발전 저해 · 86아시안 게임, 88올림픽 방해	· 지하당 전술 · 반북인사 암살 · 무력 도발, 인질	· 남한 내 혼란 조성 · 전면전 유인
행위자	• 특수요원	· 특수 게릴라 · 군인	· 특수요원 · 재일동포	· 특수요원 · 민간인	· 군인 · 북한공작원 · 남파된 간첩	· 군인 · 고정간첩 · 북한 동조원
목 적	· 자체 역량 비축	· 정세 혼란 조성 · 무력적화 통일	· 정치 · 경제 · 사회 질서 파괴 · 통혁당 사건	· 올림픽 무산 · 학내소요 및 노동쟁의 선동 · 정부 전복	· 북한 체제 보호 · 경제 실리 추구	· 남한 내 혼란 조성
방 법 (전술)	· 유인 납치	· 게릴라전 · 비정규전 · 무차별 살상	· 비정규전 · 요인 암살 · 시설 폭파	· 비정규전 · 암살, 폭파	· 요인 암살 · 지하조직 구축	· 배합전술 · 요인 암살
대 상	· 재일본인 · 항공기	· 대통령 위해 · 시설물 파괴	· 대통령 위해 · 요인 납치	· 대통령위해 · 86아시안 게임/88올림픽 무산	· 탈북자 요인	· 군인 · 주요 인사
결 과	· 자체 부족 역량 비축	· 사회혼란 조성 · 게릴라기지 구축 · 4대 군사노선 추구	· 특수부대 · 통합 개편 · 전후방동시 전장화 기도	· 노 · 학연계 폭력투쟁 유도 · 자체 역량 비축	· 김정일 체제 구축 · 사상교육 강화 · 체제전복 및 학내폭력 조직	· 강성대국 노선 · 여야 정국 혼란 조성 · 남한 국제 고립 조성

출처: 김열수, "한국군의 대테러 활동 정립 방안," 「합동참모본부 2005 합동교리 발전 세미나 발표논문집 제4집」(2005).

2 국제 테러조직에 의한 국내에서의 테러

미국이 아프가니스탄과 이라크를 공격하고 또 한국의 자이툰부대가 이라크에서 활동함에 따라 외국 테러리스트들이 한국을 대상으로 테러를 할 수 있는 명분이 마련되었다. 특히, 미국을 증오하는 국제 테러집단이 한국 내의 미군과 미군 시설에 대해 테러를 할 수도 있고 미국과 동맹 관계를 맺고 있는 한국인과 한국 내 중요 시설에 대해서 테러를 자행할 수도 있다. 주로 미국과 적대적인 극단적 이슬람 단체와 반한(反韓)단체에 의한 테러가 예상된다. 2004년에 접어들면서 외국의 반한단체가 한국에 대한 테러를 하겠다는 협박 편지가 현지 대사관에 날아들고 있다. 태국의 반한조직인 아키아(Anti Korea Interest Agency: AKIA)가 대표적이며, 심지어 태국 주재 한국 대사관에 'Yellow-Red Overseas Organization'이라는 정체 불명의 단체가 "한국, 일본, 태국, 필리핀, 싱가포르, 호주, 쿠웨이트, 파키스탄 등 이라크 파병 8개국을 대상으로 테러 공격을 하겠다"는 협박 편지가 전달되기도 했다.[36] 이뿐만 아니다. 국가정보원은 알카에다 조직원이 지난 10년 사이 두 차례에 걸쳐 한국에 입국한 일이 있다고 밝혔다.[37] 또한 알카에다의 2인자로 알려진 아이만 알 자와히리(Ayman al-Zawahiri)는 알 자지라 방송을 통해 한국을 포함한 전 세계 동맹들의 시설을 공격하기 위해 지도부를 구성해 조직적인 저항에 나서라(2004. 10. 1)고 촉구하기도 했다.[38] 이는 한국이 더 이상 국제 테러집단으로부터도 테러의 안전지대가 아니라는 것을 보여 준다.

---

36) AKIA는 태국 주재 한국 대사관을 포함한 한국의 주요 기관과 국적 항공기 등을 겨냥해 테러 공격을 하겠다는 협박 편지를 보냈고(2004. 1. 8), 구체적인 테러 공격 일자가 명시된 편지도 보냈다(2004. 1. 16). 또한 태국의 돈무앙 공항 내 대한항공 사무소에 테러 협박 편지가 접수(2004. 4. 23)되기도 했다. 여기에 대해서는 최진태, "한국 관련 테러 공격 협박 사건 분석," www.terrorism.or.kr을 참고할 것(검색일: 2008. 8. 5).

37) 「한겨레」, 2003년 11월 20일.

38) 「연합뉴스」, 2004년 10월 12일(검색일: 2009년 8월 9일).

또 하나의 테러 가능성은 한국에 거주하는 노동자에 의해 테러가 발생할 수 있다는 점이다. 2008년 7월 현재, 한국에 거주하는 외국 노동자는 60만 명[39]에 달한다. 물론 합법적인 노동자도 있지만 불법적인 노동자도 많다. 외국의 테러집단이 이들과 연관된다면 테러는 더욱 쉽게 일어날 수 있다. 국내에 거주하는 외국 노동자들은 테러 수단을 국내에서 쉽게 확보할 수 있고 또 한국 내의 정보에 밝다는 이점이 있다. 국내에 거주하는 외국인 노동자들을 차별해서도 안 되지만 테러의 가능성을 완전히 배제하는 것도 곤란하다.

3 북한 및 국제 테러조직에 의한 해외에서의 테러

재외국민에 대한 테러도 빈번하게 발생하고 있다. 한국의 국제적 위상이 높아짐에 따라 해외 유학생과 해외 여행객들이 증가했으며 민간기업의 해외 주재원들도 증가했기 때문이다. 해외에 거주하고 있는 한국인들이 증가함에 따라 재외국민들도 테러의 위협에 노출될 확률이 높아졌다. 재외국민을 대상으로 한 테러는 크게 세 가지 유형으로 구분할 수 있다.

첫째, 해외 여행자에 대한 테러이다. 1990년대 해외 여행이 자유화되면서 한국인의 해외 여행이 급속도로 증가하고 있다. 한국인의 해외 여행 증가는 단순한 관광뿐만 아니라 기업의 해외 진출을 위한 여행도 포함된다. 또한 여행 지역도 과거의 서구권에서 벗어나 전 세계를 대상으로 하고 있다. 테러집단이 단순히 한국인을 대상으로 테러를 감행하겠다고 결심하면, 굳이 한국으로 입국하여 테러를 할 필요가 없다. 해외에 단체여행 중인 한국인을 대상으로 테러를 하면 되기 때문이다.

1995년 러시아에서 현대전자 연수단 29명이 탑승한 버스가 권총으로 무장한 복면 괴한에 피랍된 사건이 발생했으며, 2002년에는 프랑스에 어학연수 중이던 한국 여학생이 영국 여행 중에 실종되어 사체로 발견되었고,

---

39) 「조선일보」, 2008년 7월 10일.

영국 유학중이던 여학생 한 명도 실종되는 사건이 발생하기도 했다.[40]

둘째, 해외 주재 공관원이나 상사원에 대한 테러이다. 해외 주재 공관원에 대한 테러도 발생하고 있다. 최덕근 주러 총영사가 1996년 러시아에서 피살당했으며, 1998년에는 예멘 주재 한국 공관원 가족 등 3명이 무장괴한에 의해 피랍되었다가 4일 후에 석방된 사례도 있다. 한국의 해외 주재 상사원이나 기술자들도 테러 대상이 된다. 한국 기업들이 테러 세력이 준동하고 있는 지역이나 심지어 전쟁이 진행 중인 지역에서도 기업활동을 하고 있기 때문이다. 이라크에서 전기 공사 중에 살해당한 오무전기의 직원이나 가나무역 김선일 씨의 참수 사건이 그 대표적인 사례이다. 또한 현지의 테러단체들이 그들의 활동자금을 확보하기 위해 한국의 상사원이나 기술자를 인질로 삼을 수도 있다. 필리핀에서는 국도 확장 공사를 하던 경남기업 현장 사무소가 '신인민군'의 습격을 받아 금품을 강탈당했고(1999년), 인도네시아 '자유 파푸아 운동(OPM)'이 코린도 사의 한국인 직원 2명과 현지인 11명을 인질로 납치했으며, 동원수산 소속 원양어선 동원호의 소말리아 인근 해역에서 무장단체에 의한 피랍(2006. 4. 4), 아프가니스탄에서의 샘물교회 봉사단원 23명 피랍(2007. 7. 19), 멕시코 북부 국경도시 레이노사 시(市)에서 박모씨 등 5명 무장 괴한에 피랍(2008. 7. 14)[41] 등의 사례가 대표적이다.

셋째, 해외 교포에 대한 테러이다. 개인적 이유에서도 테러를 당할 수 있지만 한국인이라는 이유만으로 테러를 당할 수도 있다. 1992년 미국에서 발생한 LA 폭동과 2000년 타지키스탄의 두샨베이에서 발생한 이슬람 세력에 의한 폭탄테러가 그 대표적인 사례이다.

---

40) 국회정보위원회, 「테러관계자료집」(서울: 국회 정보위원회 수석전문연구실, 2002), p. 87.

41) 「조선일보」, 2008년 7월 23일.

제 6 절 향후 테러 추이와 전개 양상의 특징

20세기 후반에 시작된 무기 체계 성능의 가속적 발전 추세는 21세기에도 지속될 것이다. 특히 핵폭탄과 같은 크기 또는 힘을 과시하는 무기나 연구 집약적인 고가의 무기보다는 단순하되 효율성이 좋은 무기 체계가 주로 발전될 것으로 보인다. 다음은 최근 개발된 플라스틱 폭탄처럼 일반적인 탐지기로는 감지하기 어려운 종류의 폭탄이 점차 다양해질 것이다. 한편, 현대 과학기술에 의해 발전된 의학, 영양, 교육 및 인간의 전반적인 생활 수준을 크게 향상시켰다. 그러나 이러한 과학기술의 발전적 적용은 테러범 위협의 전개에서도 큰 영향을 미치고 있다. 새로운 테러 무기에의 접근, 테러범 시장의 확대, 그리고 즉각 이용 가능한 첨단 컴퓨터 기술 등은 위협을 증대시키는 중요한 요인이다. 시간 경과와 함께, 무기의 정밀성 증대, 휴대의 간편성 및 소형화 등과 같은 다양한 기술혁신의 발달은 그리고 다양한 영역으로의 기술적 파급 효과 등으로 인해, 테러범들의 도구는 저렴해지는 반면 더욱 파괴력이 높아지고, 경계가 비정부적 출구를 통한 가용성은 확대되었다. 이러한 추세는 테러의 사건의 숫자는 감소하나 테러범의 살상 잠재력은 기하급수적으로 증대시키는 데 영향을 미치고 있다.

특히, 9·11 테러는 과거의 테러와 비교해 볼 때 다음과 같은 특성을 보이고 있다. 즉, 국가급 단체 수준에서 정교하게 기획하여 사전에 환경을 적절히 조성하여 결행을 준비한 점과 고도의 의미 지향적 행동(willingness)을 구상하여(표적 선정의 의미 지향 등) 그 파급 효과를 극대화하고자 했다는 점, 그리고 전혀 전례가 없던 방법 등을 동원하여 방법의 의외성, 수단의 의외성, 목표 선정상의 독특성 등을 의도적으로 강조함으로써 예측과 예방의 어려움은 물론, 준비되지 않는 곳을 공격하여 공기무비(攻機無備)의 기습 효과를 통한 테러 목적의 극대화를 도모한 점 등이다.

이러한 9·11 테러의 특성과 9·11 테러 이후의 나타난 테러의 변화 추이와 국제적 테러환경을 고려해 볼 때 향후 국제 테러리즘은 다음과 같은 특징으로 전개될 것으로 전망된다.

첫째, 요구 조건과 공격 주체의 불명확으로 추적 곤란할 것이다. 특정 국가에 대한 적대감, 지역 패권에 대한 반대 등 추상적인 이유를 내세운 테러가 발생하고 있으며, 자신과 비호 세력을 보호하고 공포 효과를 극대화하기 위해 요구 조건을 제시하지도 않고 정체도 밝히지 않는 소위 '얼굴 없는 테러'가 빈번할 것이다. 따라서 대다수의 테러범 활동은 목적을 정의하기 어렵게 되고 목표를 확인하기 어렵게 되었다.

둘째, 전쟁 수준의 파괴 및 무차별 공격으로 대규모 피해가 발생[42]될 것이다. 테러는 대의명분을 선전하고 많은 희생자를 내기보다 극단적 수단을 동원한 의사소통 행위의 측면이 강했으나, 향후에는 전쟁 수준의 파괴와 무차별 인명 살상 등이 동반되는 대규모 테러가 예상된다.

셋째, 테러조직이 여러 국가 지역에 걸쳐 연결된 이념 결사체로서 조직 중심이 다원화되어 조직의 무력화가 어렵게 되었다.

넷째, 테러장비가 폭탄이나 미사일이 아니라 우리 주변에 항상 존재하면서 보호되고 있는 비행기, 주유소 및 기름, LPG 운반 차량 등 시설이나 장비로 그 지배권만 탈취하면 기존 장비 이상의 효과를 나타내고 있어 예방이 곤란해졌다. 또한 이렇게 획득한 장비는 현장에서 즉각적으로 사용 가능하기 때문에 테러행위에 대한 대응 시간이 절대적으로 부족하다.

다섯째, 대량 살상무기의 사용 가능성이 증대되고 있다. 생화학무기는 주로 전쟁이나 대규모 분쟁에서만 사용되었는데, 1995년 일본 옴진리교의 지하철 사린가스 살포사건을 시작으로 9·11테러사건 직후 사용되었던 탄저균 테러는 이러한 화생무기가 저렴한 비용으로도 엄청난 효과를 내는 저비용 고효율 무기라는 것을 테러리스트들에게 일깨워 주었다. 실제로 미국의 탄저균 테러는 전 세계적으로 백색가루에 대한 공포를 확산시키기까지 했다.

여섯째, 언론의 발달로 공포의 확산 용이하다. 현대는 지구촌 사건 소식

42) 9·11테러로 인해 2,769명이 숨지고 피해액은 최소 330억 달러(약 42조 4천억 원)에서 많게는 360억 달러(약 46조 3천억 원)로 추산되며, 5만 1천 개의 일자리가 없어지는 등 미국 경제의 생산 잠재력에 심대한 타격이 발생했다.

이 신속하게 전 세계로 전파되고, 테러 현장의 생생한 모습이 실시간대에 방송[43)]됨으로써 극단적인 공포감이 지구촌 전체로 동시에 확산될 것이다. 테러범들은 더 많은 사람들을 죽이는 것보다 그러한 참상을 더 많은 사람들에게 보여 주기를 원한다. 그러므로 테러범은 인질이나 무고한 시민을 악의적이고 무차별적으로 살상하여 이를 보여 줌으로써 나머지 다수에게 더 큰 위협과 고통을 안겨 주는 데 중점을 두고 있는 것이다. 하마스의 창시자 야신(Ahmed Yassin)이 말한 "전시에 다수의 인원을 죽이는 것보다 평시에 단 한 명을 죽이는 것이 그 효과가 크다"라고 했던 말을 상기해야 한다.

일곱째, 사건의 대형화로 인해 국가안보 부담이 증대될 것이다. 과거의 테러는 협상 타결 또는 대테러특공대의 투입으로 대부분 현장 종결이 가능했다. 그러나 향후 테러는 국가적 위기로 인식될 만큼 대형화되어 국가 안보 차원에서 대비하고 수습해야 할 경우가 발생하고 있다.

여덟째, 첨단 정보기술과 더불어 사이버 공간과 우주 공간을 이용하여 심리전과 함께 사이버 테러가 광범위하게 일어날 것이다.

이러한 뉴 테러리즘은 국제 안보환경 변화와 국제적 조류 속에서 고도의 도시 집중화 현상과 정보혁명에 따른 교통, 통신 수단의 급속한 발전과 이에 따른 인터넷망의 확산, 그리고 과학기술의 발달에 따른 무기 체계의 고도화 등으로 인해 국경을 초월한 초국가적 테러리즘의 발달이 예상된다. 사이버 테러 대량 살상무기를 이용한 초국가적 테러리즘 등 새로운 형태의 테러리즘의 양상으로 종전의 대응 방식에는 많은 한계가 있을 수밖에 없다. 따라서 이러한 유형의 뉴 테러리즘이 발생할 경우 테러리스트들이 의도에 관계없이 그 피해는 불특정 다수의 민간인에게도 커다란 영향을 미칠 것이며 세계는 큰 혼란에 빠지게 될 것이다. 따라서 향후 이러한 테러리즘의 위협에 대응하기 위해서는 몇몇 국가의 적극적인 노력보다는 국제사회의 강도 높은 대응이 더욱 절실히 요구된다.

---

43) 1985년 TWA 항공기 납치사건을 취재한 한 앵커가 테러범에게 "레이건 대통령에게 할 말은 없는가?"라는 질문을 던짐으로써, 순식간에 정치적인 테러범과 미국 대통령을 정치적으로 동일선상에 올려놓은 사례가 있었다. 따라서 적절한 언론 통제와 협조가 대테러작전에서는 필수적이다.

제 2 장 한국 안보와 테러

제 1 절 한국의 국내외 안보환경

1 국제 안보환경의 변화 요인과 특징

제2차 세계대전 후 국제 안보환경은 냉전 체제였다. 그러나 1990년대 후반에 들어서면서 냉전 체제는 무너지고 탈냉전, 평화 공존 그리고 국제화의 시대로 접어들었다. 동시에 냉전 시대의 유물이었던 고강도 전쟁은 테러를 포함한 저강도 분쟁(Low Intensity Conflict: LIC)으로 대체되는 새로운 국제 안보환경이 형성되었다. 이러한 시대적 환경에 변화를 불러일으킨 특징과 요인은 다음과 같이 분석할 수 있다.

첫째, 국가 주권의 쇠퇴(decline of sovereignty)이다. 교통, 통신 등의 발달로 이념, 기술, 인력, 재원, 용역 등의 국가 상호간 유입이 용이해져, 국내 이익집단의 요구 증대와 국제기구, 지역기구, 각종 비정부기구, 다국적기업, 민족, 종교집단, 테러단체, 범죄조직 등과 같은 국내외 집단이 국가정책에 영향을 미치게 되었다. 그리고 국가의 기능 상실을 의미하지는 않으나 안보 위협의 다양화와 국가 자원 할당 측면에서 국가안보의 비중이 감소됨에 따라 국가 주권의 배타적 행사에 제한을 받게 되었다. 신국제주의(new internationalism)가 등장한 것이다. 새로운 국제 질서 모색 과정에서 화두로 떠오른 개념으로 개별 국가의 주권보다도 인권이 우선한다는 인간 중심 사상이 확산되면서 한 국가 내 심각한 인권 침해와 박해 사례가 발생할 경우 단일 국가의 주권 침해라는 문제가 발생하더라도 국제 사회는 군사적·경제적 제재를 통해 이를 해결해야 한다는 주장이다.[1)]

둘째, 범세계적 상호의존성(interdependence)이 증대되었다. 양극 체제 이후 힘의 분산과 국제 교류의 증대, 정보통신기술의 혁신으로 군사 이외의 다양한 분야에서 안보 위협이 발생함에 따라 상호의존성이 높아지고, 국제 협력의 필요성이 증대되었다. 동시에 국가의 취약성이 노출되고 국가 간 상호의존 정도의 비대칭으로 인해 갈등도 표출되고 있다. 이러한 상황은 새로운 시대의 안보 위협을 잉태하게 되었는데 그것은 당사국 간의 문제이기보다는 국제적 혹은 범지역적 문제로 등장했으며 기존의 군사·정치 위협에서 벗어나 다양한 영역과 수준의 위협이 발생하고 있다.

셋째, 무정부주의적 분쟁의 확산(proliferation of anarchic conflict)이다. 즉, 국가를 통제할 상부 권위체가 부재하여 개인 차원의 갈등 및 분쟁은 국가의 권위로 조정 및 통제가 가능하지만 국가 간의 갈등과 분쟁은 조정 및 통제를 가능하게 수준의 권위체가 부재하고, 동시에 강제력 행사도 거의 불가능한 실정이며, 국제법과 국제기구의 구속력 역시 미미하게 되었다. 또한 탈냉전 후 초강대국의 지역적 통제력이 약화되고 냉전 시 내재되어 있던 민족, 인종, 종교, 영토, 자원 등과 같은 각종 양상의 분쟁 요인이 표출됨에 따라 비전통적 저강도 분쟁(Unconventional Low Intensity Conflict)으로 확산되고 있다. <표 2-1>은 냉전 이후 국제 분쟁 발생 현황을 잘 설명해 주고 있다.

넷째, 인간 안보(human security) 개념의 등장으로서 개인 주권이 중요시되고 있다. 인간 안보란 기존의 전통적 안보 개념이 국가 또는 국제사회라는 집단적 실체를 대상으로 상정하는 것에 의문을 제기하면서 출발된 개념

1) Robert Mandel, *The Changing Face of National Security: A Conceptual Analysis* (Westport: Greenwood Press, 1994), pp. 113-115.

〈표 2-1〉 냉전 이후 국제분쟁 현황(1990~2007)

연도	진행 분쟁	충돌 분쟁	연도	진행 분쟁	충돌 분쟁
1990	84	35	1999	83	45
1991	91	37	2000	83	40
1992	96	40	2001	84	36
1993	97	41	2002	84	34
1994	94	46	2003	84	27
1995	93	35	2004	84	22
1996	94	33	2005	85	25
1997	86	34	2006	85	26
1998	84	42	2007	84	29

출처: 국방대학교, 「국가안보와 전쟁」(서울: 국방대학교, 2007).

이다.

즉 인간 안보는 안보의 궁극적 대상을 인간으로 규정하고 인간의 안위를 위해(危害)할 수 있는 모든 사안을 안보 위협 요인으로 간주하는 것이다. 국가가 개인을 가장 잘 보호할 수 있다는 전제하에 국가에 대한 위협을 개인에 대한 안보 위협과 동일시하는 것이며 기존의 안보 개념과는 구별되는 특징을 가지고 있다.[2] 이러한 인간 안보 개념은 1994년 국제연합개발계획(United Nations Development Program: UNDP)의 연례보고서인 『인간개발 보고서(*Human Development Report*)』에 최초로 등장했으며, 경제안보, 식량안보, 보건안보, 환경안보, 개인안보, 공동체안보, 정치안보 등으로 구성되어 있다. 인간 안보 개념의 실천을 위한 국제적 노력으로 1996년 6월 12일 개최된 유럽안보협력기구(Organization for Security & Cooperation in Europe: OSCE) 정상회의는 "유럽 안보에 대한 포괄적인 접근을 위해서는 인간적 차원, 특히 인권 및 기본적 자유와 관련된 모든 노력이 경주되어야 한다"는 최종 성명을 채택했다. 한편 2000년 5월 11일부터 12일까지 스위스에서 개최된 인간안보 네트워크(Human Security Network)에 대한 각료회의에서는 정부와 비정부기구 간 인간 안보 네트워크 설치를 권유했

2) 김우상, "세계화와 인간안보," 「아산재단 연구총서」 181집(서울: 집문당, 2005), p. 23.

고, 2000년 9월에 열린 국제연합 총회에서 코피 아난(Kofi Atta Annan) 사무총장은 "국가 주권보다 개인 주권이 우선이며 모든 사람들은 공포로부터의 자유, 궁핍으로부터의 자유를 보장받아야 한다"라고 천명한 바 있다.

다섯째, 테러리즘의 확산과 대테러 전쟁(counter-terrorism)이다. 테러리즘은 조직적인 폭력을 사용함으로써 복종을 강요하는 것이다. 정치적 무기나 정책으로서 폭력이 사용되는 것이며, 인간에게 공포심을 느끼게 하는 행위를 의미하고 있다. 그러나 9·11 미 테러는 몇 가지 안보적 관점에서 변화를 유도하는 계기가 되었다. 그것은 대량 살상으로 이어지는 테러는 예측이 불가능한 초국가적 위협으로 국가안보의 중요한 위협 요인이 되고 있다는 것이다. 국가 차원의 주권 확보 전쟁에서 종교·민족·이념 등 정체성에 근거한 분쟁이 증가하고, 이에 따라 분쟁의 패러다임이 변화하고 있다는 것이다. 그 결과 테러의 증가는 탈냉전 이후 안보 불감증에서 벗어나 안보 경각심을 갖게 하는 계기가 되고 있다. 특히 요구 조건 및 공격 주체의 미(未) 제시, 전쟁 수준의 무차별 공격으로 인한 대량 피해 발생, 네트워크형 테러조직의 분산 운영, 인명 피해 극대화를 위해 대량 파괴무기(화생방무기) 사용 등의 특징을 보이는 테러 양상은 과거와는 다른 형태로 자행됨으로써 국가안보 유지 차원에서 테러문제에 접근해야만 하는 상황에 직면하게 되었다.

여섯째, 대량 살상무기의 세계적 확산과 국제 군비통제의 확산이다. 대량 살상무기(WMD)란 핵무기, 화학무기, 생물무기를 총칭하는 것으로 이들의 운반 체계 및 추진체는 포함되지 않는다. 대량 살상무기는 막대한 국방 비용이 필요하고, 장기적인 투자가 요구되는 재래식 무기에 비해 개발과 획득이 용이하고 광범위한 피해 발생에 따른 공포의 균형을 유지시켜 역설적으로 전쟁을 억제하는 기능을 가지고 있다. 그러나 대량 살상무기는 이에 대한 국제적 차원의 비확산 및 통제 노력이 부족하고, 이의 사용에 대한 강력한 제재 수단이 미흡하여 군사적 용도뿐만 아니라 정치·외교적 활용도 배제할 수 없는 상황이다.[3] 과거 군비통제는 미·소 혹은 동·서양 진영 간

---

3) 대량 살상무기(WMD)를 위한 군비통제 체제는 확산금지조약(Nuclear Non-Proliferation

의 쌍무적 군비통제가 주를 이루었으나 탈냉전 후에는 전 세계의 거의 모든 국가가 참여하는 다자간 군비통제 체제이다. 강대국들은 국제사회에서 그들의 영향력을 확대하고, 상대적 우위 유지 수단으로 그리고 기타 국가들은 자국의 안보 이익을 보장받는 수단으로 활용하는 것이 다자간 군비통제 체제이다. 그러나 '빈자의 핵무기'로 지칭되는 대량 살상무기는 약소국이 최후의 안보 수단으로 사용하려는 의도가 강해 통제가 어렵다는 특징을 가지고 있다.

일곱째, 다자안보협력의 활성화이다. 냉전 시대와는 달리 각 지역은 각기 발전의 정도와 특성에 맞는 새로운 지역 질서 구축을 지향하고 있다. 다자안보가 모든 안보문제를 해결하지는 못하기 때문에 다자안보에 포함된 국가들도 어떤 형태이든 집단안보나 집단방위에 포함되어 있으므로 상호 보완적 작용을 통해 자국의 안보를 추구할 필요성이 대두되고 있다. 주요 다자안보기구로는 유럽안보협력기구, 아세안지역포럼(ASEAN Regional Forum: ARF), 동북아협력대화(Northeast Asia Cooperation Dialogue: NEACD), 아·태지역 안보협력이사회(Council for Security Cooperation in the Asia-Pacific: CSCAP) 등이 있다. 한국이 지향하고 있는 ARF는 공통 적에 대한 위협 인식의 부족, 국가 및 민족 간 가치와 동질성의 부족으로 인해 OSCE에 비해 상대적으로 그 역할이 미흡하다.

여덟째, 세계화(globalization)의 확산이다. 세계화는 개별 국가의 기준, 가치관 등이 지구적 기준이나 가치 등으로 대체되는 현상이나, 각국이 세계적 수준을 구비하려는 노력으로서 생존전략이라고 볼 수 있다. 기업활동, 금융, 문화의 세계화로 국가 간 상호의존이 심화되면서 세계화의 역기능인

---

treaty: NPT), 포괄적 핵실험금지조약(Comprehensive Test Ban Treaty: CTBT), 화학무기금지협약(Chemical Weapons Convention: CWC), 생물무기금지협약(Biological Weapons Convention: BWC), 미사일 기술통제 체제(Missile Technology Control Regime: MTCR) 등이 있으며, 재래식 무기통제 체제는 특정 재래식 무기금지협약(Convention on Certain Conventional Weapons: CCW), 오타와(Ottawa) 협약(일명: 대인지뢰 전면금지협약), 유엔 재래식 무기 이전등록제도(UNRCA) 등이 있다. 그러나 강제력과 위반 시 제재할 수 있는 힘이 미약하며, 상황에 따라 달리 적용되고 있어 공감대 형성과 이행 추진력이 미흡한 실정이다.

갈등이 증대되고, 반세계화 운동에 의한 분쟁 가능성 내재되어 있어 국제 안보환경에 많은 영향을 미치고 있다.

2 한국의 대내외 안보환경과 위협

한국 안보는 현실적으로 북한의 대남 적화 위협과 대내외적인 군사 및 비군사적 위협에 영향을 받으며, 그 구체적 요인과 실체적인 한국의 안보 환경은 다음과 같다.

첫째, 정치·외교적 위협이다. 정치적 안보의 핵심은 국가 주권에 대한 위협으로, 주로 비군사적 위협인 정치·경제·사회·문화 등의 상호작용에서 비롯된다. 외부적 위협은 국가 주권에 대한 침해, 국가의 승인 혹은 지지, 합법성의 거부, 정치 이념에 대한 위협, 국제적 규약(국제법, 국제 질서, 국제사회 참여)에 대한 강요, 기존 우방이나 잠재 우방과의 이간(離間) 행위 등이다. 북한이 한국을 합법정부로 인정하지 않고 있으며, 미국과 일본 등 우방국을 대상으로 각종 이간책을 구사하여 동맹을 와해하거나 통미봉남(通美封南) 전략을 추구하고 있는 것이 그 실증적 현상이라고 할 수 있다. 한편 내부적 위협은 내부 분열에 의한 정치공동체의 위협으로 좌익 및 우익, 진보 및 보수 등과 같은 정치 이념, 종교, 민족, 문화 등 이질성에서 기인하는 위협이다. 특히 다양한 이익집단(interest group) 간의 갈등은 국가안보의 위협 요인이 되고 있다.

둘째, 경제적 안보 위협이다. 경제안보는 외부의 위협으로부터 위협을 최소화할 수 있는 수동적 능력과 외부 또는 상대국에게 위협을 가할 수 있는 능동적 능력이 있다. 이러한 경제적 안보 위협은 자원, 자본, 과학기술의 결핍 및 미개발, 기업 경영의 불합리 등과 같은 국가 경제력 부족으로 인해 생산력이 저하되고, 생활 수준의 저하로 이어지는 악순환이 계속된다. 아울러 경제력 부족은 대외 종속의 심화, 정치 및 외교적 영향력의 감소, 국방 재원의 확보 곤란, 국가 간 경제력 및 자원의 비대칭으로 이어짐으로써 국가 간 협력의 비대칭이 초래되고 자국의 취약성을 노출하는 안보 위협 요인으로 작용하게 된다. 따라서 경제력 확충과 수입 다변화, 대체자원 개발, 자원 비축 등을 통한 자원의 안정적 확보를 위해 국가 간의 경쟁이 가열될 때는 충돌이 불가피하다. 이러한 관점에서 한국은 원유 등 자원 확보는 경제 발전 차원보다는 국가 생존의 문제와 직결되고 있다. 북한의 입장에서도 계속적인 경제난, 에너지난, 식량난 등이 가중될 때는 내부 폭동 등 급변 사태가 일어날 가능성이 높다. 이러한 경제적 어려움이 극한 상황에 도달할 경우 북한지도부는 체제 수호와 경제적 난국 돌파를 위한 상황 반전을 위해 대남 도발이라는 최악의 방안을 선택할 수 있다는 것이 전문가들의 분석이다. 그리고 도농(都農) 간, 지역 간, 계층 간 불균형은 사회적 불만으로 증폭되어, 정치·사회적 불안정과 연계된 경제적 불안정 상황으로 국내적으로는 노사 분규, 물가 상승, 생산력 감소, 왜곡된 경제활동 등 부정적 행위가 증가할 것이며, 대외적으로는 국가 신인도 하락, 국제경쟁력 약화, 대외경제 협력에 악영향을 주어 국가안보에 좋지 못한 영향을 줄 것이다. 최근에 반복되는 일부 극렬 태업 혹은 파업은 사회적 갈등을 조장하게 되고, 극소수의 사람들이 상대적 박탈감을 빌미로 불특정 다수를 대상으로 한 테러 공격의 가능성이 있으며, 이는 극도의 사회 불안으로 이어지면서 국가안보에 지대한 영향을 줄 수 있다.

셋째, 군사적 위협이다. 군사적 위협은 대내적으로는 국민의 안보 의식과 방위 의지의 약화 그리고 군 내부의 동요 등이다. 2004년과 2008년에 육군사관학교 신입생을 대상으로 한 설문조사는 그 결과가 충격적이다. 그리고 2004년도 설문조사에서는 '우리의 주적'으로 미국(34%), 북한(33%) 순이라는 결과가 나왔으며, 2008년도 설문조사에서는 한국의 안보에 위협이 되는 우선순위 질문에 대해 미국이 51%, 북한이 48%로 나타났다.[4] 국가의 간성이 되겠다는 육군사관학교 신입생들의 안보 의식이 이러한 상태라면 일반 국민의 안보 의식 수준은 심히 우려할 수준이라고 할 수 있을 것이다. 현실과 괴리가 있는 이러한 안보 의식은 안보 위협 세력에게는 결정적 침략의 원인을 제공하게 된다. 전쟁을 도발하는 원인은 여러 요인이 복합적으로

4) 「조선일보」, 2008년 4월 4일.

작용하지만 그 중에서 지도자의 오판도 큰 요인이 된다. 그리고 외부로부터의 군사 침략이나 군사 위협을 유엔헌장 제39조에서는 무력 공격, 무기 사용, 해양 봉쇄, 타국 군 공격, 주둔군의 위반행위, 타국 침략 묵인 및 기지 제공, 비정규전 침략, 기타 군사 위협(대규모 훈련 등 무력 시위, 국경 부근 대규모 군대 배치, 인접국에 대한 급격한 군대 증강 등 군사 압력, 상대국과 가까운 국가와 동맹 결성 등)을 제시하고 있다. 이러한 관점에서 평가하면 북한의 평시 북방한계선(Northern Limited Line: NLL) 침범, 사이버 심리전, 대남 테러, 대남 침투 및 국지 도발은 결정적 안보 위협이 되고 있으며, 북한군의 대남 전략 및 전쟁 준비 상항 역시 잠재적 안보 위협이 된다고 할 수 있다. 특히 핵 및 화생무기 등의 대량 살상무기와 6개 경(輕)보병 여단, 총·폭탄 요원, 군 및 노동당 예하의 테러조직 등은 전시는 물론 평시에도 결정적 안보 위협 요인이 되고 있다. 특히 북한은 1950년대 이후 542건의 대남 테러 공격을 감행했으며, 김정일은 2004년 2월 이라크전에서 테러전의 모방을 언급하면서 "인민군에 저격·경(輕)보병 부대들이 많은데 폭약만 있으면 유사시 적들에게 상상하기 어려운 타격이 가능함"을 강조한 것으로 보아 언제라도 대남 테러를 감행할 수 있음을 시사한다.

넷째, 환경문제, 국제범죄, 국가재난 등도 한반도 안보에 위협을 줄 수 있는 요인이 된다. 자원과 환경은 모든 인간 생활에 필수적이나 그 양이 한정되고 일단 파괴되거나 오염되면 그의 회복이 불가능하거나, 회복을 위해서는 오랜 시간이 필요하고, 복구 비용 역시 막대하게 소요된다. 특히 환경문제는 자연의 구성 요소를 통해 전파되므로 문제의 발생 원인이 불분명하고, 그 피해가 불특정 다수에 전가되어 문제 발생에 대한 책임과 해결에 대한 책임과 비용의 부담이 불분명하므로 환경문제와 관련된 국가 간의 갈등 소지를 제공하게 된다. 환경문제는 자연재해와 연계될 수 있다. 마약 밀거래 등과 같은 국제 범죄는 테러자금과 운영자금의 조달과 관련하여 테러조직과 연계될 수 있다.

3 테러가 한국의 국가안보에 미치는 영향

근대 전략의 대가로 인정받고 있는 프러시아의 카를 폰 클라우제비츠(Carl von Clausewitz)는 "전쟁은 정치 목적 달성의 수단이며 정치의 연장이다"라고 정의하면서 "정치를 동반하지 않는 전쟁은 무가치한 것이다"[5]라고 했다. 이것은 인류가 생존하고 정치가 생존하는 한 이 지구상에서 전쟁은 불가피한 것이며 우리는 항상 전쟁의 위협 속에서 생활할 수밖에 없음을 지적하는 말이다. 냉엄한 국제정치·사회 속에 살고 있는 우리들로서는 전쟁에 대한 개념을 소홀히 생각할 수 없고 전쟁 대비 또한 게을리할 수 없는 것이 오늘의 현실이다. 전쟁은 우리의 생존과 직결되며, 전쟁의 결과는 비참하기 때문에 결코 승리뿐이지 이등이란 있을 수 없는 것이다. 정치가 이루고자 하는 목적이 여러 가지가 있겠으나 국제 관계에서는 상대적 우위를 달성하여 지속적으로 존속하면서 국가의 번영을 이루는 것이다. 이러한 목적을 달성하기 위해 전쟁을 택할 수밖에 없는 상황에서 전쟁은 정치의 수단이 되며 정치 목적을 달성하는 데 중요한 역할을 차지한다.

제2차 세계대전 후 평화의 기틀이 마련된 이후 발발한 주요 전쟁에는 한국전쟁, 베트남전쟁, 중동전쟁, 포클랜드전쟁, 걸프전쟁, 이라크전쟁 등이 있으며, 1945년 이후 전 세계에서 발생한 전쟁과 내전 횟수는 무려 160여 회에 달한다. 또한 1945부터 2005년까지의 전체 3천 1백 20주 동안에 지구상에서 전쟁이나 내란이 없었던 기간은 단지 3주에 불과하다. 이러한 전쟁의 원인은 경제·종교·문화 등 국가마다 다소 차이는 있겠으나 공통적인 점은 자국의 이익을 위해 생겨난 대립과 갈등이다. 따라서 국가들은 항상 자국에서도 언젠가 일어날 수 있는 상황으로 전쟁을 인식하고 전쟁에 대비하고 있다.

---

5) Peter Paret, *Understanding War: Essays on Clausewitz and the History of Military Power*(Princeton: Princeton University Press, 1992), pp. 167-177.

그러나 이러한 정치적 목적 달성을 위한 수단으로서 전쟁을 수행하기 위해서는 막대한 예산이 소요되며, 인명 피해 등 많은 희생을 각오해야 한다. 미국의 전(前) 국방장관 체니(Richard Bruce Cheney)는 전쟁에서 이러한 예산과 많은 인적·물질적 소요를 지적하면서 "전략이 예산을 움직이는 것이 아니라 예산이 전략을 움직이고 있다"고 지적한 바 있다. 정치 목적을 달성하기 위해 최후의 수단으로 많은 예산과 물적·인적 자원의 손실이 예상되는 전쟁의 대체전략이 바로 테러라고 할 수 있다. 특히 테러는 작은 나라이지만 강대국을 상대할 수 있고, 약간의 기술과 의지만 있다면 언제라도 감행할 수 있는 정치 목적 달성의 수단으로 간주되고 있다. 이러한 이유로 인해 급진주의를 표방하는 일부 후진국과 광신적 집단이 테러를 수단으로 선호하고 있다.

테러 공격은 최소의 예산으로 가능하고, 자국의 물적·인적 손실을 최소화하는 것 외에도 상대국을 침범하지 않고 정보화 시대에 새로운 영토로 인식되고 있는 사이버 공간에 대한 공격이 가능하고, 공격 대상국의 영토가 아닌 해외에서 공격 대상 국가의 국민 혹은 자산에 대한 공격도 가능하다. 따라서 테러는 북한의 대남 적화 전략적 차원에서뿐만 아니라 다목적 카드로 활용하기 위해 언제라도 한국을 대상으로 테러를 감행할 수 있다.

이러한 관점에서 테러가 국가안보에 미치는 영향은 ① 안보 위협의 대상이 현실적이고 직접적인 위협인 북한 이외에 잠재적 적국과 단체로 확대되고, ② 안보 대상 영역이 군사적 위협 등 주로 물리적 대상에서 사이버 등 비물리적 영역까지 확장되어 안보 소요가 증가되며, ③ 대응 방식의 다양화로 안보 체제나 정형적이고 전통적인 안보 태세로 제한이 된다. 따라서 전 대상 및 전 영역을 준비해야 하기에 한정된 자원으로 전력과 대비 능력이 분산될 수 있다. 전통 안보와 구분이 모호하고, 현실적으로 개연성이 높은 테러에 취중하면 오히려 전통 안보 태세에 소홀해질 우려가 있다.

제 2 절 한국의 테러환경과 테러 위협에 대한 취약성

1 국제 테러환경과 취약점

1961년 내국인 출국자 수가 1만여 명에 지나지 않았다. 그러나 1988년 출국 자유화 조치 이후 급격하게 증가하여, 2005년에 처음으로 1천만 명을 넘어섰으며, 2006년에는 1천 1백만 명 그리고 2007년에는 1천 3백만 명을 넘어섰다. 출국자 1천만 명 시대의 개막은 여행객, 유학생, 해외 진출 기업체에 소속된 임직원, 그리고 해외에 거주하는 교민 수의 증가에 기인한다. 출국자 수의 급증은 국제사회에서 한국의 역할과 위상이 제고되고 있음을 나타내는 동시에 한국인이 해외에서 발생하는 테러에 노출될 가능성이 그만큼 높아졌음을 의미한다. 실제로 한국 기업들의 위험 지역 진출 확대 및 해외 여행객의 증가에 따라 해외에서 발생한 우리 국민의 테러 피해가 증가하고 있다. 실제로 한국 기업들의 위험 지역 진출 확대 및 해외 여행객의 증가에 따라 해외에서 발생한 한국 국민 테러 피해가 2006년에만 17건에 달했다. 2008년 3월에는 한국인 사업가가 필리핀 무장 괴한에 의해 피랍되었다가 56일 만에 석방되었으며, 11월에는 인도 뭄바이 연쇄 테러 당시 타지마할 호텔에서 개최된 '한-인도 경제인 연합회'에 참석 중인 공관원과 기업인 등 26명이 호텔에 억류되었다가 무사히 탈출하는 데 성공하기도 했다. 그리고 기업의 위험 지역 진출에 따른 협박 테러도 지속되었다. 필리핀에서는 신인민군(NPA)이 수빅(Subic) 만 지역에 진출한 건설회사에 즉시 필리핀을 떠나라는 협박 편지를 2008년 3월에 받은 바 있다. 그리고 아프간에서는 5월에 두 차례에 걸쳐, 군인, 경찰 혹은 선교사를 보낼 경우 한국의 민간인과 외교관을 공격하겠다는 협박을 받기도 했다.[6)]

6) 국가정보원, 「국제테러 정세: 2008」(서울: 테러정보통합센터, 2009), p. 6.

〈표 2-2〉 한국 관련 주요 테러 일지(2001~2007)

일 자	사건 개요
2000. 10.1	타지키스탄 두샨베시 한국 기독교 선교회 한인교회에서 폭발물이 터져 예배 중이던 현지인 7명이 사망하고 50여 명이 부상
2002. 10.12	인도네시아 발리섬 소재 나이트클럽에서 '제마 이슬라미야(JI)'의 폭탄테러가 발생하여 한국계 미국인 자매 2명 등 202명이 사망하고 300여 명 부상
2003. 11.30	이라크 티크리트에서 (주)오무전기 근로자 4명이 피격·사상
2004. 4.8	이라크 알 타지에서 한국인 목사 일행 7명이 수니파 무장 세력에 의해 피랍되었다 의사로 신분을 위장하여 석방
2004. 6.22	이라크에서 가나무역 직원 김선일이 5월 31일 한국군의 철수와 추가파병 철회를 요구하는 '유일신과 성전'에 피랍된 후 참수당함.
2005. 2.17	나이지리아 바옐사주 소재 대우건설 건설 현장에서 한국인 근로자 1명이 무장단체 80여 명에 피랍된 후 몸값을 지불하고 석방됨.
2005. 10.1	인도네시아 발리 소재 식당가에서 연쇄 폭탄테러가 발생하여 26명이 사망하고, 100여 명(한국인 6명 포함)이 부상당함.
2006. 10.8	필리핀 네그로스섬 실리아시에서 국제공항을 건설 중이던 한진중공업 현장에 극좌단체 '신인민군' 조직원 10여 명이 침입, 방화하여 시설물 일부가 파손됨.
2007. 2.27	아프가니스탄 바그람 소재 미 공군기지 정문 앞에서 탈레반의 폭탄테러가 발생하여 다산부대 통역병 윤장호 병장 등 현지인 20명 사망, 11명 부상
2007. 5.3	나이지리아 대우건설의 발전소 현장 직원 3명 피랍, 6일 후 석방
2007. 7.19	아프간에서 한국인 봉사단원 23명을 납치함. 남성 인질 2명이 피살되었으며, 나머지 인질 21명은 41일 만에 석방됨.
2008. 3.29	필리핀 민다나오 마라위 시 외곽에서 구리광산 개발사업차 방문한 아국인 사업가(40세)가 무장 지역주민들에 의해 피랍 후 억류되어 있다 2만 달러를 대가로 5.23 석방
2008. 7.10	나이지리아 델타 주 와리 지역에서 현지 무장세력에 의해 현대중공업의 가스플랜트 건설장비 선적 바지선을 다이너마이트와 기관총으로 공격, 인명 피해는 없었으나 선박이 파손되는 피해 발생
2008. 11.26	인도 뭄바이 시내 호텔·기차역 등 10개소에서 연쇄 총격·폭탄테러가 발생하고 타지마할 호텔에 무장세력이 난입, 한국인 26명이 억류되었다 5시간 후 탈출
2009. 3.15	예멘 하드라무트 주 고대유적지 시밤시 관광명소 카잔 언덕에서 관광 및 사진 촬영 후 내려오던 중 자살 폭탄테러가 발생, 우리 관광객 4명 사망·3명 부상
2009. 3.18	예멘 테러(3.15) 현장조사 후 귀국을 위해 사나공항으로 가던 정부합동 '신속대응팀' 탑승 차량에 자폭테러가 발생, 차량 손상 등 피해를 입었으나 인명 피해는 미발생
2009. 6.19	예멘에서 국제의료봉사단체(World Wide Services) 소속 한국인 1명이 독일인 의사 가족 및 영국인 기술자 등과 거주지 인근 와디 고라즈 지역으로 산책을 나간 후 실종, 6.15 독일 간호사 2명과 함께 총격을 받아 피살된 채로 발견(와디 누슈르 지역)

'테러의 시대' 그리고 '불확실성의 시대'에 우리 국민의 해외 진출 증가에 따라 여행객, 기업체의 임원 및 근로자, 유학생, 그리고 현지에 정착해서 생활하고 있는 한국 교민 등 그 누구도 예외없이 테러에 노출될 수 있는 기본적인 환경 속에 우리는 놓여 있다. 아울러 테러조직의 공격 대상에 대한 구분도 없으며, 지리적 제한도 없이 발생하는 테러환경이 지속되고 있다는 것도 우리가 처해 있는 상황이다. 아울러, 세계 제13대 경제대국의 위상에 상응하는 국제사회에서의 역할과 책임의 증대에 따라 한국이 테러의 대상으로 등장하는 하나의 원인으로 작용하고 있다. 즉, 아프간에 동의, 다산부대의 파병, 그리고 이라크 자이툰부대, 쿠웨이트 다이만부대 파병 등으로 인해 이슬람권 지역에서 반한 감정이 고조되고 있으며, 이는 한국에 대한 테러 가능성 증가로 이어지고 있는 것으로 분석되고 있으며, <표 2-2>는 2000년부터 2009년까지 한국인이 피해를 당한 주요 테러 사례이다.

2 국내 테러환경과 취약점

한국의 국내 테러환경과 그 취약성은 한국의 현대 사회의 특성, 한국 내부의 정치·경제·사회문화적 취약성, 북한의 대남 적화전략의 대상으로서의 환경과 취약성으로 구분할 수 있다. 먼저 현대 사회의 발전 추세와 연계된 한국 사회 특성으로서 테러에 대한 환경과 취약성이다.

첫 번째는 고도의 도시집중화 현상이다. 현대의 도시 자체는 테러리스트가 목적 달성에 필요한 공격 표적을 제공해 주고 공격 후 용이하게 은신할 수 있게 해 주며, 테러리즘의 목적을 전파할 수 있는 대중이 거주하고 있기 때문에 테러리스트에게 심리전 효과와 상대방을 억압할 수 있는 최적의 공격 표적을 도시에 집중시켜 놓았다는 사실이다.

두 번째는 교통통신의 발달이다. 테러리스트가 의도한 대로 테러의 공포가 일반 대중에게 실시간에 현장 상황을 신속, 정확하게 전달되도록 함으로써 테러 발생지역에 관계없이 테러리스트가 의도한 목적을 실시간에 다수에게 전파가 가능하도록 해 주었다. 이에 따라 테러행위에 대한 유혹이나 영감을 잠재적 테러리스트에게 제공해 주고 있다. 아울러 테러리스트 상호간의 정보, 기술, 무기, 훈련 등의 협력 강화를 가능케 함으로써 국제 테러조직 간에 정치·사상적 친화력의 강화를 통해 테러리즘이 더욱 용이하게 실행되고, 실행 후 신속히 도주할 수 있는 환경을 제공해 주고 있다는 사실이다. 특히 통신 수단의 고도화에 따른 발달된 대중 전달매체는 테러리스트의 의사 전달과 발생된 사건에 대한 신속, 정확한 보도라는 속성 때문에 '테러리스트의 좋은 협조자'가 되고 있다.

세 번째는 과학기술의 발달에 따른 무기 체계의 고도화와 다양화이다. 과학기술 발달의 결과는 무기 체계의 정밀화, 소형화, 고성능화를 가능케 하여 테러리스트로 하여금 소형무기 사용을 통한 테러리즘의 효과성을 높여 주고 있으며, 테러리즘 행위에 대한 안정성을 향상시켜 주고 있다. 즉 테러 목표에 대한 접근, 시행, 탈출 과정에서 테러리스트에게 생존 가능성을 높여 줄 뿐만 아니라 파괴력의 향상은 테러리즘을 더욱 합리적인 도구로 선택하게 만드는 요인으로 지속적으로 작용하고 있다.

또 하나는 우리나라에 이슬람권을 포함하여 국내에 외국인 불법체류자가 증가하고 있다는 것이다. 불법체류자들이 모두 테러와 관련성이 있는 것이 아니지만 이 중에는 부당한 대우 혹은 차별에 대한 보복으로 테러를 자행할 수 있다는 가능성을 결코 배제할 수는 없으며, 여러 가지 복합 요인에 의해 우발적으로 테러를 자행할 수 있기 때문이다. 다음은 한국 사회 내부의 정치·경제·사회문화적 측면에서의 취약성이다. 정치적 측면에서는 북한의 위협에 따른 진정한 자유민주주의 정치 실현 제한과 급격한 민주화 및 자율화에 따른 이념적 갈등이, 경제적 측면에서는 소득 분배의 불균형과 빈익빈(貧益貧)과 부익부(富益富)의 심화, 욕구 과다와 노사 분규 격화 등의 요인이 있다. 사회 및 문화적 측면에서는 각종 사회적 갈등과 상승 효과가 부정심리로 작용하여 계층(빈부, 노사, 도농, 관민 등), 지역, 직능, 세대, 종교적 충돌, 과도한 도시 집중으로 주택난, 환경오염, 각종 범죄, 외래 문화의 무비판적 수용으로 인한 가치관 혼란 등의 요인이 있다.

그리고 북한이 남한 사회의 혼란을 야기하고 각종 대남 적화 공작적 차원에서 테러 공격시 취약성이다.

첫째, 전·평시, 후방지역 및 수도권 지역에서 급조폭발물(IED), 화학가스 테러를 감행할 수 있는 유리한 환경과 우리의 대비 태세에서 노출되는 취약성이다. 2005년 일본 옴진리교가 자행한 도쿄 지하철 독가스 테러에서 보듯이 산업 원료가 무기화되는 등 화학무기 제조 원료의 획득과 가공이 용이하고 화학무기 제조에 사용되는 물질 및 제조 기술이 인터넷을 통해 개인이나 단체가 어렵지 않게 습득이 가능하고, 우리와 대치하고 있는 북한은 화학무기금지협정(CWC)에 가입하지 않은 상태로서 화학탄 2,500~5,000여 톤을 보유하고 있은 것으로 파악되고 있다. 다중이용시설에 화학작용제 등 독성가스를 살포할 경우 일시적인 대규모 인명피해는 물론 집단적 공황 상태 및 사회 불안을 유발시킬 수 있다. 또한 열기구 및 경비행기를 이용하여 도심 상공에 또는 목표 지역에 야간에 은밀히 살포하거나 기타 청소부로 위장하여 쇼핑백이나 서류가방을 이용하여 건물 또는 경기장 내에 유기하거나 세척제 상표를 부착한 드럼통을 반입하여 백화점, 지하철, 공항 등에 살포한다면 엄청난 사회 혼란을 가중시킬 수 있다. 따라서 전국적으로 산재되어 있는 유독가스 취급업체에 대한 대비책 또한 필요한 실정이다.

유독가스의 1일 유동량은 하루 6백여 톤으로서 큰 위협을 주고 있다. 인구 50만 명의 도심지에 염소 10톤 폭파시 6만여 명의 사상자가 발생될 수 있으며 누출 시 화학작용제와 유사한 효과를 발생시킬 수 있음을 간과해서는 안 될 것이다. 이러한 유독가스를 이용한 테러 위협은 위협가스 시설에 대한 테러행위를 업체사고 또는 내부태업으로 위장 혹은 은폐가 가능하며 휴대용 직사화기, 폭발물 장치를 이용하여 대규모 유독물 저장시설을 폭파한다면 단기간 내 대규모 인명 피해는 물론 집단적 공황 상태 및 사회불안을 야기할 수 있다. 그리고 탱크 로리(tank lorry) 탈취 후 목표 대상 지역으로 이동하여 밸브를 개방함으로써 특정 지역을 오염시키거나 저장시설에 침입하여 유독가스를 누출시켜 주변을 오염시킬 수 있다. 한편 상수도 시설에 유독물을 살포하거나 식품 제조시설에 유독물을 주입하거나 유독물 운반 차량을 납치, 취·정수장 등에 유독물을 주입하여 인적·물적 피해는 물론 사회 불안을 야기할 수 있다.

둘째, 생물학 테러 위협이다. 질병 예방 및 평화 목적으로 사용이 허용됨으로써 생물무기 보유국이 점차 확산 추세에 있으며, 생물무기 보유국은 미국, 러시아, 이란, 북한 등 13개국으로 확산되고 있는 상황에서 생물학 무기를 이용한 테러의 가능성은 배제할 수 없다. 한편 북한은 탄저균 등 13종 1톤의 생물학무기를 보유한 것으로 추정하고 있다.

셋째, 핵 및 방사능 테러 위협과 취약성이다. 핵 및 방사능 테러 위협 핵폭발(분열 또는 융합) 시 방출되는 에너지를 통해 인원과 물자의 손상 및 파괴에 이용하는 무기로서 그 위력은 가히 상상을 초월한다. 미국의 한반도 전문가의 자료에 의하면 15kt의 핵탄두 1개가 국방부와 한·미 연합사 시설이 밀집해 있는 삼각지 500m 상공에서 폭발한다면 4.5km는 잿더미로 변하며 서울 중심부와 경기 고양 일산신도시, 성남시 분당신도시, 수원까지도 핵폭풍과 충격파 또는 낙진으로 인해 약 120여만 명의 인명 피해가 발생할 것으로 추정되고 있다.

제 3 절 한국에서 예상되는 테러 공격 유형과 전개 양상

북한 또는 국내, 국제적 테러리스트에 의해 국내에서 야기될 수 있는 테러 유형으로는 ① 항공기에 의한 테러, ② 선박이나 소형 잠수함(정)에 의한 테러, ③ 차량에 의한 폭탄테러, ④ 생화학무기에 의한 테러, ⑤ 컴퓨터 해킹 등을 통한 사이버 테러, ⑥ 핵무기와 방사능에 의한 테러, ⑦ 요인 암살, 납치 및 폭파테러, ⑧ 국가 전복 목적의 테러로 구분할 수 있으며, 다음과 같이 전개될 것으로 전망할 수 있다.

첫째, 항공기에 의한 테러이다. 9·11 테러와 같이 민간 항공기를 납치하여 주요 시설물에 자살 공격하는 테러, 또는 1987년도의 KAL기 공중 폭파와 같은 공중 폭파 테러나 항공기에 폭탄을 적재하여 원자력 발전소와 같은 주요 시설에 돌진, 자폭하는 등의 테러 형태를 상정해 보면, 북한 공군이 개조한 AN-2기와 MIG-15, 17기의 구형 항공기를 이용하여 자폭테러를 가하거나 또는 테러 전담 부대들이 우리나라의 항공기를 납치하여 테러 공격을 하는 등, 북한의 테러 능력을 감안해 보면 그 가능성을 배제할 수 없다.

둘째, 선박이나 소형 잠수함(정)에 의한 테러이다. 2000년 10월 예멘의 아덴 항에 정박 중이던 미 해군 구축함, 콜(Cole) 호가 폭발물을 가득 실은 자그마한 고무보트의 자폭 공격으로 40여 명의 미군이 사상되고 함정에 큰 구멍을 낸 폭탄 테러사건이 있었다. 이와같이 북한이 소형 잠수함(정)을 이용하거나 또는 한국의 선박을 납치하여 한국의 주요 항만이나 대형 함정과 선박에 대해 폭탄을 싣고 돌진하는 자폭테러를 상정해 보면, 이것 역시 북한 해상 저격여단의 자살특공대나 정찰국과 노동당 작전부 소속의 소형 선박과 소형 잠수함으로 자폭테러하는 것은 그들의 테러 능력상 가능성 있는 행위가 될 수 있다.

셋째, 급조폭발물(IED)에 의한 테러이다. 팔레스타인 테러리스트들이 이스라엘 건물에 폭탄을 실은 차량으로 돌진해서 자살테러를 가하는 사례가 여러 차례 있었고, 이라크전에서 알카에다 등 이슬람 테러조직은 미국 등 동맹국에 대한 공격 수단으로 IED를 최대한 활용하고 있으며, 2007년의 경우 이라크전 미군 사망자 642명 중 66%인 402명이 IED 공격에 의해 사망했다. IED 공격이 증가하는 이유는 차량이나, 노상에 쉽게 설치할 수 있는 방법이 있고, 원격 조종 장치에 의해 폭발이 가능하기 때문에 은밀성과 기습의 효과를 달성할 수 있기 때문이다. 북한은 1950년대 이후 자행한 총 542건의 대남 테러사건 중 국립묘지 현충문 폭파사건 등 IED 테러가 6건이었으며, 현재 소위 총폭탄이라는 자살특공대 수준의 16만여 명의 특수전 부대와 다양한 IED를 확보하고 있고, 아군 후방지역에서도 손쉽게 확보할 수 있는 실정이다. 따라서 테러리스트들이 국가 및 군사 중요 시설이나 인구밀집지역 또는 국가적인 큰 행사에 차량 등에 폭탄을 싣고 자살 공격테러를 감행하거나 사전에 IED를 설치하여 폭발시키는 테러를 가할 수 있는 가능성은 비교적 용이한 행위로 판단할 수 있다.

넷째, 생화학무기에 의한 테러이다. 1995년도에 일본 도쿄(東京) 지하철에서 옴진리교의 교주 지령에 의해 광신도들이 화학무기인 사린가스를 5개

지하철 객차에 살포함으로써 5,500여 명의 사상자가 발생하여 일본을 대혼란에 빠뜨린 사건이 있었다. 국방부가 2009년 10월 5일 국회 국방위원회 김옥이 의원에게 국정감사를 위해 제출한 자료에 따르면 북한은 1960년대부터 김일성 주석의 교시에 따라 생화학무기를 지속적으로 개발해 왔으며, 화학무기의 경우 신경, 수포, 혈액, 질식, 최루, 구토작용제 등의 화학작용제 2천 500톤에서 5천여 톤을 여러 개의 시설에 분산 저장하고 있다는 주장이 제기되었다.[7] 북한 혹은 추종 세력이 다중이용시설에 화학작용제 등 독성가스를 살포할 경우 대규모 인명 피해는 물론 집단적 공황 상태 및 사회 불안을 야기할 수 있다. 화학작용제 등을 열기구 혹은 경비행기를 이용해 은밀하게 도심 상공 또는 목표 지역에 살포하거나, 쇼핑백이나 서류가방을 이용해 건물 또는 경기장 내에 유기하거나, 세척제 상표를 부착한 드럼통을 반입해 백화점・지하철・공항 등에 살포하는 방법도 있다. 생물학 테러 위협도 간과해서는 안 된다. 북한은 탄저균, 장티푸스, 이질, 콜레라, 페스트, 브루셀라, 아토균, 발진티푸스, 두창, 유행성출혈열, 황열병, 보톨리늄 독소, 황우 독소 등 약 13종의 생물학 작용제 균체를 갖고 있으며, 유사시에는 이들 균을 자체적으로 배양・생산할 수 있는 능력을 가지고 있다는 것은 잘 알려져 있다.[8] 과거 강원도 산간 지역에서 콜레라가 발생했을 때, 북한이 생물무기를 사용한 것이 아닌가 하여 정보 당국이 긴장한 적도 있다.[9]

다섯째, 핵무기와 방사능에 의한 테러 가능성이다. 이것은 휴대용 소형 핵무기를 반입하여 핵폭발시키거나 또는 방사능물질을 취급하는 핵발전소와 같은 시설을 파괴하여 방사능물질을 노출시키거나 또는 방사능물질을 직접 주요 시설이나 인구 밀집지역에 공중이나 지상으로 살포하여 방사능에 오염시키는 테러행위를 말한다. 아직까지 핵무기와 방사능에 의한 테러가 자행된 적은 없으나 이 방법의 가능성을 전연 배제할 수는 없는 것이다. 그래서 IAEA에서는 방사능 테러의 가능성이 높아졌다고 경고한 바 있다.

---

7) http://www.yonhapnews.co.kr(검색일: 2009년 10월 8일).
8) http://news.chosun.com(검색일: 2009년 10월 8일).
9) 최진태, "미래에 예상되는 북한의 신종 테러 수법," 「월간조선」, 2009년 8월호, p. 193.

북한은 핵무기 제조용 방사능물질을 보유하고 있고 또 과거 영변 핵단지에 가동했었던 5메가와트 원자로에서 생성된 방사능물질을 어디엔가 은닉해 두었다가 테러 공격으로 사용할 수 있을 것이다.

여섯째, 요인 암살, 납치 및 폭파테러이다. 소형 테러의 하나로, 아군 지역으로 침투한 테러분자들이 요인을 암살하거나 납치함으로써 사회를 혼란시키고 불안하게 하는 테러 방식은 우리 대통령을 7번이나 암살을 시도했던 사건이나 최은희 씨 납치사건, 1997년도에 분당 신도시에서 김정일의 처조카인 이한영 씨를 암살한 사건 등이 바로 이런 유형의 테러이며, 북한의 테러분자들에게는 언제나 가능성 있는, 아주 손쉬운 행위가 될 것이다.

일곱째, 국가 전복 목적의 테러이다. 이것은 그렇게 쉬운 방법은 아니라 하더라도 상대국에 자기들 테러조직에 동조하는 세력이 충분히 구축되었을 때 가능한 행위일 것이다. 만일 북한이 한국 내에 구축해 놓은 친북 공산 세력이 충분하다고 판단할 때는, 북한 테러부대들이 침투하여 이들 친북 공산 세력과 연계 하에 전국 주요 도시에 동시다발적으로 테러를 자행할 수 있다.

여덟째, 컴퓨터에 의한 사이버 테러이다. 이것은 정보화 시대의 특징적인 테러행위이다. 사이버 테러는 이메일(e-mail)로 전자우편 폭탄을 발송하여 컴퓨터가 제 기능을 상실케 하는 테러와 컴퓨터 바이러스를 컴퓨터 시스템에 침입시켜 기능을 마비시키는 테러와 해킹, 또는 사이버 심리전 공세를 감행할 수 있다. 오늘날 국가적으로 중요한 정보 데이터가 모두 입력되어 있는 컴퓨터를 파괴함으로써 국가정보망을 마비시킬 수 있고 또 군사적으로도 지휘통신과 작전 그리고 첨단무기 사용에 대혼란을 가져올 수 있는 신종 테러의 가능성이 대단히 높다.

이라크전에서 우주공간과 사이버 공간을 이용하여 심리전을 병행한 각종 사이버전으로 많은 효과를 달성했으며, 미국은 사이버 능력을 비밀로 분류하여 노출을 거부하고 있으며, 현재 사이버를 통한 전략적 공격 및 방어 개념 연구, 기술 개발 및 전문 인력 양성, 우주사령부에서 사이버전을 총괄하고 있다. 일본도 2000년 10월에 육해공 자위대를 통합하여 사이버부대를 창설했으며 2001년부터 사이버전 연구를 본격화하고 있다. 중국은 1997년 4월에 100여 명 규모로 컴퓨터 바이러스부대를 창설하여 2000년 이후부터는 미국과 대만을 대상으로 사이버 심리전 및 공격훈련을 지속 중에 있으며, 2004년 4월에 미 정찰기 사이버 공격을 실시한 바도 있으며, 사이버부대를 '제4군'으로 통칭하고 있다. 특히 북한은 노동당 비서국과 인민무력부 총정치국 예하 35호실, 121소 등 전문 사이버 조직을 편성하여 적극적으로 사이버 테러 임무를 수행하고 있으며, 매년 100여 명의 전문요원을 양성하고 있다. 최근에 일어난 러시아 · 그루지야 간 전쟁에서 '현실 세계의 전쟁'과 '사이버 전쟁'이 동시에 벌어졌다. 그루지야 대통령의 웹사이트는 전쟁이 일어나기 2주 전인 2008년 7월 20일부터 '윈 러브 인 러시아(win+ love=in+ Russia)'란 표현이 담긴 수백만 통의 메시지 공격을 받았다. 2008년 8월 8일, 양국이 무력 충돌이 개시된 직후, 러시아 해커들의 그루지야에 대한 사이버 공격을 강화했기 때문에 그루지야 대통령실, 의회, 중앙은행 등 정부기관과 통신업 · 교통산업 등 기간산업의 전산망은 집중 공격을 받아 마비되었다. 그루지야 대통령과 나치 독일의 히틀러 사진을 편집하여 독재자 · 인종 학살범으로 비유하는 심리전 공세까지 병행했다.[10] 이러한 사이버 테러는 정보기술의 발전과 함께 계속해서 강화될 것으로 전망되며, 북한은 비대칭 전략과 전력 차원에서 사이버전을 준비하고 있다는 지적에 관심을 가져야 할 것이다.

아홉째, 하이테크 테러(high-tech terrorism)와 환경테러를 감행할 가능성도 있다. 하이테크 테러란 고도 정밀기술을 주요 수단으로 사용하는 테러 또는 고도 정밀기술 그 자체 및 운용 체계를 대상으로 한다. 현대 사회는 에너지와 정보, 통신의 의존도가 높고 대부분 모든 산업시설이나 사회간접시설 등이 네트워크화되어 있으므로 네트워크의 중심이나 연결 부분은 주요한 테러 표적이 된다. 환경테러는 인간 생활과 자연환경에 대한 테러행위는 비용 대 효과 측면에서 가장 효과적인 방법이나 테러의 결과가 반인륜적이고 비도덕적이라는 비난을 면할 수가 없기 때문에 빈번하게 발생되지는 않고 있다. 그러나 일단 발생시에는 불특정 다수에 대한 피해가 막심하여 공포감은 극에 달하게 된다.

10) 「국방일보」, 2008년 8월 14일.

제 4 절 북한의 대남 테러 위협과 전개 양상

1 북한의 테러조직 및 운용 실태 분석

북한의 테러부대들은 북한군과 노동당에 이원적으로 조직되어 있다. 먼저 북한군에 조직되어 있는 테러부대로는 10만 명이 넘는 특수전 부대를 들 수 있는데, 세계 최대 규모를 자랑하고 있다. 북한 노동당에 조직된 테러부대는 노동당 중앙위원회 산하 비서국 예하에는 총 22개의 전문부서가 있다. 그 중에는 통일전선부, 대외연락부(일명 사회문화부), 작전부와 대외정보조사부(일명 35호실)가 있다. 이들 부서가 바로 노동당 예하의 테러부대이다. 이들 대남 공작부서는 각자 독립성을 유지한 채 독자적인 대남사업을 수행하고, 주요 공작 사안에 대해서는 각 공작부서에서 특수공작원을 차출하고 특별팀(task force)을 구성하여 임무를 수행한다. 이러한 모든 대남 공작 업무에 대한 총괄은 김정일이 직접 지휘 통제하고 있는 것으로 알려져 있다. 그 예로 1997년 한국으로 망명한 황장엽 전 북한 최고인민회의 외교위원장은 “북한의 테러활동이나 휴전선 부근에서의 도발 등 납치·파괴활동은 김정일의 허가 없이는 불가능하다”고 폭로했다. 이러한 북한의 테러조직 편성과 임무를 보면 다음과 같다.

첫째, 통일전선부이다. 통일전선부는 1983년 이전에는 노동당 문화부로 지칭되었으며, 1977년 김일성 교시에 따라 대남 사업부서로 전환되어 남북대화를 주관하는 부서로 조총련 및 통일전선공작 등을 전담하고 있다. 특히 이 부서는 통상 대남 사업담당 비서가 직접 통일전선부 부장을 겸임할 정도로 핵심적 공작부서이다. 한국 민족민주전선·범민련 배후 조종, 친북인사·해외 동포·기업인·종교인 납북, 대남 교류, 장기수 송환 등을 담당한다.

둘째, 노동당 대외연락부의 테러조직이다. 대외연락부는 노동당 대남연락부를 확대 개편한 대남공작의 주무부서로서 사회문화부로 지칭되다가 1998년 이후 대외연락부로 개칭되었다. 주로 공작원(간첩)의 밀봉교육, 남파 후 남한 내 지하당 조직 구축, 해외공작 등을 전담하고 있으며, 특히 남한 지역 담당, 남한 사회 지도층 담당, 해외부서 및 대성총국이라는 무역상사를 운영하여 해외 교포 포섭 및 공작자금 조달 등의 활동을 하고 있다. 이 기관에서 남파되는 공작원은 최소한 3년 이상 고도의 훈련을 받으며 정치·경제·사회·문화·군사·국제 정세·사상·이론학습 등 모든 분야에서 엘리트급에 속하는 자들로서, 남한의 모든 분야에 침투하여 지도자 역할을 할 수 있는 실력을 가지고 있다. 일본에 있는 조총련은 북한 정부나 당이 아닌, 대외연락부에 의해 운영된다. 조총련이 단순한 친북 교민단체라고 생각하면 잘못이다. 자체 자금이 있고 조직화되고 합법적 기반이 있는 대남공작 전초기지인 것이다. 통혁당사건, 이선실·김낙중 사건 등은 이들의 활동으로 간주되고 있다.

셋째, 노동당 작전부 내 테러조직이다. 작전부는 1979년 대남공작 기구를 개편하면서 증편한 기구로 국내 공작, 해외 공작, 호송 안내 등 임무를 수행한다. 작전부에 소속된 구성원은 3천 5백여 명이며 공작원에 대한 기본 교육훈련, 침투 공작원 호송·안내·복귀, 대남 테러공작(요인 암살, 납치, 무인포스트 매몰, 군사정찰, 폭파) 및 대남 침투 루트 개척 등을 주 임무로 한다. 산하에는 남파 공작원과 전투원(간첩 안내 및 공작선원)들에 대한 정규 기본교육을 전담하고 있는 김일성 정치군사대학과 남파 공작원 파견기지인 2개의 육상 연락소(개성 및 사리원)[11] 및 4개의 해상 연락소(청진, 원산, 남포, 해주) 등이 있다. 작전부는 자체 요원이나 공작원을 남한에 침투시키지는 않는다. 대신 잠수함(정)이나 공작선으로 침투하는 대외연락부 공작원들을 호송하는 임무를 맡는다. 강릉에 나타났던 잠수함의 전투원들이 이 작전부 소속으로 그들 자신은 공작원이 아니라, 공작원을 호송하는 임무만 수행했던 것이다.

넷째, 노동당 대외정보조사부이다. 대외·대남 정보 수집, 해외 간첩 공

11) 서부전선은 개성연락소, 동부전선은 사리원연락소가 담당하고 있다.

작 및 국제·대남 테러공작을 전담하고 있으며, 특히 단기 공작과 해외 테러 공작을 전문으로 하는 부서이다. 대외정보조사부는 최근에는 '35호실'이라는 명칭으로 불리게 되었다. 이들은 일본뿐 아니라 미국, 중국, 러시아 등지에서의 국제 테러활동을 주 임무로 한다. 1970~1980년대에 걸쳐 한국에서 잇따라 사라진 실종자 사건, 일본인 납치사건, 1987년 KAL 858기 폭파테러와 최은희 씨 부부 납치사건 등을 주도한 배후로 거론되어 왔다.

이상과 같이 북한은 다양한 테러조직들을 보유하고 있는데, 각 조직의 규모와 기능을 요약하면, 대외연락부는 약 1,700여 명의 인력으로 남한 내 지하당 구축과 대남공작원 밀봉교육·남파 등을 담당하고 있으며, 통일전선부는 약 3,000여 명으로 반정부 통일전선 형성, 공작·대남 심리전을 담당하고 있다. 작전부는 한반도 및 주변 지역을 중심으로 후방 교란·습격파괴·밀고자 처단 등 전술적 차원의 테러리즘을 담당하고 있으며, 대외정보조사부는 전략적 차원에서 철저한 준비 및 역량을 총동원해야 하는 대규모 국제 테러리즘을 담당하고 있다. 그리고 인민무력부 정찰국은 10만여 명의 병력으로 군사정보 수집 및 무장공비 양성 남파, 암살, 폭파, 납치 등을 담당하고 있다.

다섯째, 북한의 국제 테러조직과 연계 실태이다. 2006년 현재 전 세계적으로 129개 국가에 965여 개의 테러조직이 존재하는 것으로 파악된다.[12] 테러조직은 적게는 수명의 소규모 조직에서부터 수만 명의 조직원과 세포들을 거느린 거대 테러조직까지 매우 다양하다. 지역별 현황을 보면 테러조직이 가장 많이 존재하는 지역은 서유럽이며, 그 다음으로는 중동 및 페르시아, 남아시아, 아프리카 순이다. 서유럽에는 그리스 78개 조직, 프랑스 48개 조직, 이탈리아 34개 조직 등을 포함하여 19개 국가에 270개의 테러조직이 있다. 아프리카에는 리비아 11개 조직, 수단과 알제리에 7개 조직 등 104개 조직이 활동하고 있다. 중동 및 페르시아 만에는 이라크 35개 조직, 레바논 32개 조직, 이스라엘 10개 조직 등 184개의 조직이 있으며, 남아시아에는 인도 36개 조직, 파키스탄 28개 조직 등 131개 테러조직이 활동하

---

12) 최진태, 「테러리즘의 이론과 실제」(서울: 대영문화사, 2006), pp. 80-81.

〈표 2-3〉 세계의 테러조직 현황

지 역	단체 수(개)
아프리카	104
중동 아시아	20
동유럽	44
남미 / 카리브 해	110
중동 / 페르시아 만	184
북미	57
남아시아	131
남동아시아 / 오세아니아	45
서유럽	270
합 계	965

출처: 최진태, 「테러리즘의 이론과 실제」(서울: 대영문화사, 2006).

고 있다. 이들 테러조직을 이념 및 성향에 따라 분류하면, 민족분리주의 조직이 199개로 가장 많다. 그리고 최근에 극단적인 테러의 발생과 밀접한 연관성을 띤 것으로 분석되고 있는 극단적인 종교주의를 표방한 조직은 122개이며, 1960년대부터 공산사회주의 정권들의 몰락 직전까지 활발한 활동을 했던 공산사회주의 표방 조직도 113개가 있다.

국정원 자료에 의하면, 2004년부터 2008년까지 5년간 국내 잠입하여 테러 모의, 반미 선동, 미군 정보 수집 등의 테러 사건이 모두 19건으로, 74명에 이르는 관련자들이 구속 및 퇴거 조치 등을 당한 것으로 밝혀졌다. 이 중에는 국제적 테러단체인 알카에다 산하조직 연계 혐의자들도 들어 있다.[13] 최근에는 테러자금 조성을 위한 국제 환치기 조직이나, 이슬람 과격단체인 탈레반과 연계된 마약 밀수출 조직의 검거도 잇따르고 있다.

북한은 '국제적 혁명역량의 강화'를 위한 방안으로 1960년대 후반부터 제3세계 국가를 중심으로 테러와 폭력을 통한 정부 전복활동 지원, 게릴라 훈련 지원, 자금 및 무기 지원 등을 했으며, 특히 1966년 83개국이 참가한 가운데 테러단체 회의가 아바나(Havana)에서 개최된 후 테러의 급격한 증

13) 「조선일보」, 2008년 9월 22일.

〈표 2-4〉 북한과 연계 가능한 국제 테러조직

지 역	국가명	단 체
중 동	레바논	사회주의자 혁명기구, 레바논 무장혁명군
	모로코	폴리니리오 해방기구
	팔레스타인	팔레스타인 인민해방전선(PFLE)
아시아/태평양	미얀마	연방 민족주의 전선
	인도	시크교도, 캐시미어 해방전선, 인도 좌익단체
	태국	태국 공산당(CPT)
	일본	적군파, 동부아시아 반일본 무장전선
	필리핀	신인민군(NPA)
유 럽	독일	바더 마인호프
	영국	아일랜드 인민공화국
	스페인	바스크 조국해방군
	이탈리아	붉은 여단
아프리카	남아공	서남 아프리카 인민기구(SWAPO)
	소말리아	소말리아 해방전선
	에티오피아	예리트리아 해방전선, 인민혁명당
	짐바브웨	애국전선
중남미	과테말라	인민해방군, 혁명무장군
	멕시코	혁명행동대(MRA)
	베네수엘라	카를로스단, 전국 해방무장군
	미국	흑표범당, 푸에르토리코 혁명기구
	브라질	민족해방대, 인민혁명전선

출처: 정현홍, 「국제 테러의 양상과 한국의 대응 방안」(서울: 국방대, 2006).

가와 더불어 이들의 국제적 연계는 더욱 확대되었다. 1990년 4월 귀순한 북한 유학생은 리비아, 콩고, 마다카스카르, 쿠바 등 제3세계에 테러 전문가를 파견하여 테러교육을 시키고 있으며, 유사시 북한이 이들 테러 지원국과 연계하여 대남 테러 자행 가능성이 농후하다고 경고한 적이 있다. 북한이 테러지원국이라는 것은 이미 널리 알려진 사실인 바 1983년 자료에 의하면 북한은 65개의 테러조직과 연계를 맺고 있는 것으로 파악되고 있다.

미국 국무부는 연례 보고서를 통해 테러 지원국가를 지정하여 발표하고 있으며, 2008년 테러지원국에서 해제된 북한, 리비아, 이라크 등을 포함하여 쿠바, 이란, 수단, 시리아 등 7개국을 테러지원국으로 지정하고, 관리해 온 바 있다.

북한은 1987년 이후 테러를 직접 지원하지 않고 있으며, 9·11 테러 이후 테러 반대 입장을 밝히고 2개의 반테러 국제협약 가입과 5개의 협약 추가 가입 의사를 밝히는 등의 긍정적 행동을 취하기도 했으나 실질적인 조치를 취하지 않았다.[14] 또한 국제연합 안보리 결의안(1373호) 이행 및 테러분자들에 대한 금융 동결 조치가 미흡했으며, 1970년 일본 항공기를 공중 납치한 일본 공산주의연맹의 적군파 요원들에게 피신처를 계속 제공하고 있고, 세계 각국의 테러조직에 무기를 판매한 것으로도 드러난 바 있다. 최근에는 시리아, 리비아 등에도 탄도미사일 기술을 계속 지원하고 있는 것으로 드러났다.

2 북한의 평시 대남전략으로서 테러 전개 양상

일반적으로 미래전의 양상은 첨단 과학무기 발달에 의한 고도정밀전이 예상되지만 마지막 전쟁의 모습은 아프간이나 이라크전에서 전투 후 수행되고 있는 소위 '안정 및 평화작전'이 중요한 전쟁 영역이 되고 있다. 특히 2003년에 치열한 전투 상황은 끝났지만 아직 전쟁 중인 이라크전에서는 병참선 보호, 게릴라전, 도시지역 작전, 심리전 등 후방지역에서의 작전이 전쟁의 승패에 결정적 영향 요인이 되고 있다.

후방지역에서는 평시의 테러 공격이나 국지 도발 및 침투, 그리고 전시

---

14) 2001년 12월 1일에서 4일까지 스웨덴 특별사절단의 북한 방문시 북한의 백남순 외무상은 '폭탄테러 억제를 위한 국제협약,' '핵물질 방호에 관한 협약,' '가소성 폭약의 탐지용 표지에 관한 협약,' '항해 안전에 대한 불법행위 억제를 위한 협약,' '대륙붕상에 고정된 플랫폼의 안전에 대한 불법행위 억제를 위한 의정서' 등에 대한 논의를 진행했으나, 실제로 북한은 가입하지 않았다.

배합전 형식의 후방지역 공격의 위협 수준이나 전개 양상과 대응작전 차원에서 구분이 모호하다. 따라서 북한의 전·평시 대남 위협 양상을 포괄적으로 분석할 필요가 있다. 한국은 전 국토 면적의 75%가 산악으로 형성되어 있고, 한국전쟁 당시에도 대부분의 주요 전투가 산악을 중심으로 전개되었다. 이러한 전장 환경은 무기 체계가 발달하더라도 변함없이 고려해야 할 중요한 요소가 될 것이다. 한편, 시가전은 기동전을 수행하고자 하는 부대에게는 회피하기를 원하는 전투였으나, 무기 체계의 발달이 장거리 정밀타격으로 발전하면서, 이러한 무기를 보유하지 못하는 국가가 취할 수 있는 전략으로 변화하고 있다. 따라서 미래전 양상과 한반도 지형을 고려할 때 첨단 과학무기에 의한 정밀전 수행 능력을 강화하되 산악작전과 도시지역 작전 등 후방지역의 작전 수행 능력도 동시에 대비해야 할 것이다.

전통적으로 한미(韓美) 양국이 상정해 온 북한의 대남 군사전략은 선제기습 공격 및 배합전, 그리고 단기 속전속결 전략에 입각한 재래식 전면전이었다. 그러나 점증되는 남북한의 국력 차이와 한미연합군의 억제력을 고려할 때, 이 같은 북한의 전략이 성공할 가능성은 지속적으로 낮아지고 있다. 북한의 전쟁 및 군사지도부도 이 같은 한계를 인식하고 있을 것이다. 이에 따라 북한이 그들이 대남 적화전략 목표를 달성하기 위해서 다음과 같은 군사·비군사적 위협과 전략을 전개할 것으로 분석된다.

우선 평시에는 첫째, 간첩, 무장공비, 특수공작원에 의한 직·간접적인 침투로 긴장을 조성하여 대남정책 목표를 달성하고자 할 것이다.

둘째, 좌경 세력과 연계한 국가 전복활동 상황으로서, 좌경 무장 세력에 의해 게릴라 활동 및 민중 봉기 등을 시도할 수 있다.

셋째, 북한 체류 한국인 및 남북 교류 인원을 납치·억류하여 대남 협상 전략으로 활용할 수 있다.

넷째, 북한 급변 사태를 들 수 있다. 예상되는 급변 사태는 북한의 식량난이 극도로 악화될 경우 대량 탈북 주민이 발생하여 군사분계선이나 해상으로 남하하는 사태로서 북한 당국에서 적극적으로 통제를 단행하는 경우 20여만 명, 소극적 통제나 곤란 시는 100여만 명이 될 것으로 추정하고 있다.[15] 그리고 북한 내부의 폭동 및 군사 쿠데타 상황을 상정할 수 있다. 또

하나는 북한의 인권 문제 및 대량 살상무기 확산 등으로 국제사회가 적극적 개입함으로써 붕괴되거나 극심한 혼란 상황이 발생할 수 있다는 것이다.

다섯째, 서해 해상 경계선 무효화와 평화 체제 무력화 등 대남 전략적 협상을 위한 영해 침범, 군사분계선상에서의 도발 등 의도적으로 긴장을 조성하거나 핵 및 미사일 발사 위협, 북한 내부 상황 악화시 관심 전환을 위한 도발을 할 수 있다.

여섯째, 대남 전략적 심리전으로 남한 내부 혼란을 조성할 수 있다. 그리고 앞 항의 각종 위협과 연계하여 테러 위협을 할 수 있다.

북한은 남북 분단 이후 줄곧 대남 적화 통일 야욕을 버리지 않고 국내 요인 암살, 항공기 납치, 폭파, 어선 및 민간인 납치 등 대남 테러를 직접 자행해 왔으며, 1960년대 후반 이후 전 세계 29개국에서 반정부 학생시위 선동, 폭동, 분규 배후 조종, 국가원수 암살 교사 등 반정부 세력에 의한 정부 전복활동에 직·간접적으로 개입하는 등의 테러활동을 전개했다.[16]

북한의 위협은 대남 전면전 또는 침투, 테러, 심리전, 급변 사태 등 다양하게 예상할 수 있다. 그러나 남북정상회담, 6자회담, 핵(核)불능화 조치와 대(對)미·일 관계 개선 움직임 등 북한의 대내외 상황을 고려하면 북한으로부터 위협은 군사적 전면전보다 평시 테러 및 침투 등과 같은 위협 양상으로 전개될 개연성이 높다고 본다. 그렇다고 북한의 전면전 가능성이 희박하다는 것은 아니다. 다만 군사전략과 공격 양상이 달라질 것으로 판단된다. 무력에 의한 대남 적화전략을 시도할 때는 기본적으로 속전속결을 위한 단기 기습전이 될 것이다. 이것은 무경고(無警告)의 의미에서 기습전략이지만 평시에 기습 속전속결 단기전을 할 수 있는 여건을 조성할 것으로 판단된다. 이러한 전략은 6·25 전쟁시 다양한 차원에서 기습 여건을 조성한 후 기습 공격을 한 전례를 살펴보면 그 양상을 예견할 수 있다. 즉, 북한은 전략적 기습공격을 위해 대남혁명 전위대를 양성하여 10여 차례에 걸쳐 2,500여 명을 남한으로 침투시켜 군내 반란 등 적화공작을 시도했고, 소

15) 2005년 6월에 북한 급변사태 발생 대비에 관한 개념 발전 단계 연구에서 제시된 내용이다.
16) 김선범, 「합동안전 및 평화작전」(서울: 합동참모대학, 2006), pp. 216-217.

위 '조국평화 민주주의 전선'을 결성하는 등 위장 평화전술로 남한을 정신적으로 무장 해제시키면서 이른바 이겨놓고 싸울 준비를 했으며, 그리고 38도선에서 무장 출동을 장기간 지속적으로 시도하여 남한 주민과 지도부, 군인들에게 전투 후유증을 유발시켜 무력 침범에 무감각하도록 만들어 놓았던 사례들이다.[17]

또 하나의 가능성 있는 공격 양상은 전쟁에 유리한 여건을 조성하기 위해 평시에 후방지역에 무장공비 등을 다양한 방법과 장소에 장기간 침투시켜 전투 피로증이나 염전사상(厭戰思想)을 고취하는 것이다. 이것은 1996년 강릉 무장공비 침투에서 그 교훈을 도출할 수 있을 것이다. 28명의 대(對)무장공비 침투작전을 위해 1군사령부 예하 28개 부대의 군 병력 25,400명, 경찰 3,527명, 예비군 13,684명 등 일일 42,664 명이 투입되어 49일간 작전을 실시했던 사례는 하나의 좋은 예가 된다. 총 작전 동원 병력은 150여만 명에 이른다.[18] 그리고 작전 지원을 위한 민·관의 경제적 손실 및 사회심리적 후유증, 전투력 복원에 대한 전략적 소모는 강릉 무장공비 사건 등과 같은 후방 침투작전이 전시 기습 단기전을 위해 대단히 유용한 전략임을 보여 준 실증적 사례라 할 수 있다. 이러한 전례는 이라크전에서도 나타났다. 이라크의 도시지역 작전에서 우세한 과학기술의 이점이 감소되고, 작전에 많은 시간이 소요되는 등의 특성을 활용하여 소규모의 특수작전부대를 아군 후방 도지지역에 침투시켜 도시게릴라전으로 평시와 전시 구분 없이 목적에 따라 언제라도 전개할 수 있다는 것을 증명해 주고 있다.

3 전시 배합전 수단으로 테러 공격과 전개 양상

김일성은 6·25전쟁 실패의 주요 요인으로 후방지역에서 배합전이 이루어지지 않았기 때문이라고 평가하고 '후방지역에서의 유격전 감행'을 강조한 바 있으며, 배합전술 관련 교시를 통해 "후방지역에서 경보병 부대를 조

17) 이윤규, 「들리지 않던 총성 종이폭탄」(서울: 지식더미, 2006), pp. 97-115.
18) 합동참모본부, 「대침투작전 교훈」(서울: 합동참모본부, 2005), pp. 1-3.

직하여 싸우면 원자탄보다 낫다"라고 했다.[19] 이에 따라 북한군은 특수작전부대를 지속적으로 증강시키고 있으며, 6개 경(輕)보병 사단 등 총 16만 7천여 명의 병력을 보유하고 있다. 이들은 우수한 사상 및 전투 기술을 보유하여 전시 후방지역 배합전 수행의 핵심 전력으로 이용할 것으로 전망된다. 이러한 특수작전부대는 전쟁 지속 능력을 약화시키고, 연합 후방지역에 대한 혼란을 조성하기 위해 공격 개시 수일 전부터 해안으로 은밀 침투하여 적 상륙 및 낙하지역을 안내하고, 적 공격 개시와 동시에 해상·공중·지상을 통해 동시다발적으로 침투할 것이다. 이들의 공격 양상은 항만·비행장·관제시설·병참선상의 구조물 및 중요 시설을 타격하고 증원 전력의 이동 방해 및 병참선을 차단하며, 다중시설을 공격하여 사회 혼란을 조성할 것이다. 또한 고정간첩 및 불순 세력과 연계하여 도시 기반시설을 타격하고, 유격기지를 구축하여 제2전선을 형성할 것으로 예상된다.

북한의 이러한 특수작전부대는 후방지역에서 민간인으로 가장하여 활동하면서 은밀하게 동조 세력 및 고정간첩과 연계하여 목표 타격과 병행하여 가스 폭발이나 화재 등을 발생시켜 효과를 극대화시킬 것이다. 이러한 테러형 공격을 남한 전 지역에서 동시다발적으로 야기 시켜 남한 사회에서 공황(panic) 발생을 유도할 것이다. 공격 방식도 이라크전에서 자행되고 있는 테러전을 모방한 공격 양상이 전망된다. 즉 전쟁지도부나 군사지휘관들을 저격·암살하거나, IED로 공격하고, 국가 중요시설, 비행장 및 항만 등에 급조폭발물을 설치하거나 AN-2기, 비행기, 차량, 열차에 가미가제식 자살테러를 감행하고, 또한 인구 밀집지역이나 도시 기반시설을 공격하거나, 독가스 및 생물학 공격과 사이버 테러, 인질 및 납치 등의 다양한 유형의 테러 공격을 감행하여 배합전 목적을 달성하고자 할 것으로 예상된다.

한편 후방지역의 주요 도시지역에 대한 북한군 정규부대의 공격 양상도 이라크전의 영향으로 많은 변화를 가져올 것으로 전망된다. 즉 대규모 특수부대와 연계한 현지 무장 세력의 폭동 및 반란전술과 급조폭발물을 활용한 전술을 개발하고 적용할 개연성이 높다. 그리고 특수부대를 이용한 비

19) 이찬욱, "대테러 양상의 후방지역 작전," 「합동교육·교리세미나」(2008.7), pp. 358-361.

선형 전투를 강요하고 도시지역은 회피 대상이 아니라 점령할 목표로 인식하고 수도 서울을 우회하지 않고 목표로 선정 공격할 작전 의도를 가질 것으로 판단하고 있다. 이러한 작전 의도에 따라 기계화 부대를 포함한 정규전 부대가 서울을 직접 기동하여 공격하고 도시건물 장애물을 이용한 저격수 운용과 도심 및 도로, 건물지역 내 급조폭발물 공격이 이루어질 것이다.[20] 이러한 후방지역의 테러 공격은 아군의 작전 형태도 변화가 불가피하다.

제 5 절 국외에서 한국 대상 테러 공격 양상

최근 국내가 아닌 해외에서 한국인을 대상으로 한 테러가 빈번하게 발생되고 있다. 이는 세계화의 열풍에 따라 기업이 해외 진출이 활발해지고, 해외 여행이 급증했으며, 재외국민의 숫자가 점차 많아짐에 따라 국제 테러에 노출될 확률 자체가 높아졌기 때문이다. 한국인을 대상으로 한 국외에서의 테러 유형으로는 해외 여행자에 대한 테러, 해외 주재 상사원에 대한 테러, 해외교포에 대한 테러, 그리고 2007년 1월 나이지리아 대우 근로자의 인질 납치테러에서 보듯이 해외 근로자에 대한 테러 등을 고려해 볼 수 있다. 이 밖에도 최근 매스컴을 통해 자주 접하듯이 중국에서 탈북자와 관련하여 한국 교포와 외교관을 대상으로 한 다양한 테러 발생도 배제할 수 없을 것이다. 해외에서 한국 관련 테러 위협과 전개 양상은 다음의 몇 가지로 나타날 수 있다고 판단된다.

첫째, 우리와 외교 관계를 맺고 있는 국가에 상주하고 있는 외교관과 외교시설에 대한 테러리스트의 공격이다. 외교관과 외교시설은 상징성이 높다. 따라서 대테러 전쟁을 주도하고 있는 미국 정부에 대한 우리 정부의 지

---

20) 육군대학, “도시지역 방어전투,” 「합동교육・교리세미나」(대전: 육군대학, 2008), pp. 338-339.

원에 대한 보복 차원에서 테러조직이 외교관과 외교시설을 그들의 공격 대상으로 선정할 가능성이 높다.

둘째, 해외 여행객에 대한 테러 가능성이다. 1990년대 해외 여행 자유화 조치 이후 한국인의 해외 여행은 급속도로 증가했다. 아울러, 여행 대상 국가도 테러 위험지역으로 평가되고 있는 동남아시아 등을 포함하여 전 세계로 다양해졌다. 이에 따라, 테러리스트들의 공격 목표로 한국인 여행객이 노출될 가능성이 높아졌다.

셋째, 해외에 진출한 한국 기업체 및 근로자들에 대한 공격이다. 국제화에 따라 우리 기업의 해외 진출이 많아졌고, 이들 기업체에 소속되어 해외에 상주하는 근로자들이 늘어났다. 이에 따라 그 어느 때보다 우리 기업 및 근로자가 테러에 노출될 수 있는 가능성이 높아졌음을 의미한다. 특히, 기업인들은 테러리스트 단체의 자금 조달을 위한 납치 선호 대상이라는 것은 여러 사례를 통해 증명된 바 있다. 2005년 이후 나이지리아에만 한국인 근로자 납치사건을 포함하여 모두 8건의 한국인 피해사건이 발생했다.[21)]

마지막으로, 해외 거주 교포들에 대한 공격이다. 미국을 포함한 세계 여러 나라에 한국인 공동체가 존재한다. 극단적인 인종주의자들에 의한 공격은 물론 반한 감정을 가지고 있는 세력들에 의한 테러 가능성은 항시 존재한다.

21) 국가정보원, 「월간 테러정세」 2007월 6월호(서울: 테러정보통합센터, 2007), pp. 9-10.

제 3 장 국가안보와 대테러작전

제 1 절 국가 대(對)테러 체계

한국의 국가 테러 대응 체계는 법률이 아닌 국가 대테러 활동지침(대통령 훈령 제47호)에 의해 이루어지고 있다.[1] 국가의 대테러 업무 수행을 위해 필요한 사항을 규정하고 있는 국가 대테러 활동지침에 따라 국가 대테러정책의 심의・결정 등을 위해 대통령 소속으로 테러대책회의를 두고 있으며, 의장은 국무총리이며, 위원은 각 부처 장관,[2] 국가정보원장, 국무총리실장, 대통령실 경호처장, 대통령실 외교안보 수석비서관, 관세청장, 경찰청장, 소방방재청장 및 해양경찰청장이다.

그리고 관계 기관 간 대테러 업무의 유기적인 협조・조정 및 테러사건에 대한 대응대책의 결정 등을 위해 테러대책회의 밑에 테러대책상임위원회를 두고 있다. 위원장은 위원 중에서 대통령이 지명하며, 위원은 외교안보정책

1) 국가 대테러 활동지침(대통령훈령 제47호)은 1982년 1월 21일에 만들어졌다. 1997년과 1999년에 일부 개정이 이루어졌으며, 2005년 3월 15일에 전면 개정이 이루어진 후 2008년 8월 18일에 일부 개정이 이루어졌다.

2) 각 부처 장관은 교육과학기술부장관・외교통상부장관・통일부장관・법무부장관・국방부장관・행정안전부장관・지식경제부장관・보건복지가족부장관・환경부장관 및 국토해양부장관이다.

조정회의 상임위원(외교통상부장관 · 통일부장관 · 국방부장관, 국가정보원장, 국무총리실장 · 대통령실 외교안보 수석비서관) 및 행정안전부장관, 경찰청장, 그 밖에 상임위원회의 위원장이 지명하는 자로 구성된다. 테러대책 상임위원회의 임무는 첫째, 테러사건의 사전 예방 · 대응 대책 및 사후처리 방안의 결정, 둘째, 국가 대테러 업무의 수행 실태 평가 및 관계 기관의 협의 · 조정, 셋째, 대테러 관련 법령 및 지침의 제정 및 개정 관련 협의, 넷째, 그 밖에 테러대책회의에서 위임한 사항 및 심의 · 의결한 사항의 처리 등이다.

또한 테러 관련 정보를 통합 관리하기 위해 국가정보원에 관계 기관 합동으로 구성되는 테러정보통합센터를 두고 있다. 테러정보통합센터의 장을 포함한 테러정보통합센터의 구성과 참여기관의 범위 · 인원과 운영 등에 관한 세부 사항은 국가정보원장이 정하되, 센터장은 국가정보원 직원 중 테러 업무에 관한 전문적 지식과 경험이 있는 자가 맡도록 되어 있다. 테러정보통합센터의 임무는 첫째, 국내외 테러 관련 정보의 통합관리 및 24시간 상황 처리 체계의 유지, 둘째, 국내외 테러 관련 정보의 수집 · 분석 · 작성 및 배포, 셋째, 테러대책회의 · 상임위원회의 운영에 대한 지원, 넷째, 테러 관련 위기평가 · 경보 발령 및 대국민 홍보, 다섯째, 테러 혐의자 관련 첩보의 검증, 테러대책상임위원회의 결정 사항에 대한 이행 점검 등이다.

아울러 지역의 관계 기관 간 테러 예방활동의 유기적인 협조 · 조정을 위해 지역테러대책협의회[3]를 두고 있으며, 공항 또는 항만 내에서의 테러 예방 및 저지활동을 원활히 수행하기 위해 공항 · 항만별로 테러 · 보안대책협의회[4]를 두고 있다.

---

3) 지역테러대책협의회의 의장은 국가정보원의 해당 지역 관할지부의 장이 되며, 위원은 ① 교육과학기술부 · 법무부 · 보건복지가족부 · 환경부 · 국토해양부 · 국가정보원 · 관세청 · 대검찰청 · 경찰청 · 소방방재청 · 식품의약품안전청 · 해양경찰청의 지역기관, 지방자치단체, 지역 군 · 기무부대의 대테러 업무 담당 국 · 과장급 직위의 자, ② 그 밖에 지역테러대책협의회의 의장이 지명하는 자로 구성된다.

4) 의장은 당해 공항 · 항만의 국가정보원 보안실장(보안실장이 없는 곳은 관할지부의 관계 과장)이 되며, 위원은 ① 당해 공항 또는 항만에 근무하는 법무부 · 보건복지가족부 · 국토해양부 · 관세청 · 경찰청 · 소방방재청 · 해양경찰청 · 국군기무사령부 등 관계 기관의 직원 중 상위 직위자, ② 공항 · 항만의 시설관리 및 경비책임자, ③ 그 밖에 테러 · 보안대책협의회의 의장이 지명하는 자로 구성된다.

〈표 3-1〉 기관별 테러 대응 임무

기 관	임 무
대통령실	• 국가 대테러 위기관리 체계에 관한 기획 · 조정 • 테러 관련 중요 상황의 보고 및 지시 사항의 처리 • 테러 분야의 위기관리 표준 · 실무 매뉴얼의 관리
금융위원회	• 테러자금의 차단을 위한 금융 거래 감시활동 • 테러자금의 조사 등 관련 기관에 대한 지원
교육과학 기술부	• 방사능 테러 발생시 방사능테러사건대책본부의 설치 · 운영 및 관련 상황의 종합 처리 • 방사능 테러 관련 교육 · 훈련에 대한 지원 • 테러에 이용될 수 있는 방사성물질의 대테러 · 안전관리
외교통상부	• 국외 테러사건에 대한 대응 대책의 수립 · 시행 및 테러 관련 재외국민의 보호 • 국외 테러사건의 발생시 국외테러사건대책본부의 설치 · 운영 및 관련 상황의 종합 처리 • 대테러 국제협력을 위한 국제조약의 체결 및 국제회의에의 참가, 국제기구에의 가입에 관한 업무의 주관 • 각국 정부 및 주한 외국공관과의 외교적 대테러 협력 체계의 유지
법무부(대검찰청 포함)	• 테러 혐의자의 잠입에 대한 저지 대책의 수립 · 시행 • 위 · 변조 여권 등의 식별 기법의 연구 · 개발 및 필요 장비 등의 확보 • 출입국 심사 업무의 과학화 및 전문 심사요원의 양성 · 확보 • 테러와 연계된 혐의가 있는 외국인의 출입국 및 체류 동향의 파악 · 전파 • 테러사건에 대한 법적 처리문제의 검토 · 지원 및 수사의 총괄 • 테러사건에 대한 전문 수사기법의 연구 · 개발
국방부 (합동참모본부 · 국군기무사령부 포함)	• 군사시설 내에 테러사건의 발생시 군사시설테러사건대책본부의 설치 · 운영 및 관련 상황의 종합 처리 • 대테러특공대 및 폭발물 처리팀의 편성 · 운영 • 국내외에서의 테러 진압작전에 대한 지원 • 군사시설 및 방위산업시설에 대한 테러 예방활동 및 지도 · 점검 • 군사시설에 대한 테러사건 발생시 지역합동조사반의 운영 • 군사시설 및 방위산업시설에 대한 테러 첩보의 수집 • 대테러전술의 연구 · 개발 및 필요 장비의 확보 • 대테러 전문교육 · 훈련에 대한 지원
행정안전부 (경찰청 · 소방방재청 포함)	• 국내 일반테러사건에 대한 예방 · 저지 · 대응 대책의 수립 및 시행 • 국내 일반테러사건의 발생시 국내일반테러사건대책본부의 설치 · 운영 및 관련 상황의 종합 처리 • 범인의 검거 등 테러사건에 대한 수사

	• 대테러특공대 및 폭발물 처리팀의 편성 · 운영 • 협상실무요원 · 전문요원 및 통역요원의 양성 · 확보 • 중요 인물 및 시설, 다중이 이용하는 시설 등에 대한 테러 방지대책의 수립 · 시행 • 테러사건 관련 소방 · 인명구조 · 구급활동 및 화생방 방호 대책의 수립 · 시행 • 대테러전술 및 인명구조 기법의 연구 · 개발 및 필요장비의 확보 • 국제 경찰기구 등과의 대테러 협력 체계의 유지
지식경제부	• 기간산업시설에 대한 대테러 · 안전관리 및 방호 대책의 수립 · 점검 • 테러사건의 발생시 사건 대응조직에 대한 분야별 전문인력 · 장비 등의 지원
보건복지가족부	• 생물테러사건의 발생시 생물테러사건대책본부의 설치 · 운영 및 관련 상황의 종합 처리 • 테러에 이용될 수 있는 병원체의 분리 · 이동 및 각종 실험실에 대한 안전관리 • 생물테러와 관련한 교육 · 훈련에 대한 지원
환경부	• 화학테러의 발생시 화학테러사건대책본부의 설치 · 운영 및 관련 상황의 종합 처리 • 테러에 이용될 수 있는 유독물질의 관리 체계 구축 • 화학테러와 관련한 교육 · 훈련에 대한 지원
국토해양부 (해양경찰청)	• 건설 · 교통 분야에 대한 대테러 · 안전 대책의 수립 및 시행 • 항공기테러사건의 발생시 항공기테러사건대책본부의 설치 · 운영 및 관련 상황의 종합 처리 • 항공기테러사건의 발생시 폭발물 처리 등 초동 조치를 위한 전문요원의 양성 · 확보 • 항공기의 안전 운항 관리를 위한 국제조약의 체결, 국제기구에의 가입 등에 관한 업무 지원 • 항공기의 피랍 상황 및 정보의 교환 등을 위한 국제민간항공기구와의 항공통신정보 협력 체계의 유지 • 해양테러에 대한 예방대책의 수립 · 시행 및 관련 업무 종사자의 대응능력 배양 • 해양테러사건의 발생시 해양테러사건대책본부의 설치 · 운영 및 관련 상황의 종합 처리 • 대테러특공대 및 폭발물 처리팀의 편성 · 운영 • 해양 대테러전술에 관한 연구개발 및 필요 장비 · 시설의 확보 • 해양의 안전관리를 위한 국제조약의 체결, 국제기구에의 가입 등에 관한 업무 지원 • 국제 경찰기구 등과의 해양 대테러 협력 체계의 유지

관세청	• 총기류 · 폭발물 등 테러물품의 반입에 대한 저지 대책의 수립 · 시행 • 테러물품에 대한 검색 기법의 개발 및 필요 장비의 확보 • 전문 검색요원의 양성 · 확보
국가정보원	• 테러 관련 정보의 수집 · 작성 및 배포 • 국가의 대테러 기본운영계획 및 세부 활동계획의 수립과 그 시행에 관한 기획 · 조정 • 테러 혐의자 관련 첩보의 검증 • 국제적 대테러 정보 협력 체계의 유지 • 대테러 능력 배양을 위한 위기관리 기법의 연구 발전, 대테러정보 · 기술 · 장비 및 교육훈련 등에 대한 지원 • 공항 · 항만 등 국가 중요시설의 대테러활동 추진 실태의 확인 · 점검 및 현장지도 • 국가 중요 행사에 대한 대테러 · 안전 대책의 수립과 그 시행에 관한 기획 · 조정 • 테러정보통합센터의 운영

테러사건 대응 조직으로는 분야별 테러사건대책본부[5]와 현장지휘본부를 두고 있다. 그뿐만 아니라 테러사건에 대한 무력 진압작전의 수행을 위해 국방부 · 경찰청 · 해양경찰청에 대테러특공대, 지속 사건에 대해 무력적이지 아니한 방법으로 사건을 종결하거나 후발 사태를 저지하기 위해 국방부 · 경찰청 · 해양경찰청에 협상실무요원 · 통역요원 · 전문요원으로 구성되는 협상팀, 지속 사건이 발생한 경우에는 테러 대응활동을 지원하기 위해 정보 · 외교 · 통신 · 홍보 · 소방 · 인명구조 · 의료 등 전문 분야별로 지원팀, 그리고 국내외에서 테러사건이 발생하거나 발생할 우려가 현저한 때에는 예방 조치 · 사건분석 및 사후처리 방안의 강구 등을 위해 관계 기관 합동

---

5) 테러가 발생하거나 발생이 예상되는 경우 교육과학기술부장관은 방사능테러사건대책본부를, 외교통상부장관은 국외테러사건대책본부를, 국방부장관은 군사시설테러사건대책본부를, 보건복지가족부장관은 생물테러사건대책본부를, 환경부장관은 화학테러사건대책본부를, 국토해양부장관은 항공기테러사건대책본부를, 경찰청장은 국내일반테러사건대책본부를, 해양경찰청장은 해양테러사건대책본부를 설치 · 운영하도록 되어 있다. 테러대책상임위원회는 만약 동일 사건에 대하여 2개 이상의 테러사건대책본부가 관련되는 경우에는 사건의 성질 · 중요도 등을 고려하여 테러사건대책본부를 설치할 기관을 지정하도록 되어 있다. 테러사건대책본부의 장은 테러사건대책본부를 설치하는 부처의 차관급 공무원으로 하되, 경찰청과 해양경찰청은 차장이 담당한다.

으로 조사반 등을 편성·운영하도록 되어 있다. 테러 대응을 위해 기관별로 임무가 분담되어 있으며, 구체적인 임무는 <표 3-1>과 같다.

이러한 국가 대테러 대응 체계와 운영에서 여러 가지 문제점과 제한 사항이 있다. 법적인 문제, 대응 체계 그리고 작전 운영상의 문제점을 분석하면 다음과 같다.

우선 법과 제도상의 문제이다. 테러를 자행하는 집단이나 세력에 대한 대응에서 중요한 것 중에 하나는 법의 정의 앞에 세우는 것이다. 아울러, 테러 협의자에 감시 추적과 수사를 위해서 관련 법적 장치가 필요하다. 우리의 테러 대응 관련법은 헌법, 통합방위법 등이 있다. 하지만 헌법은 국가긴급권에 관한 규정(제76조, 77조)과 비상대비 업무규정(제5조, 33조, 39조, 89조, 126조)에 국가 위기사태 관련 내용으로 테러 관련 사항은 구체적으로 미반영되어 있고, 통합방위법은 국가총력전 개념의 국가방위 요소 통합 운용을 위한 법으로 전쟁 이외의 군사활동과 직접 관련성이 부족하므로 테레 관련 국내기관 간 합법적 지원의 곤란하다. 그리고 국가안보회의법이나 민방위기본법은 국가위기관련 법규로 직접적인 테러 관련 법안 적용이 제한되고 사이버 테러를 포함, 다양한 형태의 테러 대비가 곤란한 실정이다. 이와같이 한국에서는 아직까지 테러리즘의 위협에 대해 포괄적으로 규제를 위한 단일 법안이 제정되어 있지 않다. 다만 형법의 일부 규정이나 특별법 중 일부 조항이 테러리즘 규제를 위해 적용되고 있을 뿐이다. 한국의 대테러 활동의 기반은 대통령훈령 제47호가 유일하다. 그러나 이 훈령은 국가 대테러 활동의 효율적인 집행을 위한 행정적 조치 사항을 규정한 것이다. 따라서 관련 부처에 따라 테러의 위협에 대비한 대테러 업무 체계와 군·경 특공대 설치 등 대테러 활동의 세부 사항을 규정한 행정규칙이므로, 국가 위기관리 차원에서 대응하는 데는 한계가 있다. 대테러 업무는 입법, 사법, 행정의 3권에 걸친 업무 영역이며, 테러 대응조직에 대한 법적 근거가 없고, 테러리스트에 대한 수사 및 재판 등에 관한 구체적인 제반 절차나 방법에 대한 근거가 없다. 따라서 현행 대테러 활동 지침만으로 테러에 효과적으로 대처할 수 없다.

다음은 국가 차원의 대응 체계와 운용상의 문제점이다.

첫 번째는 테러 유형별 테러사건대책본부를 설치하도록 하는 구성은 국가적 차원에서 대테러 전담조직이나 부대가 부재하므로 임시방편적인 대응에 지나지 않는다.

두 번째는 테러 영역과 성격이 정립되어 있지 않고, 대테러 작전 책임 및 기능의 불명확으로 군의 역할과 지휘 체계가 모호하다.

세 번째는 테러를 사전에 예방하는 방어적 대테러작전보다는 테러가 발생했을 때 테러리스트를 무력화하고 피해를 최소화하는 공세적 대테러작전에 주안을 둔 대비 태세와 지침이다.

네 번째는 국가 위기관리 차원에서 대응할 수 있는 제도 및 시스템이 부재하고, 각 부처별로 대테러 업무가 분산되어 있고 통합적으로 관리할 수 있는 조정(coordination) 총괄 업무부서가 부재하다.

다섯 번째는 현행 대테러활동 지침만으로 테러에 효과적으로 대처 제한되며, 세부적인 대테러작전 교전규칙이 정립되어 있지 않다.

여섯 번째는 테러 대응을 효과적으로 관리할 수 있는 테러 대응 통합관리 체계가 부재하다.

이러한 국가적 대테러 대응 체계와 법과 제도적 제한 사항에 다음과 같이 개선 방향으로 발전되어야 한다고 사료된다.

첫 번째는 테러에 대한 대응은 특정 군(부대)만의 개별적 대응이 아닌 국가 차원, 관련 정부 부처(과) 등이 총체적으로 대응하는 테러 대응 체계 구축과 테러 대응전략과 기술, 관련 부처별로도 대비 태세와 수행전략과 전술 구비가 요망된다.

두 번째는 국가 차원의 대테러 국제 공조 및 동맹국 간 평시 대테러 협력을 위한 외교적 노력이 강화되어야 한다.

세 번째는 테러에 대한 영역을 명확히 하여 각 기관별 권한과 책임, 지휘 및 지원 관계를 정립, 기관별 대비 태세와 교전규칙 지침 제공 필요하다.

네 번째는 민·관·군 통합된 대테러 대비 태세와 작전 체계 수행을 위한 법적·제도적 정비가 필요하다. 그리고 핵심시설 방호를 위해 접근 금지 등 통제를 할 수 있는 법적 근거 마련(레드 존)이 필요하다.

제 2 절 군 대(對)테러 체계

1 합동참모본부의 합동작전 차원의 문제점

군은 국가 대테러 체계 하에서 테러 대응 태세와 작전 운용이 이루어진다. 이러한 관점에서 대두되고 있는 문제점은 다음과 같다.

첫 번째는 국가안보 차원의 대테러 문제 인식 부족과 접근이 소홀하다. 즉 북한의 침투 및 국지 도발 차원에서만 접근하는 경향이 강하고, 국가테러대책위원회의 요구에 의해 지원하는 수준의 피동적이고, 소극적인 대테러 문제 인식과 군의 역사적 경험으로 인한 정치적 차원의 테러 문제 접근 금기 성향과 국민의 부정적 인식으로 대테러작전 개입 근거 부족 및 작전 성격의 역할이 모호하다.

두 번째는 국가 차원 및 군 전담 대테러작전의 미경험과 위협 수준 인식 미흡으로 대응 개념 수준의 대테러 지침 외에 별도 작전계획이 부재하다.

세 번째는 테러 사전 예방, 기획, 통합, 지휘통제, 정보 판단 등을 주무로 하는 국정원과 정보 교류 부족으로 인한 테러 대응 체계 및 작전 수행이 발전되어 있지 못하다.

네 번째는 군별 대테러부대를 운용하고 있으나, 전·평시 이중 임무로 전담 운용관리 제한과 전문 능력이 부족하다는 점이다.

다섯 번째는 합동 대테러작전 수행 체계 및 부대 미편성으로 상황에 따른 조직과 부대 편제 운용이 불가피하고, 효과적인 합동작전 발휘 및 전문성이 제한된다.

여섯 번째는 국가 대테러작전 지원 요구시 육군 위주의 지원이 불가피하며, 적시적인 합동부대 및 민관군 지원 체계 운용이 제한된다.

일곱 번째는 군의 테러작전 지휘 관계(합참→육군→지역대응본부→현장지휘소→협상팀 등 작전요원과 지원협조 조직 등)의 구체성이 부족하고, 민관군 지원 체계, 기만, 협상, 진압 등 대테러작전 기술을 위한 교리 등에 대한 정립이 미흡이다.

여덟 번째는 테러리스트는 첨단 과학기술에 따라 다양한 수단과 기술로 테러를 감행하고 있으나 여기에 대응하는 체계나 장비 및 기술적 차원에서 첨단 정보과학 기술을 접목시키지 못하고 재래식 장비나 군사적 운용술을 적용하고 있어 실체적 대응 태세와 작전 운용에 제한이 따른다.

아홉 번째, 합동작전 능력이 제한되고 있다. 현재 우리 군은 북한과 대치하면서 테러 등 다양한 군사 대비 태세 능력을 키워왔기 때문에 게릴라전 등에 대비한 대테러 능력은 상당한 것으로 평가되고 있으나 육·해·공군이 독립적으로 조직과 장비 등을 운영하고 있어 특수 상황에 대한 국가 차원의 실질적인 합동작전 능력에 크게 제한되므로 조직 및 장비면에서 전문화되고 합동작전이 가능하도록 각 군의 대테러부대 개선이 필요하다.[6]

그리고 실제로 테러가 발생시 운용되는 대테러 전담 작전부대도 많은 문제점을 내포하고 있다. 현재 군에서는 군종별로 대테러 전담부대를 운용하고 있다. 육군은 특전사 707 특수임무부대를 전담부대로 지정 운용하면서, 필요시 수도방위사령부, 탄약사령부, 화생방사령부 등을 지원·통제하고, 지역 단위는 특공여단, 연대, 기동대대 등을 지정하여 잠정·운용하고 있다. 해군은 해상 테러 발생시 운용을 위한 해상 대테러 특공대를 운용하고 있고, 공군은 공군기지별 자체 대테러부대를 잠정·운용하고 있다. 이들 부대는 전·평시 임무 중복으로 대테러 전담 임무가 제한적으로 이루어지고 있으며, 대테러작전 임무 수행을 위한 정보 공유 체계가 구축되어 있지 못함으로써 실용적 정보 획득이 곤란한 실정이다. 한편 테러 유형별 작전 수행 요원의 미확보로 전문성이 결여되고 있고, 지역 단위 대테러부대는 잠정·운용되고 있어 훈련이나 장비가 부실하다. 또한 상황이 발생시 작전계획과 교전규칙이 구비되어 있지 못하고, 국가테러대책위원회와 합참, 각 군, 작전사령부, 작전부대, 현장지휘소 작전요원 간의 지휘 통제 체계가 구축되어 있지 않다.

6) 김선범, "대테러전 어떻게 대비할 것인가?," 「합동군사연구」 제16호(2006), pp. 234-235.

또한 뉴 테러리즘의 특성인 급조폭발물을 활용한 공격에 대한 대비 능력도 다음과 같은 분야에서 문제점으로 제기되고 있다.[7] 먼저 교육 및 양성 과정이 미흡하다. 현재 우리 군은 폭발물 처리(Explosive Ordnance Disposal: EOD) 능력 배양을 위해 각 군에서 EOD 전문 교육 과정을 운영하고 있다. 각 군의 전문 과정에 대한 교과 과정을 살펴보면, 특전사 707대대에서는 2주간에 걸쳐 IED 사건분석, 장비 운용, 제작, 검측, 처리, 분석에 대한 교육을 실시하며, 육군 종합군수학교에서는 EOD 기능장, 보수 과정, 기본 과정으로 나누어 각 2.5주, 2주, 6주에 걸쳐 테러 유형에서부터 사고 사례 및 처리 장비에 대한 교육을 통해 EOD 처리 능력을 배양하고 있다. 해군은 해군특수전단에서 EOD 12주 초급 과정으로 EOD 개념과 처리 절차 및 폭발물 제작에 대한 교육을 실시하고, 공군 교육사령부에서 10주 과정을 통해 폭발물의 종류, 특성 처리 절차, 제작, 분석, 처리에 대해 교육을 시행하고 있다. 육군의 707 대테러 부대를 제외한 각 군의 이러한 EOD 전문 교육 과정은 폭발물에 대한 기초 개념과 이론 및 장비 운용 요령 위주의 교육 진행으로 IED 테러 대비 전문적인 교과 내용이 미흡한 실정이다. 따라서 IED에 의한 테러에 대비하여 테러 유형과 구성 요소, IED 종류 및 작동 원리 이해, IED 발견시 행동 절차를 포함한 IED 점화장치, 장비 조작, 현장조사 및 분석에 대해 좀더 전문적인 교과 과정 운영이 필요하다.

그리고 각 군의 장교 및 부사관, 병사 양성 과정 단계에서는 EOD 교육은 육군과 해병대에서 개념 소개 위주의 교육으로 1~4시간 교육을 실시하고 있으나, 해·공군은 EOD에 대한 교육이 전문가 과정, 즉 해당 특기별 교과 과정에만 포함되어 있을 뿐 양성 과정에서는 EOD에 대한 교육 내용이 포함되어 있지 않다. 이렇듯, 전군의 과정별 양성 과정에 IED에 대한 교육 내용은 포함되어 있지 않은 실정이다. 반면에 미군은 전부대원, 군무원, 용병들을 대상으로 IED 전문 교관들의 주관으로 전문 교재와 프레젠테이션으로 이루어진 이론 위주의 시각화 교육을 통해 IED에 대한 위협성과 행동요령에 대한 교육을 실시하고 있다. 미군의 이러한 노력은 IED 공격에

7) 합동참모본부, IED공격대책 검토 업무보고서(2008.8) 참고.

대한 상황 인식 및 대처 능력은 이라크전과 같은 실전에서 빛을 발했으며, 실제로 IED를 사전에 발견하여 EOD팀으로 하여금 제거하도록 하여 사상자를 줄이는 데 크게 기여한 것으로 평가받고 있다.

우리 군도 향후 전·평시에 예상되는 테러 양상이 IED를 이용한 도심지역 대량 인명 살상 테러 가능성이 높다는 점을 고려하여 IED 위협에 대한 상황 인식과 행동요령 및 초동 조치에 대한 기본적인 교육을 양성 과정에서부터 실시해야 할 것이다. 전군이 IED에 대한 기초적인 지식을 습득하여 유사시 피해를 최소화하는 능력을 제고하는 데 반드시 필요한 교육이라 할 수 있다.

한편 해외 파병요원에 대한 IED 교육은 현지 임무 수행 전 또는 투입 전 기본교육으로 급조폭발물 등의 폭발성 위험물에 대한 소개와 대응 절차 수준으로 교육을 실시해야 한다. 파병요원에 대한 IED 교육은 특전교육단에서 평화유지군(PKO) 군(軍)옵서버 장교 및 다국적군(Multi National Force: MNF) 사령부 참모요원을 대상으로 급조폭발물에 대응 행동절차, 차량 이동 간 조치 요령 위주로 2시간에 걸쳐 팀 단위 행동 실습식으로 이루어지고, 기타 자이툰 사단과 동명부대 파병 전 장병에게는 작전환경에 맞는 IED 유형별 피해 현황과 불발탄 식별 요령, 공격 양상, 발견·피격 후 행동요령 위주의 위험 예지 차원의 강의식 교육을 실시하고 있다. 또한 파병 이후 현지에서 EOD 요원 주관으로 3시간에 걸쳐 추가 교육을 실시하고 있다. 하지만, 쿠웨이트 다이만부대(58항공수송단) 파병 장병에 대해 IED의 위협성과 행동절차에 대한 사전교육이 이루어지지 않았다.

다음은 IED 처리 능력이 부족하다는 것이다. 우리 군의 폭발물 처리(EOD)반은 <표 3-2>에서와 같이 총 49개 반으로 707대테러 특공대와 해·공군의 EOD TEAM은 5명 기준 1개 반으로 구성되어 있으며, 전원 부사관으로 편성되어 있지만, 기타 육군의 17개 반은 8명 기준 1개 반으로 4명은 병사로 구성되어 있다.

우리 군의 IED 처리 능력을 살펴보면, 707대테러 특공대는 EOD 처리 전문장비를 보유하고 있고, 최소 경력 3년에서 최대 15년의 경력을 가진 전문 부사관 이상의 작전요원들로 구성되어 있다. 이들은 해외 파병과 미 해군

〈표 3-2〉 각 군의 EOD 교육 현황

구분	반수	부 대
계	49개 반	• 33개 부대/(육군 12개 반, 해군 14개 반)
육군	20개 반	• 특전사 707대테러대대 3개 반 • 1군사: 52, (53 · 58 · 59탄약대대)/(3개 반) • 2작사: 2, 6, 8, (3 · 5, 9 · 11탄약창), 601지원대/(5개 반) • 3군사: 50, (51 · 55 · 56 · 57탄약대대)/(4개 반)
해군	16개 반	• 해특단 해상대테러대대 3개반/(2개반), 폭발물처리대대 12개 반 /(11개 반) • 상륙지원단 폭발물처리반(1개 반)
공군	13개 반	• 12개 비행단 / • 38전대
※ 특전사, 해군, 공군은 반별 5명 기준 편성(육군: 8명 기준 4명 병사)		

출처: 합동참모본부, 「테러대비 태세 점검 결과 보고」 (2008년 8월).

〈표 3-3〉 각 군 보유 EOD 장비 현황

구 분		금속 탐지기	폭발물 처리 로봇	X-ray 촬영기	물포총	폭발물 처리공구	폭발물 보호의
육군	707대대	○	○	○	○	○	○
	탄약창/대대	△	X	○	○	△	△
해군(해특단)		○	X	○	△	○	○
공군		○	△	○	○	△	○

출처: 합동참모본부, 「테러 대비태세 점검 결과 보고」(2008년 8월).

의 EOD 교육 과정을 통해 선진국의 작전 수행에 대한 노하우(know-how)를 습득하고, 실전 경험 등을 바탕으로 IED 처리 및 교관 임무 등을 실시하고 있다. 하지만, 기타 EOD반은 전문 인력의 부족과 평시 불발 및 유기탄 처리 위주의 임무 수행으로 제한된 EOD 임무를 수행하고 있다. 아울러 <표 3-3>에서 보는 바와 같이 장비 부족과 노후화로 인해 유사시 전방 · 수도권 · 후방지역 · 도심지역에 대한 IED 대비 능력이 미흡한 실정이다.

2 각 군의 테러 대응 실태와 문제점

1) 육 군

육군은 테러 대응에서 주도적인 역할을 담당해야 한다. 그러나 합참에서 실시한 2008년 전반기 테러 대비 태세 지도방문 결과에 따르면 다음과 문제점들이 나타난 것으로 드러났다.[8)]

첫째, 초동조치부대 및 현장지휘본부 운용의 문제이다. 상황 발생지역 책임지휘관 임명 시기 지연, 상호 통신확인표 협조 미흡 등 테러사건 현장에서의 상호 협조·통합·임무 조정 등이 미흡하고, 현장지휘소 운용시 책임지역 재할당 및 임무 재부여, 유·무선망 통합 노력 등이 미흡하며, 협상팀·지역합동조사반과 연계한 상황 판단 미숙 등 작전부대 통제·장악이 미흡했다.

둘째, 대테러특공대 무력진압작전의 문제점으로 목표 일대 착륙지역에 대한 분석이 미흡하고 현장지휘본부(선발대)로부터 최신 정보 수집 노력이 요망되며, 출입구 이용 제한 상황을 고려 통로 개척을 위한 추가 정보 및 제원 등 우발 상황을 고려한 제반 사항에 대한 준비가 부족한 것으로 나타났다.

셋째, 작전지원부대 운용으로서, 화공약품 종류 식별, 테러시 피해 최소화 노력 부족 등 최초 화학물질 도난 관련 위험 예측 및 대응 조치가 미흡하고 긴급 오염사고 발생 대비 화학부대의 공중 이동 지원 체계(항공기 지정 및 사전 출동 준비) 보완이 필요한 것으로 나타났다.

2) 해 군

해상 테러 상황 발생시 군 작전지역에 대해서는 군이 주도적으로 지휘하

---

8) 이윤규 외, 「첨단 IT 기술을 활용한 대테러 작전 발전 방안」(서울: 지상군연구소, 2009), p. 88.

도록 하고 있으나 테러의 성격상 범죄행위로서 해양경찰이 1차적으로 해상 테러행위에 대한 공권력 행사를 실시하고 있다. 해경이 변화하고 있는 안보환경에 능동적으로 대처하고는 있지만 배타적 경제수역(Exclusive Economic Zone: EEZ) 및 해상교통로 상에서 해상 테러 발생시 신속하고 효과적으로 대처하기에는 전력 및 능력이 부족한 것으로 지적되고 있다. 세계적인 대응 추세는 EEZ 및 해상교통로에서 국익 보호를 위해 해군 함정에 의한 신속한 대응을 하는 추세이다. 따라서 해상 테러 대응 과정에서 해군의 총괄적인 지휘 체계가 요구된다.

군의 해상 테러 대응전력 실태를 분석해 보면 전력 구성 요소, 전력 능력 등에서 다음과 같은 문제점이 있다. 전력 구성 요소 측면에서 보면, 구성 요소는 단위 함정 및 함대의 해상테러 초동 조치 전력이다. 현 전력상 함정은 경비 및 대기전력으로 국지 도발 및 유사시에 대비하고 있으나 초동 조치 전력은 각 함대에 1개 중대 규모를 운용하고 있어 전력의 부족 및 넓은 작전구역으로 인한 신속한 대응이 곤란하다. 다음은 전력의 능력 측면이다. 현 함정의 해상 테러 예방을 위한 능력은 가지고 있으나 선박에 대한 직접적인 대응 능력의 보강이 요구된다. 특히 선박 검문 검색을 위해 고속단정이 필요하나 일부 함정을 제외하고 단정을 보유하고 있지 않아 신속한 대응 및 기상 불량시 임무 수행이 제한되고 있는 실정이다. 초동 조치 전력의 능력은 현장 전개를 통한 현장 장악 능력은 보유하고 있으나 이동 수단이 고속단정으로 제한되어 있어 신속한 현장 전개 및 다양한 임무 수행이 제한되고 있다.

전력의 구성 요소 측면에서 구성 요소는 해군 특수전여단의 해상특수 임무대와 함대의 초동 조치 전력이 있다. 해상특수임무대는 상황 발생시 함정 및 헬기를 지원받아 운용하며, 초동 조치 전력은 함대사령부에 배속된 특수 전력으로서 반테러 임무를 수행하도록 되어 있으나 지시에 의거 해상 대테러 임무를 수행한다.

전력의 능력 측면에서는 해상특수임무대는 전력의 부족으로 동시다발적인 대응 능력이 제한되며, 초동 조치 전력은 함대사령부에 배속된 특전전력으로 운용하고 있으며, 주 임무인 북한의 국지 도발 임무에 부가하여 반테러 및 대테러 임무를 수행하고 있어 테러에 대한 교육훈련에서 많은 제한을 받고 있다.

대외 군사활동시 해군 기동부대의 대테러 전력 및 능력 분야에서는 해외 군사활동시 편성되는 전력의 장비가 초동 조치 전력 수준으로 편성되어 있어 대테러 임무를 수행하는 데 제한적인 문제점이 있다.[9] 그리고 해상 테러 발생 단계별 대응전력 운용 실태를 분석해 보면 해상 테러 발생 이전의 운용 실태로서 해상특수임무대는 예상 해역 및 항만, 선박을 대상으로 현지 적응훈련을 실시하고 있다. 그러나 초동 조치 전력은 부가적인 임무 수행으로 대기 및 단순한 개인 임무 숙달훈련을 실시하고 있어 현시(顯示)에 의한 억제 기능이 제한되고 있다. 해상테러 발생 이후의 운용 실태로 해상특수임무대는 테러대책위원회의 지시에 의거 현장지휘관 지휘 아래 군사특공작전을 실시한다. 초동 조치 전력은 근접 출동 대기함정 및 고속단정을 이용해 현장에 전개 현장을 장악하여 군사특공작전을 지원하도록 되어 있다. 그러나 기상 불량 또는 급박한 상황으로 해상특수임무대가 전개할 수 없을 경우 초동 조치 전력에 의한 군사특공작전을 수행해야 되나 수행 능력이 제한되고 있다. 해외 군사활동시의 운용 실태로서 해군 함정은 군함의 특성상 치외법권적인 군함의 지휘를 가지고 있으나 외교적인 문제 등으로 인해 무력 사용이 매우 제한된다는 점이다. 또한 해상특수임무대의 기동전력 편성시에는 정박 중 고속단정에 의한 순찰, 함정과 협동훈련을 통해 해상 테러에 대한 억제활동이 가능하나, 미편성 시에는 함정이 정박 중 침투자 격퇴 수준의 훈련으로 억제 및 신속한 대응이 제한되고 있다.

3) 공 군

공군기지 내에서 예상되는 테러 양상은 폭발물 적재 차량 출입문 강습, 시설물 폭파, 인질 점검 상황, 항공기 피랍 상황, 항공기 폭파, 주요 지휘관

9) 부석종, 「해상 테러리즘과 해군력 발전 방안 연구보고서」(서울: 합동참모대학, 2005), pp. 26-30.

저격, 공군기지에 주둔하고 있는 민항 청사 내에서의 폭파, 인질극, 가스 살포 등 각종 유형의 테러가 예상된다. 이러한 공군기지를 중심으로 한 테러 대비 및 대테러작전 능력은 다음과 같은 문제점이 있는 것으로 분석되었다.[10]

첫째, 대테러작전 편성과 구조의 문제이다. 공군기지 대테러 기구 및 제도는 합참, 작전사령부 지침에 의한 기구와 전력 운영은 기준에 의해 편성, 유지하고 있으나 기존에 부여된 임무에 부가하여 임무를 수행하게 됨으로써 피로도가 가중되어 불만과 사기가 저하되고, 타성에 젖은 대기 상태를 유지하여 실제 상황에 대한 대처 능력은 미지수이다. 편성면에서는 전체 통제반장이 다른 기능지원반장과 동급인 헌병대대장으로 되어 있어 지휘체계에 문제가 있으며, 제대 편성도 단위 기능 조직과 부대 전체 통제조직이 모두 반으로 편성됨은 조직 편성 체계가 잘못되어 있다. 또한 합참에는 특수전과에서 대테러 업무를 수행하고 있으나 공군본부나 공군작전사령부의 경우는 대테러 업무가 기지방어과(공군작전사령부 기지방어처)의 기능 중 하나로 되어 있어 필요시에만 업무를 수행하므로 연구, 발전은 기대하기 어려운 실정이다.

둘째, 대테러작전 계획의 문제이다. 종합적인 대응계획은 수립되어 있으나 상황 부여시 각 반별 행동절차는 체계적으로 수행되지 않고 있다.[11] 선무반의 편성은 군내 조직에서 선별하여 수행되고 있으나 유형별 문안이 없고 선무 기법도 미숙하다.

셋째, 대테러 장비 및 시설 측면에서 문제점이다. 공군 초동 조치반에서 보유하고 있는 장비 중 기준에 충족하는 장비는 기동장비인 장갑차와 중·경기관총, 개인 자동화기 정도이며, 권총을 비롯한 화력장비, 탐지·침투장비, 방어장비는 전무하다시피 하여 초동 조치 전력으로서 상황이 발생하면 오히려 테러범에 의해 아군의 피해가 심각하여 작전 전개에 애로가 있으며, 이로 인해 테러범과 대치하고 있는 최초 대형에서 발전할 수 없을 것

10) 이윤규 외, Op. cit., pp. 90-91.
11) 공군본부 작전처, 「경계근무 및 테러 대비태세 점검 결과」(작전작 33828-3097), p. 2.

이다.[12] 또한 공군기지의 테러 대비시설은 시설 기준에 중요도를 감안하면 기지 외곽에는 무인경보 체계를 구축하고, 중요 지역에는 별도의 출입통제 시스템과 같은 과학화 장비를 설치하여 테러를 방지하도록 해야 할 것이다. 그러나 계획담당 부서에서는 실제 전투력을 발휘하는 무기 체계에만 치중하고, 전투력을 보존하는 경계, 방어시설에는 무관심하다는 것이 더 큰 저해 요인이다.

넷째, 대테러작전 교육훈련 측면이다. 요원의 선발(헌병에서 선발), 교관, 교육훈련 과목, 훈련장, 교육자재 등 모든 면에서 타군 및 경찰에 뒤지는 실정으로 체계화된 교육훈련이 없고, 기지 방어의 일부 분야로서 훈련을 실시하여 각종 검열시 가상 상황 부여에 따른 조치 절차가 하급 수준으로 평가되고 있다. 또한 가장 기초가 되는 교육사 신병 교육에서도 대테러 교육 과목이 없고, 공군의 지휘관 및 참모를 육성하는 공군대학에서도 대테러 과목이 없다는 것은 공군 현실에서 대테러가 관심 밖의 작전이라는 것을 대변한다.

다섯째, 테러 발생시 조치 절차 측면이다. 상황 유형별로 예상 작전 절차가 수동적이며 추상적으로 되어 있어서 실무부대에서의 조치 절차는 동일 상황에서도 여러 가지의 조치 절차를 수행하여 잘못 처리되는 경우가 발생한다. 그리고 현장조치 반장이 테러사건에 대한 조치 능력이 부족하여 실무부서 반장들이 제각기 경험에 의한 조치를 하여 비체계적이고 무질서하게 조치되고 있으며, 테러 현장의 건물 도면, 통신선로 도면, 수도 및 전기 매설 도면 등이 필수이지만 실제 상황이나 훈련시 구비되어 있지 않다. 가장 결정적인 것은 테러 대응 절차에 초동 조치 담당부대 지정이 육군 지역 책임부대로 되어 있어 공군기지법, 항공기 등 공군 특유의 제도, 장비를 모르며 초동 조치 간 사건 해결 초기부터 문제를 야기할 수 있다.[13]

---

12) Ibid.
13) 김정태, 「공군기지 테러리즘에 대한 대응 방안 연구」(공군대학, 2002), pp. 39-44.

3 대테러작전과 후방지역 작전 연계성과의 문제점

1) 후방지역 작전 관련 법령과 제도의 문제점

통합방위 관련 법령은 비상사태와 통합방위사태 개념과 영역에 대한 정립이 되어 있지 않아 다음과 같은 많은 문제점을 내포하고 있다.

첫째, 통합방위법과 통합방위지침 및 비상대비 종합지침 등 적용 목적과 시기가 각각 상이하거나 모호하여 통합방위 작전 준비와 시행에 제한이 되고 있다. 즉, 통합방위법 제1조 (목적)에는 "이 법은 적의 침투·도발이나 그 위협에 있어서 국가총력전의 개념에 입각하여 국가방위 요소를 통합·운용하기 위한 통합방위 대책을 수립·시행하는 데 필요한 사항을 규정함을 목적으로 한다"라고 명시되어 있다. 따라서 전시와 평시에, 자국민에 대한 테러, 재해·재난 등 국가위기 상황에는 적용되지 않는다. 그러나 통합방위지침 제1장 총칙 제2조에는 전·평시 적용한다고 명시되어 있어, 동일 법규임에도 불구하고 일치되지 않고 있다. 표현에는 전·평시라고 하고 있지만 실제는 전부 국지 도발과 관련된 내용이다. 최근 개정된 통합방위지침(2007. 4. 15)에 방위지원본부를 전시에 운용하도록 추가했으나 일부 내용은 비상대비 종합지침(대통령훈령 43호)과 상충된다. 따라서 통합방위법과 동 시행령, 통합방위지침의 적용 시기를 명확히 하고 상하 법규 및 관련 법령과 내용이 배치되지 않도록 해야 한다.

둘째, 통합방위 사태 적용 시기와 사태 구분의 상황이 불명확하여 가용자원 운용에 혼란을 초래하고 있다. 통합방위법에서의 통합방위 사태는 적의 침투·도발이나 그 위협에 대응하기 위해 선포하는 것으로 규정화되어 있고, 한편 대통령훈령 28호 통합방위지침 제2조2(적용 범위)는 전·평시에 적용한다고 규정되어 있다. 전시라면 동원령에 계엄령이 선포되어 국가 가용 요소가 더욱 확장되며 위협에 대한 대응과 작전 개념이 달라진다. 또이 '통합방위 사태'가 선포된 지역에 대응작전을 하는 것을 '통합방위작전'

이라고 정의하면서 작전에 필요한 방위 전력과 지원 요소를 '국가방위 요소'로 정의하고 국군, 경찰 및 해양경찰, 국가기관 및 자방자치단체, 향토예비군, 민방위대, 통합방위협의회를 두고 있는 직장의 예비군을 통합 방위에 포함하고 있다.[14] 따라서 전시 관련 법령과 상이 또는 중복의 문제가 발생하고 있다. 따라서 통합방위 사태의 적용 시기와 가용자원의 운용 연계성을 검토할 필요가 있다.

셋째, 통합방위 사태와 테러 대응과의 관계를 명확하게 구분할 필요가 있다. 통합방위 사태는 침투 도발이나 위협에 대응하기 위해 국가방위 요소를 통합 운용하기 위한 사항을 규정한 법이다. 그리고 2001년 11월 28일 정부입법 제안으로 제출되었던 테러방지법안은 테러의 예방과 신속한 대응을 위한 사항을 규정하고 테러로부터 국가의 안전을 보호하고 국민의 생명과 재산을 보호하기 위해 제정할 의도를 가지고 있었다. 그러나 이 두 가지 상황을 구분하기가 대단히 어렵고, 동시에 전개될 가능성이 높다. 특히 뉴테러리즘의 성격은 과거 1968년에 북한의 124군부대가 청와대를 목표로 한 침투사건의 초기와 같이 식별이 어려운 상황이 될 수도 있다. 더구나 과거 테러의 91.6%가 북한에 의해 저질러진 상황과 새로운 테러 양상은 이를 명확하게 식별하는 데 현실적으로 어려움이 있다.[15] 다만 통합방위법은 작전요소의 통합에 중점을 두고, 테러방지법안은 상황과 테러 대책기구의 구성과 운용에 중점을 두고 있는 점이 다르다. 그러나 이것조차도 테러에 대한 대응책은 현재 대통령훈령으로 법적 구속력이 약해서 실제 작전 준비하고 시행에 관련 기관을 통제하기가 어려운 상태이다.

넷째, 위협과 위기 개념의 다양화와 명확한 영역 구분이 없어, 조직이나 관련 업무 기능이 중복되고 상호 불일치되어 통합적인 대비 및 대응 조치가 수행되기 곤란한 실정이다. 현재 전면전을 포함한 비상사태와 통합방위 관련 업무 기능은 <표 3-4>에서 보듯이 위협 상황에 대비한 기능상 법령의 목적이 유사하고 중복된 부분이 많고, 실제 상황이 일어나면 관장하고

14) 공군본부 작전처, Op. cit, pp. 1-2.
15) 김선범, 「합동안전 및 평화작전」(서울: 합동참모대학, 2006), pp. 223-224.

〈표 3-4〉 위협 상황 대비 비상사태 관련 업무 영역

구분	재해 · 재난	국지 도발/ 사회 혼란	통합방위 사태	전면전	테러
업무	재난관리	민방위/ 향토예비군	적 침투·도발	비상대비 업무	테러 상황
법률	재난관리법	민방위법/ 향토예비군법	통합방위법	비상대비자원 관리법	대통령훈령 47호
주무	행자부	행자부/ 국방부	국방부	국가비상기획 위원회	국정원
비고	국무총리 산하 중앙안전대책 위원회	민방위대/ 예비군	통합방위 협의회	국무총리 보좌	테러대책 위원회

출처: 이동훈, 『위기관리의 사회학』(서울: 집문당, 1999).

있는 기능부서별로 대비 및 대응 조치를 하므로 인해 통합적인 상황 조치가 불가능하며, 지휘 통제의 분산으로 효율적으로 대처하기가 곤란하고, 대응 조치 과정에서 상호 충돌과 갈등이 일어날 가능성이 많다. 따라서 비상사태와 통합방위 사태의 대비 개념이 정립되고 통합 일원화가 요구된다.

2) 대테러작전 수행 체계와 운용의 문제점과 개선 방향

후방지역의 방호작전 특성상 민관군 통합작전은 불가피하다. 하지만 통합작전을 할 수 있는 전장 인식과 지휘 통신 체계가 가장 큰 문제점으로 대두되고 있다. 전장 인식 차원에서는 후방지역 작전을 위한 정보 수집 수단(sensor)-결심권자-타격 수단(shooter) 및 상황 전파 체계의 문제이다. 통합방위 시 광범위한 지역의 통합방위 사태 관련 정보 수집 및 전파는 작전지역의 확장을 방지해야 한다는 작전 원칙을 구현할 수 있는 필요충분 조건이라 할 수 있다. 따라서 지역 내에 있는 군과 경찰, 주민, 지자체 등 정보 수집 및 상황 전파망을 수평과 수직으로 구축해야 하나 대단히 미흡한 실정이다. 군의 상황을 분석해 보면 후방지역 핵심부대인 향토사단에서 해군의 전술자료 체계(Korean Naval Tactical Data System: KNTDS)와 연합정보 수신 체계(GCCS-K)가 구축되어 있지 않아 육 · 해 · 공군 합동감

시 정보 수집과 실시간 정보 공유, 상황 전파가 미흡한 실정이다. 특히 적 침투·도발시 후방지역의 광범위한 지역에서 적을 감시하고 찾는 정보 수집 수단이 대단히 미흡하여 강릉 무장공비사태 시 야간에 산악에서 은거하거나 이동시 야간 감시 및 추적을 할 수 있는 장비 및 체계가 없어 적을 발견하는 데 많은 노력과 시간이 소요되었다. 또한 작전지역 내에서 피아를 구별할 수 있는 방안이 주민 및 병력 이동 통제 외는 다른 방법을 강구하지 못했다. 한편 발견한 적을 신속히 지휘통제실로 보고하고, 각 방위 요소가 함께 공유하는 체계가 갖추어지지 못했다. 그리고 경찰의 교통감시 체계나 행정관서의 산불 감시카메라 등을 자체적으로 운용하고 있으나 그것을 통합방위 수행을 위한 시스템과 연계되지 않는다. 또한 군과 경찰, 지자체와의 정보 공유 및 상황 전파도 전화나 팩스에 의존하고 있어 실시간 정보 공유 및 상황 전파는 대단히 어려운 실정이다. 이러한 실상으로 인해 후방지역 민·관·군 통합방위작전의 정보 수집 수단은 주민 신고망 등 인력에 의존하게 되어 광범위한 지역, 특히 산악지역 등에서는 많은 시간을 낭비하며 제대로 정보 수집을 하지 못하게 되어 통합방위작전의 영역이 확대되고 장기화로 갈 수밖에 없는 실정이다. 따라서 후방지역의 각 방위 요소들이 평소부터 정보 수집 수단-결심권자-타격 수단 및 상황 전파 체계가 신속 정확하게 이루어질 수 있는 후방지역 민·관·군 통합방위 차원의 효과 중심 작전 개념의 네트워크 중심의 환경이 조성되어야 한다.

다음은 통합된 지휘통신 체계가 구축되어 있지 않다는 문제이다. 통합방위작전은 후방지역의 다양한 국가방위 요소를 통합하여 광범위한 지역에서 각종 형태에 작전을 수행해야 하기 때문에 통합되고 일원화된 지휘 통제가 대단히 중요하다. 그래서 통합방위법 시행규칙에서는 통합 지휘 통신망을 구성하도록 규정하고 있다. 후방지역의 국가방위 요소에 대한 일원화되고 효과적인 지휘 통제를 위해서 요구되는 기능은 다음과 같다.16)

첫째, 민·관·군·경 등 통합방위 요소 및 연합작전 요소의 실질적 지휘통제 능력이다. 즉 현역군·예비군·해군(함대사령부)·공군(기지)·해

16) 2군사령부, "후방지역 작전을 위한 효율적인 통신망 구축 소요 보고"(2005), pp. 11-12.

경·경찰·관 및 민간 등과의 실시간대 상황 공유 및 통합 상황 조치이다. 전시가 되면 수용 대기시설(항만, 공항 및 증원 전력 대기 지역) 등에 대한 실시간대 상황 공유 및 통합 경계 등 다양한 각종 작전에 대한 지휘 통제 조치를 하는 연합통신까지 고려되어야 한다.

둘째, 각종 형태의 작전시 적시적·효율적인 통신망 구성 능력이 요구된다. 평시 해안 경계 작전시 광범위한 지역·해안선 굴곡·해상에 대한 지휘통신 소통과 대(對)침투 작전시 다양한 작전 요소의 투입시 지휘통제를 위한 지휘통신 소통을 위한 각종 통제소 운용시 작전 요소(부대 간 포함)의 단일망 구축이다.

셋째, 상황 발생 현장의 동영상 전송 능력과 작전 요소의 동시 상황 공유 및 통합 상황 조치가 되어야 한다. 하지만 현재의 통합방위작전을 위한 지휘통신 체계는 많은 문제점을 내포하고 있다. 즉, 작전 요소별 다양한 형태의 무선통신장비 사용으로 통합방위작전을 위한 단일통화망 구성이 불가능하다. 군은 P-77(P-999K), P-85K, 핸드토키 등으로, 경찰은 통합공용통신망(Trunked Radio System: TRS), P-77 또는 P-999K(전경중대) 등으로 구축되어 있고, 소방방재청과 민방위대는 TRS와 H/T 등의 장비를 가지고 있다. 군을 제외하고 다른 방위 요소는 공통적으로 TRS망이 구축되어 있다. 그리고 통합방위의 핵심 역할을 하는 군의 모든 지휘통제 체계가 장비 기능상 문제로 인해 포인트 투 포인트(Point-to-Point) 방식의 트리형(단일 주파수: 1개 망으로 5~7인의 가입자만 운용 가능) 구조이기 때문에 상급·인접 망에 접속이 제한(단일 주파수로 다수 중계소 운용 불가)된다. 그리고 추가 또는 다양한 작전 운용시 추가 망 구성 소요 발생시 추가 가입자 분량의 동일한 수량의 장비 소요로 인해 적시적인 망 구성 및 지원이 곤란하다. 아울러 통달 거리 제한으로 광범위한 후방지역에 무선통화권 구축이 불가하여 이를 해소하려면 약 150여 개의 중계소 운용이 불가피할 것으로 판단하고 있다.[17] 과거 광천지역으로 적 무장공비가 침투하여 약 한 달 여간 작전을 실시했으나, 항시 뒤늦은 상황 파악과 조치로 적을 포획 및 격멸

---

17) Ibid., p. 16.

하는 데 실패한 사례는 대표적인 통합·일원화된 지휘 통제가 미비했기 때문이라고 분석되었다.[18] 그 당시 작전 요소(민·관·군·경) 간의 실시간대 상황 공유와 말단부대에서의 상황 보고 및 상급 부대의 지시가 작전 요소에 적시적으로 전파되는 중앙집권적 계획과 분권형의 조치가 이루어질 수 있는 지휘통제 체계가 결여되어 적의 향후 행동을 알면서도 사전에 이를 신속히 보고하거나 전파하는 체계가 결여되어 작전의 장기화, 지역의 확대, 적 이동 경로 차단의 실패로 이어졌다. 따라서 후방지역 민·관·군 통합방위작전을 효율적으로 수행하기 위해서는 우선적으로 민·관·군·경 간의 통합되고 일원화된 지휘통신망이 갖추어져야 하며, 이러한 지휘통신망은 평시부터 정보 공유 차원과 훈련을 위해 운용될 수 있도록 해야 한다.

셋째, 이라크 전 교훈으로 도출된 후방지역의 도심지역에서 대테러작전 수행을 위한 체계 및 준비가 미흡하다. 도시지역이란 인구, 물리적 측면에서 다수의 적정 인구가 비교적 높은 인구밀도를 이루고 이들의 활동공간인 고층건물과 기반시설의 집적된 지역이며, 사회·경제·문화적 측면에서 2, 3차 산업 비율이 높은 지적 엘리트의 전문가들로 구성된 공동체이고, 행정·경제·문화의 중심 기능을 담당하며, 독특한 문화와 새로운 문화와 새로운 문명을 개척하는 삶의 터전이다. 한국은 인구 5만 이상의 시와 2만 이상의 읍을 도시로 정의하고 있다.[19]

도시지역 작전은 도시지역으로 침투하는 적을 저지 및 격멸하고 적의 은거를 거부하여 주민과 도시 기반시설 및 중요 시설을 보호하며 치안 유지를 포함하여 도시 기능의 발휘를 보장함은 물론 작전 지속 능력을 보장하기 위한 작전이다.[20] 이러한 도시지역 작전의 환경은 여러 가지 작전의 제약을 주게 되고 다음과 같은 양상으로 전개된다. 즉 우세한 과학기술을 보유한 부대의 이점을 감소시키고, 병력 중심으로 작전이 전개되며, 분권화되

---

18) 육군본부, 「대침투작전: 야전교범 0-3」(대전: 육군본부, 2005), p. 15.
19) 김국신 외, "이라크전쟁 교훈분석 및 한반도 작전시 적용 연구," pp. 3-25.
20) 합동참모본부, 「도시지역 작전: 미 합동교범 번역 3-06번」(서울; 합동참모본부, 2004), p. 10.

어 많은 작전시 간이 소요된다. 아울러 작전 병력보다 민간인 사상자가 많이 발생하고, 특히 반란군, 테러리스트와 적 특수부대 침투 요원들에게 유리한 전장 환경을 제공한다.

현재 우리는 이러한 도시지역에 대한 전·평시 작전 개념과 교리, 작전계획이 정립되어 있지 않고 도시지역 방호에 대한 민·관·군 통합방위작전 수행 태세는 대단히 미흡한 실정이다. 특히 도시 특성에 맞는 과학화된 장비나 물자 그리고 정보 수집 등 C4I 체계도 구축되어 있지 않다. 앞으로의 전쟁 양상이나 이라크전 교훈, 북한의 위협 양상을 고려해 볼 때 후방지역에서의 향후 전·평시 군사적 도발 및 침투 상황은 도시지역 작전이 불가피하다. 특히 북한은 배합전 전략, 즉 총 폭탄 요원으로 자살 폭탄 공격이나 도시게릴라전, 심리전적인 작전을 전개하여 전략적 목표와 연결시킬 것으로 예상된다. 후방지역 전·평시 도시지역 작전 태세를 확립하기 위해서는 다음과 같은 분야를 보완 개선해야 한다.

첫째, 군사력 건설 측면에서는 현재 사용 중인 재래식 무기를 개조하거나 발전된 정보 시스템과 결합하여 더욱 효율적으로 활용할 수 있는 방안을 강구해야 한다. 특히 건물지역이나 지하시설에 대한 작전이 필요한 장비와 물자가 우선 확보되어야 한다.

둘째, 군사 교리나 훈련과 전투 기술은 후방지역에 적의 배합전 시도 등에 대한 타격작전을 효과적으로 할 수 있는 방어와 공격, 적 침투 요원 색출 및 타격, 건물 및 지하시설에 대한 방호, 작전 등에 대한 교리, 전투기술을 모델화하여 숙달하는 훈련 체계가 강구되어야 한다.

셋째, 도시지역 작전에 필요한 전투장비 및 물자 확보이다. 이것은 24시간 첩보를 수집하고 전장을 감시할 수 있는 장비를 확보하고 실시간 정보수집→분석 결심→전파 타격 체계를 갖추어야 하며, 인구 및 건물이 밀집되고, 도시 기반시설이 집중되어 있는 지하시설 등에 작전이 가능하도록 장비의 경량화·정확성·기동성·무인화가 요구된다. 아울러 피아가 혼재된 상황에서 화생방과 근접 전투 등을 고려하여 작전 병력의 개인 방호에 필요한 장비가 필요하다.

도시지역 작전을 위해 상기 요구 사항과 함께 도시지역 작전의 많은 제한 사항을 극복하기 위해 첨단 감시정찰 및 통신장비에 영상・신호정보 및 정보기관과 지역 주민, 특수부대 인간 정보에 의한 전장 가시화, 정보 공유, 정밀 타격, 네트워크를 통해 실시간 지휘 통제 및 분권화 작전, 적정 소요 판단에 의한 작전 지원 능력을 향상시켜야 한다. 그리고 피・아를 구분할 수 있는 대책과 주민의 분리 및 이탈 통제 방안, 교통통제, 기반 시설과 중요 시설에 대한 방호대책의 보강을 위한 민・관・군 통합방위 작전 태세가 요구된다. 그리고 침투한 적은 전략적・작전적 목표가 밀집되어 있는 도시 지역에서 작전이 성공하면 다른 작전 목표를 위해, 그리고 실패하더라도 타격을 위해 도시 내 지하시설, 인접 도시지역이나 도시 외곽 은거지로 이동하거나 작전지역을 벗어나 이동하는 등 작전지역이 확대될 가능성이 많으므로 인접지역과 도시 외곽지역의 작전상의 협조가 필요하다.

제 3 절 대테러작전과 수행 개념

1 대테러작전의 정의와 특성

대테러작전[21]이란 <표 3-5>에서 알 수 있듯이 "테러가 발생되기 이전에 이를 예방 또는 저지하거나, 테러사건이 발생된 이후에 체계적으로 진압하는 활동이다. 따라서 광의의 대테러작전이라 함은 테러사건이 발생되기 이전에 예방 저지 활동에 주력하고 테러사건이 발생된 이후에는 전문화된 대테러 특공부대에 의한 테러 진압작전을 실시하는 것"[22]을 의미한다.

이러한 정의와 유사하지만 국가 위기관리 관점에서 대테러작전을 "개인,

21) 정부 관계 기관에서는 테러에 대응하는 국가적 차원의 조치 및 활동을 '대테러' 또는 '대테러 활동'으로 표기하고, 제반 군사적 조치를 실시하는 군에서는 '대테러작전'으로 통일하여 사용하고 있다.

22) 김선범, Op. cit., p. 53.

〈표 3-5〉 대테러작전 유형 구분

구 분	방어적 대테러작전	공세적 대테러작전
목 표	테러 예방, 근원적 봉쇄	테러 조기 종결, 피해 최소화
시행 시기	테러 발생 이전	테러 발생 이후~복구
개 념	정보 협조, 사전 대비	현장 대응, 사후 조치
성 격	방어적인 조치	공격적인 조치

단체 또는 국가의 각종 테러에 대응하여 실시하는 제반 군사작전으로, 테러를 사전에 예방하고 발생에 대비하며, 테러 발생시에는 효과적인 대응 및 복구를 통해 그 피해와 영향을 최소화함으로써 조기에 테러 이전 상태로 복귀시키고자 하는 위기관리 활동"으로 정의할 수 있으며, 대테러 활동(counter-terrorism)이라 함은 테러사건의 발생 시점을 기준으로 하여 테러사건이 발생된 이후에 테러범과 합법적인 정부와의 대응활동, 즉 테러사건 발생지역을 중심으로 한 사건 발생 현장관리 업무를 말한다. 이러한 사건 현장의 모든 상황을 정부 차원으로 유리하게 유도하고, 테러범에 대해 정부 입장에서 공격을 한다는 점에서 능동적이고 적극적인 조치 사항이면 사건 발생시의 현장관리 조치라고 볼 수 있다.[23]

방어적 대테러작전은 테러를 예방하고 테러 발생을 근원적으로 차단하는 수세적인 조치를 말한다. 이를 위해 평시에 국가적 차원에서 대테러정책을 개발하고, 국제적 대테러 정보 협조 체계를 통해 테러범 및 테러단체의 동향을 사전에 파악하여 테러범의 입국을 거부하거나 체포하며, 각종 국제협약을 통해 테러자금을 차단하는 등의 제반 조치를 취해야 한다. 방어적 대테러작전이란 전 부대는 평시 부대방호 태세를 유지하며, 상급 부대에서 하달한 대테러작전 지침에 의거 부대훈련을 실시하고 대테러작전 대비 태세를 유지하는 제반 조치를 의미한다. 방어적 대테러작전을 위한 주요 조치 사항은 ① 효율적 업무 수행을 위한 평시 지휘 및 협조 체계의 단일화와 관계 기관과의 협조 체계 유지, ② 책임 지역 내 테러 원인을 제공하는 취

23) 최진태, "과학화 시대의 대(對)테러전 발전 양상," 「평시 국가 위기관리 정책 방향과 과학기술 적용 방안」(서울: 육군발전협회 지상군연구소, 2007), p. 205.

약성을 감소시키기 위한 예방 및 차단 활동에 주력, ③ 테러 위협에 대한 효과적인 예방, 저지 및 대응 기능 활성화를 위한 대테러 작전부대 즉응 태세를 유지, ④ 대테러 전문인력 양성 및 장비를 확보, 대응 기법의 연구·개발, ⑤ 대테러 작전부대 교육 훈련, 관계 기관과의 정기적인 종합 모의훈련으로 대테러작전 능력을 향상, ⑥ 국가 주요행사 지원 등으로 분류할 수 있다.

반면 공세적 대테러작전은 평시에 테러에 대비한 제반 조치에도 불구하고 테러가 발생했을 경우, 테러를 조기에 종결하고 피해를 최소화하기 위해 협상을 진행하거나 무력 진압작전을 실시하는 공격적인 조치를 말한다. 대테러작전부대는 군사시설에 테러가 발생하거나, 대(對)국민 테러가 발생하여 관련 부처의 요청이 있을 경우 상급부대의 명령에 의거 출동한다. 부대 운용은 군사시설에 대한 테러가 발생할 경우에 대비하여 테러 발생 이전에 지정된 대테러작전부대가 출동하여 초동 조치로부터 무력 진압작전까지의 제반 조치를 실시한다. 대국민 테러시에는 상급 부대의 명령에 의거, 테러 대응을 책임지는 행정부처를 지원한다. 공세적 대테러작전시 주요 조치 사항에는 ① 군 현장지원본부를 설치하여 테러 대응 간 군사적 제반 조치 실시, ② 신속한 초동 조치로 사태 악화 및 확산을 방지, ③ 무력 진압작전 실시, ④ 폭발물 수색 및 처리, 화생방 작용제 분석 등 작전 지원, ⑤ 테러 현장 재난구조 활동 등이 포함된다.

한편 이러한 대테러작전은 '국지 도발 및 대(對)침투작전'이나 '전시 후방지역 방호작전' 등과 비교해 보면 다음과 같은 특징이 있다.

첫째, 작전 준비 시간이 제한적이라는 것이다. 테러사건은 시간의 경과에 따라 상황이 급변하므로 작전을 준비하는 시간이 매우 짧다. 따라서 대테러 특공대는 명령을 수령한 후 최단 시간 내에 작전 준비를 완료하여 사건 현장에 투입할 수 있도록 사전에 충분한 대비 태세를 갖추어야 한다.

둘째, 작전 진행을 위한 침투가 제한적이라는 것이다. 테러범은 통상 시민과 혼합되어 있거나, 인질을 억류하여 항공기, 선박, 건물, 차량, 기타 교통 수단을 전술적으로 활용하므로 대테러작전부대가 사건 현장으로 은밀하게 침투하여 작전을 전개할 때 많은 어려움에 직면하게 된다. 따라서 대테러작전부대는 위장 침투를 비롯한 다양한 작전 전개 기술과 장애물 극복, 통로 개척 등 전문 작전 능력을 구비해야 한다.

셋째, 일반 군사작전과 달리 대테러작전은 통상적으로 작전 공간이 협소하다는 것이다. 테러범들은 자체 안전 및 생존성 보장을 위해 제한적인 공간에서 테러를 자행하는 경우가 많다. 따라서 대테러작전부대는 협소한 공간 내에서 신속 정확한 판단과 민첩한 행동이 요구되며, 개인과 소규모 작전 팀의 우수한 전술 기량과 분권화된 지휘 통제 능력이 요구된다.

넷째, 시민과 테러범이 동시에 혼합되어 있어 과감한 작전 전개가 어렵다는 것이다. 테러범은 그들의 역량을 과시하거나 목표 달성을 위해 다중이용시설이나 인구밀도가 높은 주거지역에서 테러를 자행한다. 이에 따라 평범한 시민들이 테러사건 현장에 노출되는 상황이 발생하게 된다. 따라서 대테러작전부대는 시민과 테러범을 식별할 수 있는 능력을 구비해야 하며, 인질 구출을 위해 고도의 정밀한 선발 사격 능력이 요구된다.

대테러작전의 성공을 위해서는 이들 대테러작전의 특징을 고려하여 ① 적극적인 초동 조치, ② 정확한 정보 수집 및 철저한 방첩활동, ③ 주도면밀한 계획과 준비, ④ 적합한 장비 사용 및 기습과 기만, ⑤ 강력한 순간 전투를 할 수 있는 대테러특공대의 능력, ⑥ 지휘 체계의 단일화, ⑦ 적절한 공격 시간 선택 등의 제반 능력과 요소를 구비해야 한다.

2 대테러작전의 단계별 절차

테러에 대한 대응에서 예방이 최선의 방책이지만, 테러가 발생했을 경우 효과적으로 사후관리가 이루어진다면 피해의 폭을 최소화할 수 있다. 이 때문에 테러 공격에 직면한 정부는 테러 발생과 진행 과정에 대한 현황 파악, 인질 상태 및 구출에 필요한 대책, 테러 행위 종결을 위한 작전계획, 그리고 테러로 인한 정치적 손실의 극소화 방안 등을 마련하고, 이에 따른 사후관리를 해야 한다.

그러나 사건 사후관리는 우선순위 결정에 따른 여러 가지 충돌이 발생할 수 있다. 실제로 관련 당국은 피랍자의 안전한 구출, 강경 진압, 신축성 있는 대응 중 어느 하나를 선택해야 하며, 물리적인 진압 혹은 테러범과의 타협 혹은 협상 여부는 인도주의적 고려, 국제 정치적 압력, 국내 여론, 테러 조직의 세력 규모와 저항력의 정도, 위협 수준 등 다양한 변수를 고려하여 결정해야 한다.

테러가 발생한 다음 구체적인 대응책 마련이 필요한 경우는 테러의 유형 중에 인질 및 항공기 납치, 건물 점거 및 대치 상황 등 일부에 국한된다. 요인 암살, 항공기 공중 폭파 등과 같이 테러 자행과 동시에 종결되는 경우에는 대책 자체가 무의미하며, 사건 유형상 진행이 장기적인 테러일 경우에만 위기관리가 필요하다고 볼 수 있다. 따라서 사후적 대테러의 본질은 항공기 및 인질 납치 등 장기간 지속되는 사건에 대해 신속한 해결책을 찾는 것이며, 이 경우 일반적인 사건 처리 단계는 즉각 조치, 계획 단계, 협상 단계, 구출작전의 네 단계로 이루어진다.

즉각 조치란 사건 발생 초기 단계에서 테러 자행 주체에 대한 정체를 신속하게 파악해서 제반 대응 수단을 취하는 것으로, 여기에는 시민들을 사건 현장에서 격리시키고 대테러작전부대를 즉시 출동시키고 지휘부, 전술팀, 협상팀, 지원팀 등 현장 대책조직을 구성하는 것 등이 포함된다.

계획 단계는 사건 발생 후 현장의 주도권을 장악하고 테러 주체의 구성과 화력, 요구 조건 등을 어느 정도 파악하고, 이에 따라 취해지는 조치로서 협상, 설득, 진압작전 전개 등 구체적인 활동에 들어가는 것을 의미한다. 이때에는 전반적인 상황을 판단해서 구체적인 대응전술을 선택 결정하게 된다.

협상 단계는 사건 종결을 무력에 의지하지 않고, 평화적인 대화에 의해 해결하고자 하는 것이다. 정치적·이념적으로 철저하게 무장하고 있는 테러범과의 협상에서 그들을 설득하기 위해서는 풍부한 전문적 지식과 전술적 접근을 필요로 한다. 협상에 직접 참가하는 전문가는 테러범들을 압도하고, 협상을 순조롭게 유도할 수 있을 정도의 상황 판단 능력과 아울러 대담성이 있어야 한다. 테러범과의 대치 상황에서 협상은 평화적 해결이 불가능할 경우 사건 종결의 최종 수단인 대테러작전부대 투입 등과 같은 물리적 구출을 위한 시간을 얻는 데 도움이 되기 때문에 협상시에는 테러범들에게 양보하는 것만큼 얻어내는 것이 있어야 하며, 테러범들의 협상 의도와 능력 등을 지속적으로 파악해야 한다.

효과적인 협상으로 사건 종결을 하기 위해서는 언론매체는 보도 범위 등에 대한 세심한 배려가 있어야 하며, 정부는 언론매체와 긴밀히 협조하여 기밀 유지를 최우선으로 해야 한다. 그 이유는 테러조직이 다수의 대중에게 그들의 정치적 목적을 알리려는 의도로 장기간 사건이 지속되는 테러 유형을 택하고 있으며, 그들의 요구 사항을 표면화시켜 대중을 교묘하게 선동함으로써 정부 당국으로 하여금 그들의 요구를 수락할 수밖에 없게 하는 압력 수단으로 사용하고 있기 때문이다. 만약 언론매체가 테러범의 의도에 휘말려든다면 정부 당국의 효과적인 테러범 진압 노력을 방해할 수 있다. 즉 언론매체에 의한 구체적인 사건 진행 상황의 보도는 계획된 구출작전 자체를 노출시킬 수 있고, 의사결정자에게 심리적 압박을 가해 결정을 어렵게 만들 수 있는 것이다.

테러범들이 협상 시간을 엄격히 제한할 경우, 그들의 요구 조건을 약화시키지 못하거나, 폭력행위를 더욱 확대하더라도 대중의 우호적 여론을 기대할 수 없다는 점을 납득시키지 못하면 당국이 취할 수 있는 선택은 테러범의 요구 사항을 수용하든지 아니면 마지막 수단인 물리적 구출작전을 택하는 두 가지가 남는다. 일반적으로 볼 때 테러범들이 인질을 자진해서 석방하거나, 설득이나 다른 이유로 투항하거나, 무력 공격으로 테러범들이 무력화되고 인질이 구출됨으로써 사건이 종결된다.

테러범들이 인질을 자진해서 석방하지 않거나 협상이 실패로 끝날 경우에는 마지막 대응 수단으로 물리적인 구출작전이 남게 된다. 구출작전을 위해서는 잘 훈련된 대테러작전부대가 있어야 하며, 작전이 아무리 성공적이라 하더라도 인질과 특공대원의 희생을 각오해야 하고, 작전이 실패로 돌아갈 경우에는 많은 인명 손실은 물론 정부의 정치적 부담까지 감수해야만 한다. 대테러작전부대에 의한 구출작전은 마지막 수단으로 사용되는 것이기 때문에, 작전의 성공을 보장하기 위한 공격 시기 선택은 범인들이 극도로 지쳐 있을 때, 범인들의 주의력이 산만할 때, 범인들이 공격을 전혀 예상치 못하고 있는 시기를 택해 실시해야 한다.

3 대테러작전의 수행 개념과 구현 요소

테러는 지상, 공중, 해상, 우주 공간, 사이버 공간 어디에서나 발생할 수 있다. 따라서 전 전장 공간에서 테러에 대비하고, 테러 발생시 대테러작전을 수행할 수 있도록 민·관·군이 통합되고, 군에서도 각 군 간에 합동으로 작전을 실시할 수 있는 대테러작전이어야 한다. 여기에서는 이러한 목적 달성을 위해 다음과 같이 대테러작전 수행 개념을 정립하고 적용하고자 한다.

> "평시 민·관·군 제대별(梯隊別) 협조 및 통합 체계를 구축하여 방어적 대테러작전에 대비하고, 공세적 대테러작전 태세를 유지하면서 테러 발생시에 적시(適時)적으로 전(全) 가용 요소를 동시·통합으로 기만, 기습적 운용하여 최소의 피해로 속전, 속결로 진행하는 작전이다."

즉, 민·관·군에서 활용할 수 있는 대테러 정보 및 작전 지원 요소에 대한 정보를 기반으로 위협 우선순위에 따라 자원을 집중함으로써 방어적 대테러작전 태세를 유지함과 동시에 공세적 대테러작전 태세로 신속히 전환할 수 있는 체계를 유지하고, 평시에 합동 대테러 전담 작전부대를 운용하면서, 테러 발생시에는 테러 유형에 따라 추가적으로 소요되는 작전 요소를 편제·통합하여 운용함으로써, 작전 수행의 융통성을 확보하고, 기만·기습과 속전속결의 작전을 전개함으로써 최소한의 피해로 작전을 종결하고, 사후관리를 실시한다는 개념이다.

합동대테러작전 수행 개념을 효율적으로 적용하기 위해서는 아래에서 열거하고 있는 구현 요소가 요구되며, [그림 3-1]은 이러한 수행 개념과 구현 요소를 제시한 것이다.

첫째, 민·관·군 및 연합 혹은 합동 대테러 정보 공유 체계 구축이다. 이를 위해서는 국가기관 간 테러정보 공유 체계 구축 및 제 테러 첩보 출처와 연계된 합동테러정보센터를 운용해야 한다. 합동테러정보센터에서는 테

[그림 3-1] 합동 대테러 수행 개념과 구현 요소

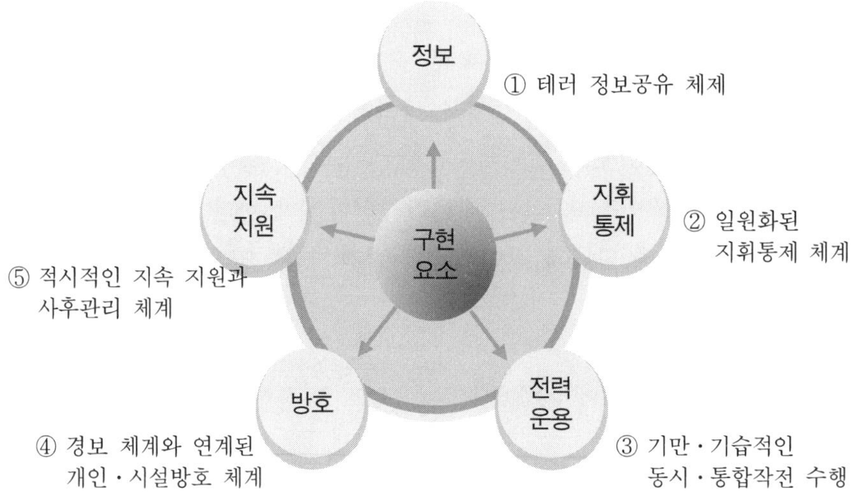

러 관련 첩보를 데이터베이스화하고 관리할 수 있는 테러정보 종합분석 체계를 구축해야 한다. 또한 합동테러정보센터의 정보 종합분석 체계와 전장 기능별(정보, 지휘 통제, 전력 운용(기동, 화력), 방호, 전투근무 지원), 대테러작전 수행기관(테러대책(상임)위, 전담 작전부대, 현장지휘소, 작전 지원부대 및 지원기관)으로 연동이 이루어져야 할 것이다. 아울러 테러 위험성과 테러 위협에 대한 신뢰도를 확보할 수 있는 위협평가 프로그램을 개발해야 한다. 이를 위해서는 대테러 정보분석 전문가의 양성을 위한 프로그램 개발이 필수적이다.

둘째, 테러 대응 방법에 대한 신속한 의사결정을 위해 현장 가시화와 일원화된 지휘 통제 구축이 필요하다. 이를 위해 테러 감시 및 탐지는 물론 대(對)감시 상황에 대한 내용을 공동작전 상황도(COP)에서 실시간 확인할 수 있어야 하며, 위협 수준에 따라 자동 경보가 가능해야 하며, 신속한 지휘 보고가 이루어질 수 있는 체계를 구축하여, 실시간 지휘 통제가 가시화되어야 한다. 그리고 가시화된 상황과 획득된 상황 보고를 기초로 신속·정확한 판단과 의사결정에 의한 지휘가 가능하도록 지휘 결심 지원 체계(Command Decision Support System) 구축이 필요하다. 아울러 대테러작전 수행에서 직면하게 되는 극한 상황, 즉 교통·통신이 두절되거나, 추가적인 전력 증강이 어려울 경우 등의 상황을 고려하여 감시 및 탐지, 지휘통신, 개인 방호 체계, 타격 체계, 전투근무 지원 등과 같은 전장 기능별 통합체계가 관련 부대는 물론 각 전투병에게도 동시에 구축됨으로써 독립작전 혹은 단독작전이 가능하도록 해야 한다. 특히 대테러작전은 민·관·군 및 합동·연합작전의 복합적인 자원이 투입되는 특성이 있어 전 대테러작전 가용 요소에 대한 지휘통제의 일원화와 통신망 구축이 작전 성패의 중요한 요인이 된다. 따라서 현장 작전요원은 현장지휘소장 및 작전부대장 간의 지휘통제 일원화 체계, 지휘폭(指揮輻) 과다시 각 기능별로 그룹화하는 지휘통제 체계 구축이 필요하며, 지휘통신망은 주 및 예비통신망이 동시에 확보되어야 하며, 통신보안 체계 구축을 통해 대테러작전 통신보안이 이루어지도록 해야 한다.

셋째, 테러 자행 세력에 대한 중심 마비를 위한 기만·기습의 동시·통합작전 수행이다. ① 중심 마비란 테러범이나 테러 수단의 취약 요소와 핵심 기능을 무력화시킴으로써 부수 피해를 방지하고, 테러범을 생포 또는 무력화함으로써 사후관리를 보장하고, 최소의 피해로 속전속결의 대테러작전을 구현하는 것이다. 이러한 테러의 중심 마비를 위한 고도 정밀기술이 적용된 표적 추적 및 타격 수단, 즉 사거리 측정 및 무력화 범위 자동 계산 장비, 열상 및 레이더 추적 장비, 테러범의 눈과 귀 등 육체적 기능을 마비시키는 전술장비의 운용이 요구된다. ② 기습 및 기만은 협상을 통한 평화적인 사건의 해결이 불가능할 경우, 또는 작전의 한 방법으로 협상과 동시에 운용될 수 있는 기만책을 강구함과 동시에 테러범이 예상할 수 없는 작전기술과 장비를 활용하여 공기불비(攻機不備)로 시공간적 기습작전을 수행하는 개념이다. 기만과 기습작전을 위해서는 전문 협상팀과 심리전 요원의 지원은 물론 테러범 및 표적의 취약 분야를 원거리에서 분석할 수 있는 첨단 장비가 필요하다. 동시에 테러범이 전혀 예상치 못하는 작전 방법의 적용과 기만책을 동시에 활용해야 한다. ③ 동시・통합작전은 모든 작전 요소를 동시에 통합함으로써 기습과 기만을 달성할 수 있고, 중심 마비의 효과를 극대화하는 시너지 효과 추구 개념이다. 이를 위해 모든 대테러작전의 대응 수단을 지휘부에서 조정하고, 현장에서 일사불란하게 지휘 통제가 이루어지도록 동시 통합적으로 운용되어야 하고, 대테러작전부대의 작전 유형에 따른 전문 작전요원 및 장비, 물자 등을 종합하여 운용해야 하며, 추가 소요자원의 편제(編制)화(task force 형태) 운용 능력도 요구된다. 아울러 대테러 무력화 작전시 테러 대상과 시민의 안전을 최우선적으로 고려하여 시민의 분리, 대피 및 구출을 위한 작전이 동시에 이루어져야 한다. 이러한 중심 마비를 위한 기만, 기습의 동시・통합작전을 위해서는 국가전략적으로 운용될 수 있는 대테러작전부대가 전제되어야 할 것이다.

넷째, 대테러 사전 경보 체계와 연계된 개인 및 시설 방호 체계의 구축이다. 이를 위해 테러경보 및 전파 체계, 테러 취약성과 테러 위협평가에 대한 신뢰도 확보를 위한 평가 프로그램 개발이 필수적이다. 아울러 이러한 과학적 평가 프로그램으로 생산된 정보에 근거한 방호 체계 구축도 필요하다. 전략시설에 대해서는 통제지역(green zone)과 헤스코(Hesco) 방벽 등을 설치해야 하며, 테러범의 공격 가능성이 높은 시설에 대한 전천후 접근 차단 및 감시 체계 운용이 필요하다. 특히 작전요원의 안전에 대한 위험이 상대적으로 높은 화생방 테러에 대비하여 위험 거리 밖에서 탐지가 가능한 원거리 탐지 장비가 작전의 성패를 결정할 수 있다는 것을 명심해야 한다. 아울러 개인 방호 체계와 예방 백신 확보 등 통합되고 연계된 방호 체계 구축이 필요하다.

다섯째, 적시적인 전투근무 지원과 사후관리 체계이다. 이를 위해서는 소요 인력 및 장비, 물자의 사전 확보 관리 체계, 대테러작전부대의 자원 소요관리 체계 및 중앙 보급 체계, 국제적 및 현장 지원 체계, 기능별 패키지화 지원 체계 등에 대한 구축을 통해 적시적으로 전투근무 지원이 가능하도록 해야 한다. 동시에 테러범 처리를 위한 현장 보존 및 관리, 법적 근거 지원 등을 통해 사후관리가 신속하게 이루어지도록 해야 한다.

제 4 절 대테러작전 전장 기능별 발전을 위한 요구 능력

대테러작전 요구 능력 분석에는 대테러작전 수행시 전장 기능별로 미래 대테러작전부대(국가적 차원에서 조직하는 민・관・군 합동부대)에서 요구되는 능력을 망라했다. 특히 구성과 작전의 주체가 될 육군에 기준을 두고 요구 능력과 이를 구체적으로 충족시킬 수 있는 요구 기준과 충족 조건을 제시했다. 세부 항목별로 요구되는 모든 작전 능력의 제시를 시도했으나 연구 및 발전도 정도에 따라 항목별로 그 구체성에 다소 차이가 있다. 하지만 구체적으로 발전된 분야는 구체적으로, 그렇지 못한 부분은 분야는 발전된 수준으로 현실성에 기초를 두어 기술했다. 특히 전장 기능별 요구 능력에 필요한 표준과 조건을 제시함으로써 명확하게 요구되는 능력을 식별할 수 있도록 했다. 이러한 요구 능력은 전투 발전을 위한 소요에 기초가 될 수 있을 것이다.

1 전장 인식 기능의 구축 방향과 요구 능력

대테러작전에서 전장 인식의 기능이 구현해야 하는 개념은 민・관・군 및 연합・합동 테러 정보 공유 체계 구축이다. 즉, 테러작전 정보 감시 소요를 도출하여 통합적 수집 계획을 수립, 가용한 민・관・군 및 연합・합동 정보 감시 자산과 정보 체계를 동시・통합 운용하여 실시간 정보 공유 및 가시화로 공통 상황 인식과 정보를 보장하는 것이다.

이러한 전장 인식의 기능의 구축 방향은 첫째, 합동성 보장을 위한 테러 정보 수집 능력 및 수집 계획을 통합하는 것이다. 국가・전략・작전・전술적 차원의 정보 요구 수요를 충족할 수 있는 수집 자산의 보유와 소요 첩보의 우선순위를 고려하여 통합적인 수집 계획을 수립하고 상・하급 부대, 전략・작전・전술적 첩보 요구를 통합 관리하며 사용자 중심의 첩보 수집을 위해 작전 개념과 동시 통합된 수집계획을 수립하고 의사결심에 필요한 정보를 제공하는 것이다.

둘째, 다양한 첩보 수집 수단의 통합 운용 및 관리를 해야 한다. 신뢰성 있는 첩보 수집 및 정보 생산을 위해 모든 전장 감시 수단을 통합하여 군별, 제대별로 정찰 및 감시 업무를 체계적으로 분담하고 그 결과를 실시간으로 통합하고 정찰 위성, 유·무인정찰기, 해상 초계기(P-3) 등을 통한 영상정보, 다양한 신호 수집 체계를 활용한 지·해·공중 신호정보, 수중 음향정보 그리고 인간 정보, 계측 및 기호정보, 공개 출처정보, 기술정보, 무인잠수정(Unmanned Underwater Vehicle: UUV) 등의 첩보를 실시간에 통합하여 체계적으로 관리해야 한다.

셋째, 네트워크 중심의 정보 순환 체계 구축으로 전 수집 첩보의 효율적 처리 및 관리와 정보의 원활한 유통을 보장하는 네트워크 구축은 필수적이다. 네트워크 구성은 첩보 수집 자산의 운용으로부터 정보 생산 및 전파, 의사결정자의 전장 상황 인식, 생산된 정보의 체계적 관리에 이르는 전 과정을 처리할 수 있도록 해야 하며 정찰 및 감시 수단 센서와 네트워크를 통해 실시간 첩보 통합 체계를 구축하고 다양한 출처 및 자산으로 수집한 첩보는 전 제대 공유를 통해 실시간 처리 및 분석할 수 있도록 하며, 생산한 정보는 신속히 상황을 인식할 수 있도록 가시화 체계를 구축해야 한다.

넷째, 표적정보 및 관리 체계 구축은 정치, 군사, 경제, 사회, 정보 및 기반 시설(Political, Military, Economic, Social, Information, Infrastructure: PMESII) 체계로 요소에 의한 노드(node)와 복합 체계분석(system of systems analysis) 과정을 통해 필요한 핵심 표적을 선정하고 합동 징후감시표적과 공격표적 정보로 관리하며 합동 징후감시 표적정보 관리는 새로운 표적 식별과 기존 위협 표적 추적 등 적의 도발 및 전쟁 위협에 대한 징후 감시 및 조기경보를 위해 관리하고 공격표적 정보관리는 필요시 타격할 수 있도록 표적정보를 구축하고 타격 후에는 전투 피해 평가를 실시하여 타격 여부를 판단하기 위해 관리한다. 정보, 감시, 정찰(Intelligence, Surveillance and Reconnaissance: ISR) 체계와 표적관리 체계를 연계하여 네트워크를 통해 실시간 정보 공유를 가능하게 함으로써 감지(sensor)-

타격(shooter) 체계를 구성하여 피해평가를 수행할 수 있도록 하는 것이 중요하다.

다섯째, 지속적인 정보 지원 체계 보장으로 모든 출처 정보를 생산하여 효과 중심 작전(Effects Based Operations: EBO) 정보 지원을 구현하고 인가된 모든 사용자와 적시 적소에 정보를 공유하고 적 정보 체계에 해킹 및 바이러스 침투 등으로 마비 및 파괴를 예방하고, 우군 정보 체계는 보호하는 사이버전 수행을 준비해야 한다.

1) 모든 출처 첩보 수집 및 정보 생산으로 적시적 정보 요구 지원 능력

(1) 다양한 테러 첩보 출처별 수집 관리 체계 구축

공개 출처 정보, 범죄 기록, 정부정보, 지역정보 등을 활용하고, 출처별 독립된 정보를 수집, 기존 정보와 비교하여 종합적으로 판단할 수 있는 능력뿐만 아니라 신뢰도와 속도를 동시에 충족시킬 수 있는 시스템과 전문요원 양성이 필요하다. 이러한 요구 능력 수준을 달성하기 위해서는 출처별 첩보 수집이 가능하도록 평시 협조 체계를 마련하기 위한 법적·제도적 장치(국내 정보기관, 연합사, 해외 무관 등)가 마련되어야 하고, 출처 첩보를 분석하여 장기·중기·단기적 준비 및 조치를 강구할 수 있는 단계별 예보 능력, 즉 모든 출처 첩보를 중앙집중식 정보종합 시스템에 입력하면 축적된 데이터와 처리 절차에 의해 자동적 예보가 가능하거나 테러 모의 준비 단계(첩보 수준), 실행화 징후 단계(정보), 결행 직전 단계로 구분하여 식별할 수 있는 수준이 요구된다.

(2) 획득된 첩보를 자동분석 처리 시스템에 의해 정보화할 수 있는 정보 융합 처리 능력

정보 융합 처리 및 생산된 자료는 테러 예방, 대테러작전 준비 및 수행에 필요한 대테러 지휘관 정보 요구(IR) 요소가 포함될 수 있는 수준이어야 한다.

(3) 테러 예방, 대테러작전 준비 및 실행에 긴요하고 시급한 정보 요구(IR)에 대한 적시적 지원 체계 구축(적시성에는 정확도 및 신뢰의

수준 포함)

테러 관련, 정보 요구(IR) 중 필수 7개 요소는 근 실시간 또는 실시간에 지원할 수 있는 수준이어야 하며, 7개 요소는 테러조직의 편성, 규모, 구성, 동기, 인명 살해 성향, 장비 및 무기, 선호 기법, 지휘 통제 수단·방법 등이 포함되어야 한다.

2) 테러 위협 감시, 대(對)감시와 경보 전파 능력

(1) 테러 위협 전천후 24시간 복합 감시 체계 구축

휴대 또는 기동용 테러물질 위협 탐지 능력, 생화학 무기 및 폭발물 탐지, 테러범 접근 감시 능력, 자동화 감시 경보 시스템, 인적 감시 동시 운용 능력이 구축되어야 한다. 테러 잠재표적에 대한 기상, 주야, 지형 등 제한성에 관계없이 원격지에서 테러범을 관측·식별·추적할 수 있는 수준이 필요하며, 원격지에서 화생방, 폭발장비로부터의 위협을 정확히 파악하고 자동적으로 안전하게 탐지할 수 있는 장비 및 시스템과 운용요원 보유가 필요하다. 예컨대 영상탐지(전천후 영상보안 카메라, X레이 기재), 신호 탐지(이동센서)와 폭발물, 생화학 탐지 장치·인적 감시(경계, 순찰대, 군견) 동시 운용으로 테러물질 및 수단의 종류와 관계없이 24시간 최소 1개 탐지 수단을 작동하여 경보할 수 있는 수준이 요구된다.

(2) 테러범 감시 목적, 의도, 방법을 숙지할 수 있는 대(對)감시(방호·탐지) 체계 구축

테러범은 이동·고정형 감시 수단으로 대상의 방호·경계 능력을 감시하여 취약점을 식별하고, 세부 표적과 공격 수단을 결정하므로 이를 방해·차단하는 능력이 필요하다. 따라서 다양한 대(對)감시 수단을 운용하고 있음을 테러범이 인식할 수 있도록 하여 테러 예방·차단 효과를 낼 수 있는 수준이 강구되어야 한다. 예컨대 위협 거리 접근시 영상·신호경보, 폭발물 및 화생방 물질 위험 반경 내 접근시 혹은 테러물질 소지자 출입시 경보 신호가 울려 테러범이 대감시를 당하고 있음을 인지하도록 하는 경보 시스템 구축 등이 필요하다. 또한 감시 탐지, 감시활동, 테러 감시(체크리스트) 기록 누적분석, 첩보 교환으로 테러 감시 지표를 작성하여 보고하고, 이를 공개하여 테러범이 스스로 대응활동이 엄격하게 이루어지고 있음을 인지하도록 해야 한다. 테러 감시 지표 보고를 공개하고, 감시활동 증가에도 불구하고 테러 감시 지표가 계속 증가할 경우에는 상급 및 관련 기관에 보고·통보하여 필요한 조치를 신속하게 취할 수 있는 체계가 마련되어야 한다.

(3) 테러 위협에 직면한 관련 기관 및 제대, 표적 대상, 영향 지역의 위협 수준과 조치 사항을 명령 및 권한 계통으로 전파·공유하는 능력

정보 체계, 지휘통제 체계 그리고 타격 체계가 연계된 초고속 광역화, 대용량의 통합된 네트워크 체계가 구축되어야 한다. 이를 위해 동시 전파와 소요 부대 및 부서의 요구에 따라 구분된 내용을 자동으로 전파하는 시스템 구비와 종합 상황도에 실시간 정보 내용을 요구 형태로 전시할 수 있는 수준(문자, 동영상, 음향, 기타 등), 위성 및 휴대폰 등의 활용이 가능한 체계가 유지되어야 한다.

3) 테러 현장의 상황 실시간 가시화 및 정보 판단 지원 능력

(1) 테러 현장 실시간 보고 및 가시화 체계 구축

테러 현장 가시화 체계로부터 위협을 분석하여 현 상황, 예상 행동 양상, 요구 사항, 인질 억류 및 구금 상태, 무력 진압작전의 위험 정도, 외부 지원 가능성을 분석할 수 있도록 정보 판단자료가 제공되어야 한다. 이를 위해서는 다양한 정보 감지·수집 체계로부터 획득된 테러 현장 상황을 실시간에 사진·동영상·문자를 통해 보고받고 전파 부서 혹은 부대에 공동 작전 상황도(COP) 형식으로 시현할 수 있는 수준이 필요하다. 이때 최소 제공 정보 수준은 ① 테러범 수, 무기, 요구 사항, 지원 세력, ② 저항 상태, 특정 시간대 행동 징후, ③ 단전, 단수, 통신망 차단시 인질에 미칠 영향, ④ 무력 진압 작전시 테러범의 저항 강도와 인질 안전의 영향 요소가 포함될 수 있는 수준이어야 한다.

(2) 대테러작전 수행 방안 결심 정보 지원 체계 구축

대테러작전 개시 전, 작전 실시간 및 기만활동 등에 활용할 수 있는 테러범의 상태, 군기와 지도자의 통솔력 수준을 판단할 수 있는 정보 지원이 가능해야 한다. 따라서 테러범의 요구 사항 변화 식별, 상호간의 대화 도청, 내부 소음, 행동의 특성, 지휘 통제 정도 등 강약점을 식별하여 이용 가능한 취약점을 분석할 수 있는 정보 제공 능력과 수준이 요구된다.

(3) 테러 현장 지역을 복합 체계로 분석하여 대테러작전 방안 결심을 지원하는 체계 구축

테러 현장 상황과 관련된 정보를 분석하여 대테러작전 수단(DIME)별로 필요한 조치와 수준이 식별되도록 DB화 및 시스템이 구축되어야 한다. 예컨대 체계 내부, 각 체계의 강점・약점, 연계성, 노드(node) 등을 종합적으로 분석하여 최선의 작전 방안과 무력화해야 할 핵심 노드를 식별하여 제공할 수 있는 수준이 되어야 한다.

(4) 테러작전지역을 분석하여 작전에 반영

대테러작전부대의 작전이 실시되는 핵심 지역과 대테러 초동 조치 부대의 의해 설치된 내곽 대치 지역, 경계 지역을 구분할 수 있도록 입체 지도 및 사진에 표시하고, 주민, 물자, 시설, 장비, 수송, 통신 등 민간 분야의 특징과 폭파 등으로 인한 작전 저해 요소에 대한 분석표를 만들어 제시해야 한다.

(5) 테러 현장의 기상 및 지형 분석에 작전에 반영

작전을 위한 기상과 지형은 작전 성패에 지대한 영향을 미친다. 따라서 기상 조건이 작전부대 이동, 저격수 및 특수장비 운용, 작전 소요 기간 등 전투 효율성에 미치는 영향을 분석하여 제공해야 하고, 지형 분야는 침투 가능, 제한 혹은 불가 지역에 대한 사항이 분석되고 제공되어야 한다.

4) 테러 사건분석, 종합 분석관리, 위험 및 중요성 평가 능력

(1) 사건분석으로 즉각적인 대응과 사후관리 능력 구비

화학 및 DNA 분석, 사후 공격 모델링과 시뮬레이션 기법을 포함한 첨단

기술 수단을 사용하여 증거를 심사하고, 테러 공격의 유형, 원인, 행위자 또는 범행 장소 등을 종합하여 법적 증거 제시가 가능한 수준의 분석이 요구되며, 테러 공격에 대해 즉각적이고 장기적인 효과를 식별하고 대응할 수 있는 현 테러 사태 분석 능력과 수준이 요구된다. 예컨대 발생된 테러에 대해 나타난 효과, 예상되는 효과를 구분하여 정치・경제・사회・군사・심리적 영향을 분석해 제공할 수 있어야 한다.

(2) 테러 관련 종합 정보분석 및 DB 관리 시스템 구축

수집・분석된 정보를 융합 평가 처리・전파하여 테러 예방・차단, 대테러작전 및 사후관리 능력이 구비되도록 해야 한다. 이를 위해서는 민・관・군의 수집 정보를 통합하여 융합하는 시스템 구성 능력이 구축되어야 한다. 이러한 요구를 충족시키기 위해서는 기관 및 제대별 첩보・정보 자동 입력 관리, 테러 감시와 정보 융합 및 지휘 결심과 타격 체계의 연계, 정보 보안에 대한 대책 등이 강구된 시스템이 필요하다.

(3) 대테러 위협평가 및 중요성 평가 능력

테러범의 위협평가로 사전 대비 능력을 구비해야 하고, 또한 중요성 평가 요소인 중요성, 접근성, 복구성, 취약성, 효과성 및 인식성에 근거하여 위해(危害) 중요성의 등급을 설정하고 대비의 우선순위를 판단할 수 있도록 프로그램을 개발해야 한다.

2 지휘 통제 기능의 구축 방향과 요구 능력

대테러작전에서의 지휘 통제는 신속한 결심을 위한 현장 가시화와 일원화된 지휘 통제를 구축하는 것이다. 즉, 모든 전장 요소를 네트워킹하여 전장 상황을 공유함으로써 '효과 중심의 동시・통합작전'을 보장하여 전투력 상승 효과(synergy effect)를 창출할 수 있는 작전환경을 구축하는 것이다. 정보 감지와 의사결정자, 타격 수단을 효과적으로 연결하여 전장 상황 인식을 공유하고, 빠르고 효과적인 의사결정으로 작전 수행 속도를 증가시켜

적보다 상대적 정보 우위 및 전력 우위 달성을 통해 전투력 상승 효과를 발휘하는 체계로, 물리적 영역(의사결정 지원 체계)뿐만 아니라 인간과 조직에 관한 인식적(지식관리 체계) 영역, 사회적(정보 공유 체계) 영역, 정보(기능별, 수준별 연동) 영역까지 포함하제 영역이 통합된 네트워크 운용환경을 조성하는 것이다.

구축 방향은 첫째, 모든 전장 요소의 네트워킹을 구성하는 것으로 합동 기능별 연동은 전장 인식, 지휘 통제, 전력 운용, 방호, 지속 지원 요소를, 작전 수준별 네트워크의 연동은 전략적 · 작전적 · 전술적 수준의 연동을 구축하는 것이다. 기반 체계 구축은 국방정보화 기본 환경 제공을 위한 인프라 구축으로 정보통신망은 고정 · 기동 통신 체계, 위성 · 공중통신 체계, 전술 데이터링크를 구축하여 유비쿼터스 기반의 정보통신망을 연동 및 통합하고, 컴퓨터 체계는 PC, 서버, 부수장비 및 장비 운용, 소프트웨어 등을, 정보 보호 체계는 정보 보호 관련 장비 및 소프트웨어를, 상호 운용성 기반 체계는 국방정보 체계 표준기술, 공통 운영환경을 구축하고, 데이터 공유 환경, 상호 운용성 평가, 아키텍처 프레임워크(architecture framework) 표준 절차 등을 규정하는 것이다.

네트워크 관리는 정보통신망 관리 및 전문 인원 육성, 기술, 절차를 숙달하여 네트워크 트래픽(traffic) 우선순위를 부여하고, 체계의 성능 저하, 작동 중지, 해킹에 의한 공격 등 네트워크에 미치는 영향을 완화하고 신속한 정보 흐름의 최적화 조치를 한다.

둘째, 전장 상황 공유 체계 구축은 지식관리 체계와 정보 공유 체계로 구분된다. 지식관리 체계는 유통 자료의 수집, 분석, 체계화를 위한 절차 및 기반구조를 구축하여 조직 내 정보 체증 방지 및 원활한 지식 유통을 보장하며, 정보의 선순환으로 조직의 효율성을 증대시키고 생산적 의사결정 지원, 수직적 정보 유통 구조를 수평적 정보 공유 체계로 전환하여 제반 군사지식을 체계적으로 관리 · 공유함으로써 제대별 임무 수행 효율성을 제고할 수 있다. 정보 공유 체계는 지식관리를 통해 생성된 지식을 정보 공유 체계를 통해 공유함으로써 실시간 의사결정을 지원하기 위한 정보 공유 체계를 구축하고, 평시 훈련과 교육을 통해 사용 절차의 숙달이 필요하다.

셋째, 동시·통합작전 지원 체계 구축은 합동 기능별·작전 수준별 합동작전 통제 체계와 의사결정 지원 체계를 연동시켜 동시·통합작전의 수행을 보장하는 것으로 합동작전 통제 체계는 합동 기능별·작전 수준별로 네트워크화된 지휘 통제 체계이며, 합동 기능별 통제 체계는 군사정보 통합관리 체계(Military Intelligence Management System: MIMS), 합동화력 운용 체계(Joint Fire Operating System-Korea: JFOS-K), 중앙방공 관제센터(Master Control and Reporting Center: MCRC), 군수통합 정보체계 등으로 합참 전 기능 부서와 작전사 간 네트워크 구성, 실시간 종합 시현으로 전장 상황 및 효과평가, 의사결정 지원을 위한 정보를 공유한다. 합동 기능별·작전 수준별 합동작전 통제 체계와 의사결정 지원 체계의 수직·수평적 상호 연동성 보장이 필요하다.

1) 테러대책위원회와 연계된 군사 지휘 체계 구축

국가 테러대책 기구의 지침에 따라 예방, 준비, 대응작전을 원만히 수행할 수 있는 법적·제도적 구속력 구비가 필요하다. 군에서는 국가의 대테러정책 심의 결정, 정보통합센터, 예방활동, 테러 발생시 대응 대책과 사후관리 활동에 군 지휘 체계가 접목되어 적시(適時)적이고 효율적인 지휘가 가능하도록 해야 한다. 예컨대 테러대책위-테러정보통합센터-외교부 유관부서, 국방부 상황실-합참 테러사건대책본부-대테러작전부대-정보지원 TF/기무부대-각 군 본부-현지 군부대/기관 -민간 지원 요소-동맹군/현지 정부 등과의 지휘 체계가 구축되어야만 일원화되고 통합된 대테러작전이 가능하다.

2) 군 주도 대테러작전과 지원 대테러작전을 구분하여 지휘 체계 구축

군(軍)이 주도하는 작전과 군이 지원하는 작전의 영역, 작전의 책임, 권한이 구분되어 지휘 체계에 반영되어야 한다. 군 주도 작전시 작전 지휘·통제부대 협조/지원부대에 대한 지휘통신 수단/정보 공유 체계를 동시에 구비하고, 지휘 계통의 단일화·통합화, 통신 체계 통합·연동화도 구비되어야 한다.

3) 방어적 대테러작전 지휘 체계 구축

평시와 테러 발생시를 구분한 일원화된 지휘 체계 구축으로 적시(適時)적이고 일사불란한 지휘 통제가 가능하도록 해야 한다. 따라서 침투 혹은 국지 도발 지휘 체계로 일원화해야 하며, 이를 위해 각 제대에 맞는 역할을 수행할 수 있어야 한다. 즉 합참은 테러정보의 수집, 분석 및 평가, 전파로 테러 취약성을 감소시키고 각 군은 장비·물자 전력화 소요 제기, 예산 편성, 대테러작전을 위한 테러 대비 태세 진단 및 보완, 예하부대는 대테러 취약성 평가분석, 작전지침과 대응 계획을 수립하여 숙달해야 한다. PKO 부대는 합참지침을 준용하되 주둔국과 합의 각서를 체결하고 작전시는 합참의 승인을 받도록 해야 한다.

4) 공세적 대테러작전 지휘 체계 구축

민·관·군, 동맹군 및 외국 정부, 유관 기관 간의 지휘 통제 체계 구축이 필요하다. 즉, 테러대책위원회 결정이 작전부대까지 일원화되고 일관성 있게 유지될 수 있는 지휘 통제 및 지원 체계가 필요하며, 군 외의 작전 요소와 지원 협조 기구 간에 원만히 지휘 통제가 이루어질 수 있도록 지휘 통제 통신 체계, 정보 공유 체계 구비도 필요하다.

5) 테러 현장 기능별 상황을 자동적으로 종합하는 체계 구축

지휘 통제 체계 중심으로 정보 융합, 군수 통합 체계와 연계된 체계 구축이 요구되는 바 각 기능별 체계가 서로 연결되어 실시간에 정보를 상호 확인할 수 있도록 테러 현장 지형, 기상, 민간 요소 등 현장 상황을 입체 영상이나 사진으로 종합하고 확인이 가능한 수준으로 그리고 정확한 테러작전 관련 요소의 위치, 이동 상황에 대한 식별이 가능해야 하며, 대테러작전부대의 현 전투력 그리고 전투근무 지원 사항 등을 실시간에 사용자가 인식할 수 있도록 가시화된 형태로 제공되어야 한다. 아울러 대테러 관련 기관과 부대 간에 테러 상황 정보 공유와 동시에 전파가 가능한 체계가 필요하며, 네트워크화된 다중통신망 구축을 통해 전천후 통신이 보장되어야 한다.

아울러 보안 기능 설치, 감청 및 침입 방지 시스템이 반드시 구비되어야 한다.

6) 대테러작전부대(서)가 테러 현장 상황을 동일하게 인식할 수 있는 체계 구축

대테러작전부대(서) 간에 상호 공유가 가능한 공동작전 상황도(COP)를 유지할 수 있는 수준이 필요하므로 제대별(관련 기관별) 수준에 맞는 공동작전 상황도 유지와 컴퓨터 그래픽, 동영상, 사진 등 현장감을 느낄 수 있는 다양한 영상정보를 전 제대(서)에 동시 전파하고, 대테러작전부대 간 화상회의와 전자우편 소통 체계가 구비되어야 한다.

7) 대테러작전부대장에 의한 테러 현장 정보 주도 능력

적시적절한 지휘관 중요 첩보 요구를 부대장이 직접 결정할 수 있도록 테러 감시·대감시 체계와 테러 정보 종합 체계로부터 수집, 생산된 정보가 부대장에게 적시적으로 전달되는 체계, 즉 공동작전 상황도 현시와 적시적인 첩보 제공과 지휘 결심을 보좌할 수 있는 시스템이 필요하다.

8) 실시간 현장 가시화를 통한 의사결정 체계 구축

지휘관 우선 정보 요구 자동관리 프로그램을 개발하여 신속한 방책 수립과 결심을 지원하는 과학적 모의 체계 개발이 요구된다. 이를 위해서는 지휘관 우선 정보 요구 자동 관리 프로그램 개발과 결심을 지원하는 과학적 모의 체계 및 전장 기능별 네트워크화된 정보 유통 체계가 통합 및 연동 체계 광대역 정보처리 시스템이 확보되어야 한다. 즉, 대용량, 초고속 정보통신 지원 가능 처리 시스템과 감시·탐지-지휘 통제-정밀 타격 체계가 실시간 연동되어야 하며 네트워크에 대한 정보 보호 대책도 동시에 제공되어야 한다.

9) 국외 대테러작전부대장의 지휘 여건 보장

현지 작전부대장이 작전 가용 요소에 대한 원만한 지휘 통제가 유지될 수 있도록 준비되어야 한다. 이를 위해 현지 작전부대, 기동 지원 및 전투 근무 지원부대 간에 원만한 지휘 통신이 가능한 위성통신 등이 구비되고, 동맹군부대와 현지 군부대 및 기관 간의 유무선 통신망 유지가 필요하며, 현지 작전부대장은 합참을 통해 지침 수령 및 제반 작전 요소들의 지휘 통제 및 협조가 가능해야 한다.

10) 전천후 지휘 통제 보장을 위한 네트워크화된 지휘 통제 체계 구축

감시 · 대감시 · 탐지와 결심 · 타격이 통합된 체계, 대용량 및 초고속 정보통신 지원, 네트워크에 대한 보호 대책 강구가 요망된다. 이를 위한 요구 수준은 상하부대(서)-유관 부서와 지휘 통제 협조 체계가 연결되고, 지휘 통제-정보 종합-타격 체계-전투근무 체계 간의 실시간 연동이 가능하고, 각 군과 연합군의 지휘 통신 체계와 상호 운용성이 유지되어야 한다. 아울러 위성통신과 지능형 정보통신망을 포함하여 지휘통신 전용 통신망으로 간단없는 지휘통제(예비통신 확보)가 가능하도록 민간 상용 통신과 TRS망 등과 연동하여 영역 확대 및 융통성이 보장되어야 한다. 그리고 네트워크에 대한 탐지, 해킹, 바이러스 침투, 물리적 파괴 등으로부터 보호가 가능하도록 대상별로 승인된 정보 범위 이외의 인원에 대한 접근 차단 기능이 구비되어야 한다.

11) 지휘통제 장비의 기동성 및 생존성 보장

기동성과 생존성을 보장하는 지휘 차량 및 항공기 확보 등을 통해 지휘 통제 장비 체계의 생존성과 항상성 보장이 강구되어야 한다. 이러한 요구 능력을 위해 주(主) 지휘소와 이동 지휘소, 하차시 간단 없는 지휘 통제 시스템을 위해 하차시 휴대용 지휘 통제 장비 제공, 지휘 차량과 통신망 연결, 다중통신망에 의한 상시 예하부대 지휘 통제가 보장되어야 한다. 그리고 위성통신을 포함한 네트워크화된 다중통신망 제공 및 보호를 위해 자체 검사에 의한 기능 저하 감지, 자동 정비 및 조정 기능, 사용 주파수 탐지 여부를 자동적으로 인식하고 차단하는 기능 등이 필요하다. 한편 소규모 모듈화된 지휘 통제 장비로 융통성 · 기동성이 보장될 수 있어야 한다.

3 전력 운용 기능의 구축 방향과 요구 능력

전력 운용은 대테러작전의 모든 기능과 작전 가용 요소를 네트워크화하여 효과 중심의 동시·통합작전 구현되도록 해야 한다.

1) 독립된 대테러작전 수행 능력 확보

테러 형태별 작전 수행 능력과 작전 병력·장비의 패키지화로 특수임무대(task force) 편제(編制)가 될 수 있는 능력이 확보되어야 한다. 특히 기동·대기동, 화력, 전투근무 지원, 지휘 통제가 유지되고, 즉각적인 출동 능력은 해외를 기준으로 하여 선발대(1일), 본대(2일), 후속 증원(3일) 이내로, 국내는 초동 초치 부대는 한 시간 이내에 출동이 가능해야 하며, 민·관 소요 인력, 장비·물자도 동시에 출동이 가능한 체계가 구비되어야 한다.

2) 국내외 연합·합동작전 능력 확보

대테러 연합 및 합동작전에 소요되는 민·관·군 요소를 통합할 수 있는 능력이 구비되어야 한다. 특히 합동작전이지만 육군이 주도하는 작전이므로 주도적인 전력 소요 및 통합작전 능력을 구비되도록 해야 한다. 특히 원거리 투사 능력과 의사소통, 지휘 통제, 전투근무 지원 능력 유지는 필수적으로 확보되어야 하며, 이를 위해 민·관·군 인력·장비 일괄 동원과 투입 가능 체계가 유지되도록 해야 한다.

3) 원거리 전력 투사에 따른 지휘 통제 범위 확장

테러 현장이 국내외 어디라도 투입되는 부대에 대한 지휘 통제가 가능해야 한다. 특히 국내대책본부와 원활한 소통이 가능하도록 주둔국 대사관과 현장지휘소, 전력 이동 대기지역 등도 지휘 통제 범위 안에 있어야 한다. 이동 간에는 위성통신 전환 운용 체계를 유지하여 지휘 통제의 끊김이 없도록 해야 한다.

4) 진입 통로 개척 및 장애물 및 오염 극복 능력

테러 현장이 지뢰, 오염지역일지라도 여하히 탐지·제거를 통해 정밀 진입할 수 있는 능력이 필요하다. 이를 위해 원거리에서 장애물 설치 여부를 탐지한 후 동영상이나 사진으로 제시할 수 있는 체계가 필요하고, 제시되는 현장의 상황은 장애물 종류, 위치, 범위가 실시간 자동으로 현시될 수 있어야 한다.

5) 은밀·은폐 진입 수단 확보

공중 진입시는 소음 방지 비행체, 수중 진입 시는 은밀 수중 침투 장비 및 수단, 지상 진입시는 기만 및 비노출 접근 수단의 능력이 확보되어야 한다. 여기에 요구되는 수준은 테러범들의 시청각에 노출되지 않는 범위에서 출발하여(최소 500m 이상 이격) 테러 현장까지 접근이 가능하거나, 테러범이 아 진입 여부를 탐지하지 못하게 하여 기습작전이 가능한 수준이 요구된다. 이를 위해 전자·영상·신호 탐지 방해 장비 혹은 물질을 사용하거나, 관측 및 경계 방해를 차단하는 연막, 무인 로봇으로 테러범 감시 수단 무력화 후 접근할 수 있는 능력 등이 필요하다.

6) 연합 화생방물질 위험지역 탐지 능력

생물학적 공격시 냄새를 맡아 병원균을 탐지할 수 있는 소형 튜브와 병, 전자 부속품들을 내장하고 휴대가 가능한 장치나 포켓용 탐지기 등이 필요하다. 아울러 수분 이내 세균 확인이 가능한 실리콘 칩 상자형, 배터리로 작동되는 포켓용 핵산 분석기 등도 활용할 수 있어야 한다.

7) 탐지된 생물학적 공격에 대한 신속한 무력화 및 확산 방지 시스템 구축

탐지와 동시에 중화제 살포 및 무력화시킬 수 있는 장비와 물자 등의 확보, 예컨대 뿌리기만 하면 탄저균이 중화되는 세제, 마시기만 하면 포괄적인 병원균들에 대한 면역이 생기는 에어로졸 백신, 수 킬로미터에 걸쳐 살포된 백신 구름으로부터 사람 및 생물을 보호할 수 있는 작용제 등이 확보되어야 한다.

8) 테러 위협, 작전 제한 장치 제거 및 무력화 능력

로봇, 전자, 방사선, 와류, 폭발물, 운동 에너지, 화학작용제 및 기타 수단을 사용하여 무력화할 수 있는 능력이 확보되어야 한다. 이때는 테러범의 비노출 혹은 노출시에도 대응 시간 미부여, 안전하게 공격 수단을 작동 불능 상태로 전환할 수 있는 능력 수준이어야 한다.

9) 생화학작용제의 중화 장비 확보

생화학무기에 노출될 경우에 대비해서 원거리에서 자동 조정되어 중화제를 살포할 수 있는 로봇이나 무인기 등이 필요하다.

10) 협상 전문가 운용을 통한 테러범과의 협상

협상을 성공적으로 진행할 수 있는 심리학자, 해당 국가 종교 및 언어 능통자 등이 확보되어야 한다. 국가 협상 지침을 은밀하게 수령할 수 있도록 완벽한 통신보안 대책이 구비된 국내외 통신 수단 강구, 협상 진행 중이거나 실패시 즉각적인 군사작전으로 전환할 수 있는 체계가 필요하다.

11) 테러범과 혼재된 상황에서 주민 및 군 식별하는 능력과 테러범을 일시적으로 마비 및 제압·무력화시키는 능력

테러범 주의 전환 및 기만작전 능력과 테러범 비살상 체포 능력, 마비, 무력화 작전 능력이 확보되어야 한다. 이를 위해 주야, 악천후 및 원거리(500m 이상) 등 모든 조건 하에서 인원 및 장비에 대한 식별이 가능한 수단을 확보해야 하며, 특히 테러범의 차장이나 연막 상황에서도 식별 가능한 수준이어야 한다. 그리고 일시적 마비 및 최소 피해 하에서 제압 가능하도록 해야 한다. 이를 위해 국제법상 금지하고 있는 무기·장비, 물질을 사용하지 않되 원거리에서 특정 부위를 마비하거나 무력화 무기와 물질로서 인질 및 주민, 작전병력의 생명에 영향을 미치지 않는 수준의 무기·장비가 확보되어야 한다.

12) 급조폭발물 테러 수단의 무력화 능력 확보

충격식, 압력 해제식, 전기식, 주파수 투사식 등 모든 형태의 IED 기폭장치 인지가 가능한 수준이어야 한다. 식별 후 고출력 주파수 장비를 통한 IED 기폭장비 무능화가 가능한 수단이 요구된다.

13) 비(非)살상 작전 수행 능력

테러범 및 표적 대상의 인명 손실을 최소화할 수 있는 능력이 요구된다. 대테러 작전 시는 비살상 및 인명 손실 최소화를 위한 최소, 최적 목표 선정 및 작전 영향 지역 축소를 위한 창의적 작전 수행이 강구되어야 한다. 아울러 살상 범위 및 수준을 예측하여 피해 확산 방지를 위해 방화벽, 차단 방벽, 대피, 단계적 작전과 심리전, 정밀무기 운용 등을 병행하는 작전이 요구된다.

14) 대인 비(非)살상 무기 체계 운용 능력

테러범에게 제한적 피해를 주는 레이저 무기 운용을 하거나 생리적 기능과 감각기관을 일시적 마비시키는 무기 등이 확보 운용되어야 한다. 예컨대 주파수 및 고주파 음향 장비, 파동으로 생리적 기능 마비나 섬광 혹은 조명, 감각기관 자극제 운용으로 감각기관을 일시적으로 마비시킬 수 있는 장비 등이 필요하다.

15) 기동장비 무력화 무기 체계의 운용

기동장비 무력화 무기 체계는 연소기관을 무능화시키는 연소 억제 무기 체계, 거품, 마찰 방지제, 그물 등 기동 자체를 불가능하게 만드는 것이다. 테러범의 감시 장비 무능화를 위한 방해 연막제 운용과 네트워크화된 체계 혹은 자동화 체계를 무력화할 수 있는 고출력 마이크로파 및 비핵전자기 펄스폭탄(Non-Nuclear Electromagnetic Pulse Bomb) 등을 운용해야 한다. 또한 순간적인 고열에 의한 장비의 부분적인 파괴가 가능한 수단 혹은 장비를 운용하거나 마찰방지제 및 강력한 접착제에 의한 시설 사용을 거부

능력을 갖추어야 한다.

16) 현장지휘본부 통제 하에 협상 및 심리전 요원 활용 능력 확보

테러범의 취약 요소를 식별하여 협상하거나 심리전으로 기만 혹은 기습적인 작전을 할 수 있는 능력 확보도 최소 피해 대테러작전의 필수적인 요소이다. 이때는 전단, 방송, 대면, 인터넷, 기타 상징물 등으로 다양한 심리전 매체를 적시성 있게 활용하여 기만, 공황, 마비, 혼란, 투항 등 행동 변화를 유도해야 한다.

17) 테러 관련 조치에 대한 의지, 진행 사항, 내용 등 신중하고 합리적인 공보를 통해 테러작전 성과 제고, 테러 약화 및 무력화 능력

공보작전은 심리작전과 연계 시스템 구축이 필요하고, 무력 진압작전과 관련한 작전계획, 개시 시간, 대테러부대 관련 정보 공개는 통제되어야 하며, 통합·통제된 공보활동을 위해 주기적 통합 브리핑이 이루어져야 한다.

4 방호 기능에 대한 구축 방향과 요구 능력

테러는 예방과 차단 대책이 강구되어야 한다. 그러나 테러가 발생했을 때는 피해를 최소화시키고, 대테러작전을 수행하는 요원과 테러 대상이 된 중요 시설의 방호도 함께 강구되어야 한다.

1) 위협평가 및 경보 전파 능력

테러위협 분석요소(작전 능력, 의도, 활동, 작전환경)에 의거하여 생산된 위협 수준을 4단계(높음, 상당함, 보통, 낮음)로 구분하여 주(정)기적(최소 월 단위)으로 경보할 수 있는 능력이 확보되어야 한다. 이를 위해서는 신뢰할 만한 특정 표적정보가 획득되면 지휘 계통으로 테러 경보 보고서로 작성 전파되어 사전에 테러 방호 태세를 조정할 수 있어야 하며 전파 대상은 국가, 군사 중요시설, 군부대, 대테러작전부대가 포함되어야 한다.

2) 테러방호 우선순위와 방호자원 결정을 위한 취약성 및 중요성 평가 시스템 구축[24)]

테러에 대비하여 방호 우선순위와 방호자원 결정을 위해서는 취약성 평가와 중요성 평가 프로그램을 개발 운용해야 한다. 취약성 평가는 임무, 상징성, 내력, 접근성, 인식 능력, 인구 및 근접성(Mission, Symbolism, History, Accessibility, Recognizability, Population, and Proximity: MSHARPP) 표적 분석 요소를 표적별로 분석하여 작업 계획표에 계량화된 등급으로 구분할 수 있는 수준이 필요하며, 중요성 평가는 중요성, 영향, 복구 능력, 임무 가능성, 대체성, 수리 능력의 표준화·등급화를 할 수 있는 수준이어야 하며, 등급화된 취약성 평가와 중요성 평가를 종합하여 방호 우선순위와 자산 결정에 지원하는 정량적 판단의 근거를 제공해야 한다.

3) 테러 경보 수신 후 개인 예방 대책을 강구하는 시스템 구축

테러 경보 수신 후 근 실시간 개인 테러 대응 방호 대책(테러 감시 장비 노출 축소, 신속 탐지, 위장 효과, 방탄장비)이 구비되어야 하며, 이때 테러 위협지역과 대상을 영향·관심 지역 및 대상으로 구분하여 우선 방호할 수 있도록 개인 방호 전환 대책을 준비할 수 있어야 한다.

4) 대테러 작전요원의 작전 능력과 생존성 동시 보장 체계 구축

작전요원의 정보 수신·전파, 위협 탐지, 개인 방호 능력 등 작전과 생존성 보장을 동시에 할 수 있는 체계가 필요하다. 즉 정보 수신 및 전파, 위협 탐지는 테러 공격 이전에 자동적이며 안전하게 인식할 수 있어야 하고, 개인 방호를 위해서는 테러 공격 효과를 최소화 혹은 무력화할 수 있는 장비를 확보해야 한다. 예컨대 '대테러작전 병사 체계'를 구축하여 감시, 탐지, 지휘통신, 개인 방호, 타격 체계가 동시에 충족되도록 하는 것이다. 이때 감시·탐지 체계는 주야 감시 겸용 조준경, 정전 후 건물 내부를 감시 관측

24) 취약성 및 중요성 평가 절차에 대해서는 합동참모본부(역), 『대테러작전: 미 합동교범 3-07』(서울: 합동참모본부, 2005), pp. 142-159 참조.

가능한 휴대용 적외선 랜턴(가글과 병행 관측으로 활동성 보장) 등이 구비돼야 하고, 지휘 통신 체계는 경보 수신 겸용 휴대용 무전기능과 실시간 수신이 가능해야 하며, 개인 방호는 돌입용 방탄복, 방탄 방패, 안면 보호 겸한 방탄 헬멧, 귀마개 및 보호 장갑, RP-10 계열 방독면, 은밀・은폐 유지 전투화 등이 필요하다. 그리고 타격 체계는 개인화기(무소음, 비관통탄 사용, 초경량, 소형, 무반동), 섬광 혹은 굉음수류탄(비살상 무력화, 파편이 없는 수류탄) 등이 세트화된 전투병 무기 체계가 요구된다. 대테러작전은 정전, 유무선 통신 두절, 교통 두절, 악천후, 지원 차단 등 극한 상황에서도 작전요원 개개인이 독립적으로 작전을 수행할 수 있어야 한다.

5) 부대 방호 체계 확립과 중요 시설물 방호 능력

테러방호 조건(알파, 브라보, 찰리, 델타)을 충족할 수 있는 부대 및 시설물 방호 능력을 갖추되 방호 조건에 대책 리스트를 작성 및 유지하여 테러위협 증가시 테러 방호 조치가 즉시에 시행될 수 있는 시스템이 구비되어야 한다. 이를 위해 임의 대테러 대책(RAM) 프로그램[25]을 개발 및 운용하여 테러범이 인지할 수 있을 정도로 가시적이고, 일상적 테러경계 활동을 실시하여 테러범을 효과적으로 기만할 수 있어야 한다. 아울러 모든 요원에게 테러 방호에 대한 경각심을 자각할 수 있는 수준의 교육훈련도 필요하다.

6) 화생방 경보 및 보고 체계로 대비 능력 향상

화생방 경보 탐지 및 무력화는 위험 영역 밖에서 이루어질 수 있는 능력이 있어야 한다. 이를 위해서는 연합・합동자산과의 협조를 통해 무인 체계에 의한 원거리 탐지 및 측정 가능한 시스템이 필요하다. 예컨대 무인정찰기(Unmanned Aerial Vehicle: UAV), 로봇 탐지기, 화생방 정찰차, 휴대용 탐지장비 등을 확보하고, 운용할 수 있어야 한다. 적어도 시・공간적

---

25) 임의 대테러 대책(RAM) 프로그램에 대한 구체적인 설명은 합참본부(역), 앞의 책, pp. 200-204 참조.

(500m 이상 이격, 접촉 30초 이전) 위험 영역 밖에서 감지, 탐지 기술로 자동으로 사전 탐지 및 경보가 가능해야 하며, 지역 단위 실시간 자동 전파와 민·관·군 통합경보 체계도 구축되어야 한다.

7) 신속한 해독 및 오염 제독 능력 구축

민·관·군이 통합된 해독 및 오염 제독 능력과 친환경적, 공중·광(廣)지역 제독 체계, 다기능 화학오염 해독 및 체계 등이 구축되어야 하고, 생화학작용 중화 및 예방 약품 확보와 오염원점 확산 방지 능력과 지역 제독 능력도 있어야 한다. 이를 위해서는 작전 병력과 테러 위험 대상 지역의 개인은 임무형 보호 태세(Mission Oriented Protection Posture: MOPP) 적용이 가능한 수준이 필요하고, 인체 제독과 장비 제독을 위한 다기능화된 제독 키트, 화학작용제는 활성탄소 섬유 플라즈마(plasma)와 물리적 파장을 이용한 비부식성, 친환경적 제독, 생물학작용제는 예방 백신 개발, 민·관·군 통합 제독이 구비돼야 한다. 또한 알려지지 않았거나 음해용 독극물 탐지 기술과 백신 및 중화제 개발과 국가 재난관리 정보시스템(National Disaster Management System)과 연계되어 신속히 식별·중화시킬 수 있는 능력도 확보해야 한다.

8) 항공기와 탄도탄 정보·방공 경보 전파/타격 체계 연동 보장

다양한 항공기와 탄도탄 테러 공격으로부터 사전 탐지·경보 전파, 타격이 가능한 체계를 구비하고, 고고도-중고도-저고도-초저고도 공격 탐지, 민·관·군 계통별 경보 전파는 물론, 고도별·지역별 방공 체계 통합도 요구된다.

5 지속 지원 기능의 구축 방향과 요구 능력

1) 웹(web) 기반 대테러작전 군수통합 정보 체계 구축

물자장비정보 및 수송정보 체계 등 통합된 자산관리 보장, 민간자산을 통합 운용할 수 있는 자료 연동 체계가 구축되어야 한다. 이를 위해 유비쿼터스(ubiquitous)된 통신 및 컴퓨터 지원이 가능한 수준이 필요하며, 장소에 제한 없이 제대별 그리고 민관의 소요 물자 보유 현황 조회, 소요 품목 실시간 추적·검색이 가능한 무선 식별 체계(REID)와 바코드(원격 식별: GPS) 시스템의 구축이 필요하다.

2) 연합작전 대비 상호 군수 지원이 가능한 자료 공유 체계 구축

한미 연합 군수협조 기구 운용과 연동 체계 등이 필요하다. 이를 위해 평시 주요 국가 대테러작전부대의 군수물자 운용 파악, 신형 장비 운용 자료 등을 공유하여 자료 축적을 휘한 협조가 가능한 수준이 유지되어야 한다. 따라서 한국의 미보유 장비물자 또는 수송 차량 등 원거리 투사가 곤란한 군수품 및 운용자 지원 협조가 이루어질 수 있도록 해야 한다.

3) 전투근무 지원 요소를 통합한 원 스톱(one-stop) 지원 체계 구축

근무 지원 소요의 세트화·패키지화로 소요 제기 즉시 지원이 가능하도록 하고, 소요 예측을 통한 즉시 지원 가능한 수준과 군수정보 체계와 통합 물류기지 등을 즉각적인 수송 체계와 연계하여 보급 속도를 작전 요구 수준에 부합하는 수준 이상으로 구비해야 하며, 이를 위해 장비·물자 경량화, 첨단 다기능 장비 개발이 필요하다.

4) 간단 없는 장비·물자 운용을 위한 근접 지원 체계 구축

현장 작전 상황 인식(가시화)을 통해 소요 보급 및 장비를 사전에 식별하여 확보하고 즉시 지원 및 정비 지원이 되도록 민·관·군 정비 자산을 통합적으로 운용할 수 있는 다종, 광역 지원 체계가 필요하다. 이를 위해 대테러군수통합 정보 체계를 통해 장비 및 수리 부속 소요에 대한 적기 지원으로 정비 소요 최소화 및 운용 제한을 사전에 제거하고, 자동화 정비장비(무인정비 수단) 운용으로 위험지역 정비 안전성·신속성 보장을 위해 장비 내 예측 정비와 고장 진단 기능이 가능하도록 하며, 정비 수단의 기동성 및 생존성 보장을 위해 장갑 기능을 갖춘 정비 헬기 등이 확보되어야 한다.

5) 테러 관련 전문 인력 통합 인사정보 체계 구축

민・관・군 전문 인력을 통합하여 활용할 수 있어야 하며, 민・관・군 자원관리 네트워크를 형성하여, 분야별로 적합한 대상을 분류한 후 수시관리 및 지원 제공이 가능하도록 법적 및 제도적 보장이 필요하다. 전문자원은 어학자원, 심리학자, 협상 전문가, 정보원, 첨단 장비 운용자, 테러 전문가, 정부기관 관계자, 법률 전문가 등이며, 개인에 대한 종합적인 판단을 통해 전문 분야별 임무 부여 및 주기적인 연습, 훈련, 워 게임(war game)을 실시하여 간접 경험 및 팀워크가 유지되도록 해야 한다.

6) 대테러 작전요원의 적시적 보충 및 예비 인력 확보

전문 인력 식별, 획득, 양성, 보수교육, 운용, 예비 인력의 단계별 추적 관리가 가능한 제도를 도입하고 아웃소싱, 민영화, 동원 운용 개념과 연계하여 효율성과 전문성을 향상시켜야 한다.

7) 거시 및 미시적 협조 체제 구축

대량 살상무기 수출 통제, 테러리즘 근본 요인 제거를 위한 국제적 공헌, 국제 테러 관련 협약 가입 및 지역 협력 체계 구축이 필요하다. 해상 병참선 방호 및 수출입 물자 통제, 동맹국의 대테러 방어 능력을 활용하기 위한 협력이 필요하다. 이를 위해서는 생화학 공격에 대한 새로운 접근이 필요하고(광우병, 조류 인플루엔자 등), 정보전쟁 수행 및 정보 인프라 방호에 대한 공동 접근, 대테러작전에서의 협력 제도화, 수송 위험물질 보호, 고위험시설 혹은 중요 시설의 안전에 대한 공동 접근 등에 대한 검토가 필요하다.

제 4 장 국가안보와 대테러정책

제 1 절 법적 접근

테러를 자행하는 집단이나 세력에 대한 대응에서 중요한 것 중 하나는 테러범들을 예외 없이 법의 정의(正義) 앞에 세우고 심판하는 것이다. 아울러, 테러리즘 혐의자에 감시 추적과 수사를 위해서 관련 법적 장치가 필요하다. 그러나 한국은 아직까지 테러리즘의 위협에 대해 포괄적으로 규제를 위한 단일 법안은 제정되어 있지 않다. 1982년 서울올림픽 개최 결정을 계기로 제정된 '국가 대테러 활동지침'(대통령훈령 제47호)이 그동안 우리나라 대테러 활동의 근간이 돼 왔다. 하지만, 정부기관 간의 역할 분담을 규정한 내부 지침에 불과한 훈령으로는 한 치 앞을 내다볼 수 없는 국제 테러 상황 속에서 범정부 차원의 종합적이고 체계적인 대테러 활동을 기대하기는 어렵다. 9·11테러 이후 나타나고 있는 새로운 형태의 국가안보 위협에 적절하게 대응할 수 없다는 문제가 인식됨에 따라 '테러방지법'의 입법 필요성이 제기됐고, 2002년 월드컵을 앞두고 정부는 '테러방지법(안)'을 국회에 제출했으나 제16대 국회 회기 종료로 자동 폐기된 바 있다.

대(對)테러 업무는 입법, 사법, 행정의 3권에 걸쳐진 업무 영역이며, 테러대응조직에 대한 법적 근거가 없고, 테러리스트에 대한 수사 및 재판 등에 관한 구체적인 제반 절차나 방법에 대한 근거가 없다. 따라서 현행 대테러 활동 지침만으로 테러에 효과적으로 대처할 수 없다. 국내외에서 테러 우려가 현실화되고 있는데도 우리의 테러 대응 체계는 미흡한 측면이 많다. 따라서 차제에 테러의 안전지대가 아닌 우리나라도 '테러방지법'의 제정을 통해 테러 대응 능력을 제고함은 물론 국제사회의 대테러 활동에도 적극적으로 동참하는 계기를 마련해야 할 것이다.

최근 테러의 양상이 전쟁 수준의 가공할 파괴력을 가지면서 세계 각국은 국가 안보 및 위기관리 차원에서 총력 대응 체계를 갖추기 위해 대테러 관련 법규를 제정·보완하고 전담 기구와 기능을 강화하는 추세에 있다. 영국은 지난 1974년 11월 21일 21명이 사망하고, 184명의 부상자가 발생한 버밍엄 선술집(Pub) 폭파사건 직후 1년 단위의 한시법으로 테러방지법(Prevention of Terrorism Act)을 제정했다. 이 법은 한시법으로 제정되었지만, 개정과 연장을 통해 계속적으로 효력을 가지고 있었다. 이 법은 테러 용의자를 최대 7일간 구금할 수 있는 권한을 경찰에게 부여했으며, 항구와 공항에서 테러 용의자를 최초의 7일간, 그리고 내무장관의 허가가 있을 경우 그 이상의 기간도 구금할 수 있도록 했다.[1] 아울러, 영국은 영구입법으로 테러단체들이 영국을 본거지로 삼아 해외에서 테러활동을 벌이는 것을 막기 위한 해외테러금지법을 2001년 2월 19일에 발효시켰다. 이 법률은 영국 내에 거주하는 사람으로 해외에서의 테러활동을 교사한 사람들은 영국 법원에서 재판을 받게 되며, 테러리스트의 개념도 개정, 폭력행위를 자행하겠다고 위협하거나 공공 안전에 심대한 위험이 되는 사람들까지 포함시키도록 확대했으며 이들과 관련한 경찰의 재산 압류 및 체포권을 강화했다.[2] 미국은 9·11 테러사건 이후 1984년에 제정된 국제 테러 규제법(Act to Combat International Terrorism)을 강화한 애국자 법으로 지칭되고 있는 'Uniting and Strengthening America by Providing Appropriate Tools

1) Clive Walker, *The Prevention of Terrorism in British Law*(Manchester: Manchester University Press, 1986); Grant Wardlaw, *Political Terrorism: Theory, Tactics, and Counter-Measures*(London: Cambridge University Press, 1982), pp. 126-130.

2) *The Times*, February 20, 2001; 「연합뉴스」, 2001년 2월 20일(검색일: 2009. 9. 11).

Required to Intercept and Obstruct Terrorism Act of 2001: USA Patriot Act 2001'을 제정했다. 이 법은 테러 혐의가 있는 외국인은 기소 또는 추방 절차 개시에 앞서 최고 7일 동안 구류할 수 있도록 허용하고 있으며, 테러 용의자들이 추적을 피하려고 전화를 바꾸는 경우에 대처할 수 있도록 법원의 영장을 얻어 일괄적인 도청과 인터넷 추적을 허용하고, 정보기관들이 첩보를 공유하는 체계를 갖추며, 재무부가 돈 세탁 혐의가 있는 외국과 은행들에 대해 조치를 취할 수 있도록 규정하고 있다.[3]

일부 시민단체 등에서는 한국의 경우 형법 등 기존 법률의 개정만으로도 테러리즘에 대처할 수 있다고 주장한다. 그러나 관계 법률을 개정한다고 하더라도 대테러 전담조직 설치와 생화학무기 등을 이용한 신종 테러리즘에 대한 대응 체계를 구축할 수 없는 상황이다. 테러리즘으로부터 우리의 안전을 지키기 위해서는 테러방지법을 조속히 제정하여 국가적 차원 대응 체계 구축의 법적 토대를 마련하도록 서둘러야 할 것이다.

아울러 대테러작전의 성격상 후방지역에서 민·관·군이 통합하여 작전을 수행해야 하는 작전환경이기 때문에 통합방위 관련 개념과 적용 영역과 연계하여 법적·제도적 문제를 개선해야 할 것이다. 통합방위법 제2조 1항(정의) "통합방위란 적의 침투·도발 등 비상사태시 가용작전 요소를 통합하여 책임지역을 방위하고 지역 안정을 도모하는 것"으로 정의되어 있는 것을 테러, 자연재해·재난, 사회 혼란 등의 군사 및 비군사적 위협에 대해 모든 방위 요소를 통합하여 책임지역을 방위하고 지역 안정을 도모하는 것"으로 개념이 정립되도록 해야 한다. 아울러 현재 군사적 상황을 전제로 통합 방위 "갑, 을, 병"의 사태를 비군사적 상황인 재난과 테러 등 국가 핵심 기반 분야에 대한 위기 상황 등 두 가지로 구분하여, 지역소방청장과 국정원 지부장 등의 관련 기관장 주체 하에 통합 방위작전을 수행하도록 개정되어야 한다. 이때 위협 대상의 책임기관은 주도적인 통합방위작전 지휘관이 되고, 그 밖에 지원하는 기관은 지원의 관계가 성립되도록 하여 책임과 임무를 세분화하여 예규로 작성하면 될 것이다.

---

3) *The Washington Times*, October 27, 2001.

제 2 절 기술적 접근

1 국가 테러대응 통합관리 시스템 구축

1) 기본 개념

국가 테러대응 통합관리 시스템(Terrorism Response Integrated Management System: TRIMS)은 테러에 대한 대응이 국가의 특정 부처(기관) 혹은 테러의 목표가 되는 기업(기관)의 특정 부처(서)의 문제가 아닌 국가 전체의 문제 혹은 테러의 목표가 되는 기업(기관) 전체의 문제인데 테러 대응 업무를 수행하는 국가 부처(기관) 혹은 기업(기관)의 모든 부처(기관)의 테러 대응 업무를 통합하고, 테러 대응 활동에 필수적인 각종 정보 데이터베이스(DB)를 자체적으로 구축하거나 이미 구축된 데이터베이스를 연동하여 테러에 대한 대응이 효과적으로 이루어지도록 관리하고 조정할 수 있는 테러대응 통합관리 방법에 관한 것이다.

지금까지 테러에 대한 대응은 전 국가 차원의 대응이 요구되는 종합적인 문제임에도 불구하고, 테러 공격 유형에 따라 특정 부처의 책임으로 간주되어 특정 부처 단독 대응으로 일관해 왔다. 그뿐만 아니라 특정 테러 공격 유형에 대한 책임을 지고 있는 부처 내에서도 담당 주무 부서만이 대응에 대한 책임을 지는 테러 대응으로 테러 예방활동은 물론 테러 발생시 위기관리상의 많은 문제점을 노출해 왔다.

현재 한국은 테러에 대한 대응 업무가 공격 유형에 따라 분산되어 있다. 국외에서 발생하는 테러사건은 외교통상부가 담당하고, 국내에서 발생하는 무력 테러는 행정자치부, 해상 테러는 해양수산부, 생화학 테러는 환경부가 대응 업무를 담당하는 등 20여 개 부처에 테러 대응 업무가 분산되어 있다.

국외에서 테러가 발생한다고 하더라도 이는 외교통상부만의 문제가 아닌 테러 대응 업무를 가진 모든 부서의 대응이 요구되는 문제이다. 국외에서 테러사건이 발생하면 정보 당국에서는 테러범에 대한 정보 및 그 테러범이 소속된 테러조직에 대한 정보를 외교통상부 담당자에게 신속하게 제공하거나, 만약 이와 관련한 정보가 없다면 테러범과 테러조직에 대한 실체 정보를 신속히 파악하여 정보를 제공해 주는 활동을 해야 한다. 행정자치부는 국내에서 발생할 수 있는 모든 유형의 테러에 대비하여 주요 시설에 대한 경계를 강화하는 대테러 활동을 전개해야 한다. 건설교통부는 항공기 테러를 포함한 교통 수단에 대한 테러 발생을 사전에 차단할 수 있도록 건설교통부 대테러 활동 절차와 방법에 따라 대테러 활동을 전개해야 한다. 기타 테러 대응 유관 부처들도 개별 부처(기관)의 대테러 활동 절차와 방법에 따라 위기관리에 돌입하여 국가 전체가 테러 대응 체계를 갖추어야 허점 없는 유기적인 테러 대응이 달성된다.

그러나 현행 대응 체계는 특정 테러 상황 혹은 테러 위협이 고조될 경우 특정 책임 부서(기관)만의 대응으로 일관하거나 부서(기관) 간의 유기적인 긴밀한 합동 대응이 이루어지지 못하는 실정에 놓여 있다. 이러한 문제점을 극복하기 위해서는 각 부서(기관)의 테러 대응 절차와 방법에 관한 매뉴얼을 데이터베이스화하고 각 부서(기관) 간의 테러 대응 매뉴얼을 연동하여 각 부서(기관)가 각 대응 단계별로 동시, 순차적으로 현 대응 상황에서 수행해야 할 임무와 절차 그리고 현 대응 단계가 끝나고 다음 단계에서 행해야 할 임무와 절차를 빈틈없이 수행할 수 있도록 해야 한다.

각 대응 단계에서는 각 단계별 대응 절차와 방법뿐만 아니라 동원되는 인적·물적 자원의 배치 역시 데이터베이스화하여 모든 부서(기관)에서 각 단계별로 예측하고 필요시 자원의 보충 및 지원 등이 가능하도록 해야 한다. 동시에 각 대응 단계별 조치 사항이나 진행 상황에 대해서 모든 테러 대응 업무를 수행하는 부서(기관)가 실시간으로 네트워크에 접속, 입력하여 관련 부서가 실시간에 파악함으로써 테러 대응 업무에 활용할 수 있는 시스템이 구축되어야 한다.

테러에 대한 대응활동은 초 단위의 시간을 다투는 경우가 대부분이다. 현행 대응 방법은 전통적인 인쇄식 대응 매뉴얼에 따라 움직이고 있어 많은 한계를 가지고 있으며, 그마저도 테러 대응 유관 부서 간에 각 부서의 대응 방법과 절차, 동원되는 자원 현황, 실시간 정보 공유 등은 사실상 어려운 상황에 놓여 있다.

2) 특성 및 구성 요소

테러대응 통합관리 시스템은 테러 대응 업무를 수행하는 국가 모든 부처 혹은 민간기업의 모든 부서의 테러 대응 방법과 절차를 데이터베이스화하여 실시간으로 대응 상황을 파악하면서 효과적인 위기관리가 가능하도록 하고, 이러한 대응에 부수적으로 필요한 테러 대응 자원정보 DB, 테러조직 및 테러범 정보 DB, 주요 시설 DB, 의사결정 지원 시스템, 기상 DB 등을 연동하여 최적의 테러 대응이 가능하도록 통합하여 관리가 가능하도록 하는 목적을 가지고 있다.

[그림 4-1] 국가 테러대응 통합관리 시스템(TRIMS) 구성 요소

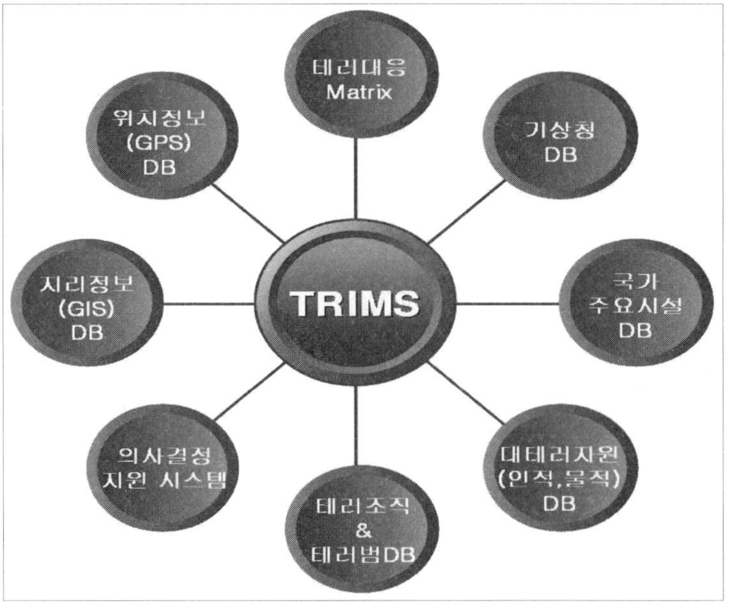

테러 대응 시스템을 구축함으로써 시간을 요하는 테러 대응 업무를 신속하게 할 수 있고 유관 모든 부서(기관)가 통합적이고, 협력적인 총력 테러 대응이 가능하다는 특징을 가지고 있다.

[그림 4-1]은 테러대응 통합관리 시스템(TRIMS)의 핵심 구성 요소들이며, 이들 요소들이 통합적으로 연동되어 최적의 테러 대응환경을 제공할 수 있는 기반이 되며, 컨트롤 타워 역할을 하는 국가 대테러센터(지휘소)에서 개별 부처들이 각각의 임무를 적절하게 수행하고 있도록 조정해 주고, 실시간 대응 조치 상황을 전파하고, 공유할 수 있도록 테러 상황에 대한 종합적인 판단 근거를 제공하는 것이 [그림 4-2]의 통합 DB 관리 화면이다.

[그림 4-2]의 ①은 테러 상황 발생 시 사건의 개요를 일목요연하게 보여주는 테러 사건 개요이며, 이는 사건에 대한 이해로 사건의 심각성, 대응

[그림 4-2] 테러대응 통합관리 시스템(TRIMS) 화면(예)

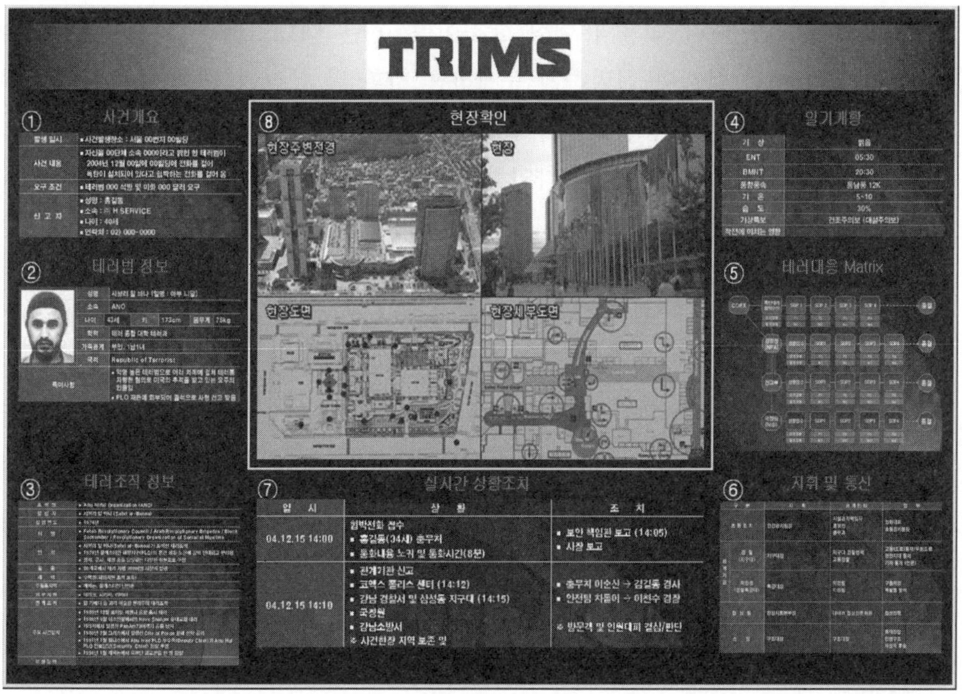

절차와 방법 및 수준을 결정하는 기준이 된다. ②는 테러범 정보로 테러를 자행한 테러범에 대한 구체적인 자료이다. ③은 테러를 자행하는 테러범이 소속된 테러조직에 대한 정보로, 테러조직에 대한 구체적인 정보를 바탕으로 이 조직의 테러 공격 수법, 무장 능력, 협상 가능성 여부 판단, 테러 공격 확대 여부 등을 파악하는 기본 자료로 활용된다. ④는 현재 기상청에서 운용되는 일기 상황에 대한 실시간 정보이며, 기상청 DB를 연동하여 활용한다. 일기 개황은 테러 유형에 따라 테러 공격의 파급 범위를 사전에 예측하고 국민들의 대피 거리, 현장 차량 및 인원 통제의 근거 자료로 활용된다. 생화학 공격시 풍향 및 풍속에 따라 그 피해 범위가 달라지므로 일기 개황에 대한 실시간 정보는 테러 대응에서 중요한 판단 정보로 활용된다. ⑤는 테러 대응에 대한 임무를 수행하는 정부 부서(기관), 공격 대상 목표가 되고 있는 시설의 소유주가 테러 발생 초기부터 평시 상황으로 완전히 전환될 때까지 대응 매뉴얼을 개발하고, 이를 DB화한 것이다. 동시에 각 대응 단계별로 동원되는 인적·물적 자원의 배치 등을 한눈에 파악할 수 있도록 도와 주는 테러 대응의 핵심 요소이다. ⑥은 대테러센터 혹은 지휘본부에서 각 유관 부서와 긴밀하게 유지하는 지휘 및 통신에 관한 실시간 세부 현황 및 향후 지휘 통신에 필요한 사항들이 단계별로 제시된다. ⑦은 테러 대응에 따른 조치 상황이 온라인상으로 실시간 입력되고 저장되는 것으로 대테러센터 혹은 지휘소의 판단 자료로 활용되며, 사건 후 사건 대응의 평가 및 개선, 발전을 위한 평가 자료로 활용된다. ⑧은 지리정보와 위치정보 DB이다.

이들 정보는 독립된 대테러센터 혹은 지휘소에서 사건 지점을 파악하여 교통통제 방안 강구, 인력 동원 등의 판단 자료로 이용되며 주변 현장을 신속하게 파악할 수 있다. 동시에 사건 현장에 대한 사진 자료, 시설물 전체에 대한 도면, 시설물 내부 세부 도면의 실시간에 DB에서 불러와 현장을 신속하게 파악할 수 있다.

3) 테러대응 통합관리 시스템의 적용

테러에 대한 대응은 특정 부서(기관)만의 노력으로 가능한 것이 결코 아니며, 모든 유관 부서(기관)가 유기적이고, 통합적으로 대응할 수 있는 태세를 갖추고 빈틈없이 대응해야 하는데, 이 발명은 현행 테러 대응상에 나타나는 문제점을 해결하여 테러 대응 매뉴얼 통합화, 테러 대응 자원의 효과적 배치 및 관리, 테러 대응에 필요한 테러 자행 주체인 테러조직 및 테러범에 대한 정보의 실시간 공유 및 전파, 대테러 군사작전에 필요한 일기개황 정보, 테러 공격 대상물과 공격 대상물이 위치한 주변 지역 정보 파악에 필요한 GPS 및 GIS 정보, 공격 대상물에 대한 시설 도면의 전산 정보, 테러 대응 상황 단계별 조치 상황 정보를 통합적으로 관리하고, 테러 대응에 필요한 정보의 신속한 흐름을 가능하게 하여 최상의 테러 대응 통합관리가 가능하도록 해준다. 그뿐만 아니라 테러대응 통합관리 시스템의 원리는 모든 재난 및 위기관리에 적용이 가능하여 국가 및 일반 기업 등 민간 차원의 위기관리에도 적용이 가능하여 국가 전체의 위기관리에 기여할 것이다.

2 테러 위험평가 시스템 개발

테러의 발생 시점의 예측은 "신도 알 수 없다"라는 말이 있다. 이 말은 테러의 불예측성을 의미하는 것이다. 그러나 테러 관련 정보의 수집, 분석 및 평가 과정을 통해 테러 발생 가능성의 높고, 낮음은 판단할 수 있다. 테러 위험평가는 테러와 직접적으로 관련된 테러환경, 그리고 테러와 연관된 간접적 환경, 즉 특정 지역 혹은 국가의 정치적 환경, 경제적 환경, 사회적 환경, 그리고 국제 관계적 환경 등을 종합적으로 고려하여 이루어져야 한다. 특히 위험도 평가의 신뢰성을 확보하기 위해서는 과학적 접근이 필요하다. 추상적인 위험도 평가가 아닌 계량화된 평가 시스템 구축이 필요하다.

테러 위험평가는 테러경보 발령의 근거로 활용되는 것이다. 테러 위험 수준에 따라 테러경보를 발령하고, 위험 수준 단계별로 대응책을 시행한다면 테러의 예방과 사후관리가 효과적으로 이루어질 수 있을 것이다. 9·11 미 테러 이후 미국, 영국 등 선진국에서는 테러 위험평가에 따른 테러경보 체계를 마련하여 시행하고 있다. 테러경보 체계를 시행하는 나라별 특성에 따라 4단계에서 9단계까지 다양한 테러경보 단계를 설정해 놓고 있다. 가장 이상적인 테러경보 체계 구축을 위해서는 아래의 몇 가지 사항들이 고려되어야 할 것이다.

첫째, 경보 단계 설정에 관한 것이다. 경보 단계는 지나치게 상세해도, 너무 단순해도 안 된다. 너무 상세하면 단계별 경고에 대한 인식상의 어려움이 예상되며, 그리고 기관별・지역별・국민 개인별 대응에 대한 행동 요령 등에 대한 숙지가 곤란해 혼란을 초래할 수 있다.

둘째, 경보 발령의 근거 혹은 기준의 신뢰성이다. 테러는 단일 원인에 의한 경우도 있지만 대부분 복합적인 요소들이 종합적으로 작용해 발생한다. 그리고 종합적인 정보 순환 과정을 통해 과학적이고 계량화된 기준이 필요하다.

모든 유형의 위험평가는 과학적 근거를 바탕으로 이루어져야 한다. 재난경보의 경우 강수량의 정도, 바람의 세기 등 계량화된 기준으로 위험 수준을 평가하고 경보를 발령한다. 테러 위험평가 역시 과학적 근거를 가지지 못하면 신뢰성을 상실하고 만다. 아프간 인질사건은 테러 위험평가 시스템에 대한 국민들의 불신에서 비롯된 부분이 있었다. 비록 정부에서 아프간을 여행 자제 국가로 지정해 두었지만, 인질 납치를 당한 23명 모두가 정부의 경고를 무시해 버렸다. 심지어는 출국 전에 여행 제한 표시가 되어 있던 게시판 앞에서 기념 촬영을 하기도 했다. 우리 정부에서 여행 자제 국가로 지정한 이유에 대한 과학적이고 구체적인 근거가 부족했으며, 이에 따라 설득력을 가지지 못했다는 것이다. 테러에 대한 위험평가는 구체적인 근거를 가지고 있어야 한다. 특정 국가에 테러조직은 있는지, 있다면 몇 개 조직이나 있는지, 최근 3개월 이내에 테러가 발생한 적이 있는지, 있다면 10명 이상의 사망자가 발생한 테러사건이 있었는지 등 테러 직접 환경에 대한 판단 기준에 따라 위험도 평가가 이루어져야 한다. 위험도 평가 기준에 따라 정기적으로 평가를 하는 것도 중요하다. 그 이유는 시기에 따라 테러 위험도가 변화하기 때문이다.

3 대테러 정보 역량 제고

테러와의 전쟁에서 가장 중요한 것이 정보임은 9·11 미 테러 그리고 7·7 런던 테러를 통해 증명되었다. 9·11 테러사건 이전에 미국의 대테러 정보활동의 핵심은 연방수사국(FBI) 대(對)테러처(Counter Terrorism Department)와 중앙정보국 대테러센터(Counter Terrorism Center)에서 이루어졌다. 그러나 9·11 테러가 정보 수집과 분석 능력의 부족에서 기인했다는 평가에 따라 2003년 5월 테러위협통합센터(Terrorism Threat Integrated Center: TTIC)를 신설했다. TTIC는 가장 포괄적이고 잠재적인 모든 위협상황을 포착하기 위해 국내는 물론 해외로부터 테러 관련 정보를 수집, 분석, 평가하여 그 결과를 대테러 임무를 수행하는 2천여 개의 기관에 제공하는 책임을 맡고 있다. 미국 국토안보부와 테러위협통합센터가 대테러 정보통합을 위해 신설되었지만, 중앙정보부(CIA)와 연방수사국의 대테러 업무가 소멸된 것은 아니고 오히려 강화되었다.

미국의 이러한 대테러 정보활동 능력 강화는 대테러 정보의 중요성에 대한 인식의 결과이다. 한국도 미국의 예에서 교훈을 얻어야 한다. 현재 국정원에서 대테러 정보를 수집, 분석, 배포하고 있지만 예산과 인력의 부족으로 충분한 성과를 거두지 못하고 있는 실정이다. 그 이유는 대테러 활동의 근간이 되는 테러방지법의 지연에서 기인한 바가 크다.

미국 등 선진국에서는 테러리스트 조직과 테러리즘에 대한 각종 정보를 수집하고 과학적으로 분석하기 위한 컴퓨터 시스템을 구축하여 활용하고 있다. 우리도 정보의 수집, 생산 그리고 분석이 효과적으로 이루어지도록 대테러 정보 데이터베이스 구축 등 선진화된 체계를 갖추어야 할 것이다. 아울러, 효과적인 정보 수집과 함께 국제기구 및 주요 우방국 정보기관과의 테러리즘 정보 공유를 위한 국제적 협력도 더욱 강화할 필요가 있다.

제 3 절 제도적 접근

1 국제 테러 신속대응군 창설

지금까지 테러리즘으로부터 고통을 당한 국가가 189개이다. 이는 테러 위험 지역이 어느 한 곳에 국한되지 않고 전 지구적으로 확산되고 있음을 반증하는 것이다. 테러리즘은 적대국 군대끼리의 전투가 아니라 전 지구적 위험과의 싸움으로 바뀌고 있다. 대테러 정책이 국가 전략 차원에서 세계 전략 차원으로 바뀌어야 하는 당위성이 여기에 있다. 테러리즘은 마지막 테러리스트가 체포되는 순간까지 계속될 것이다. 군대는 있지만 적국은 없는 반면에, 위험은 많은데 그것에 대응할 군대는 갖고 있지 못한 것이 지금의 현실이다. 우리가 당면한 새로운 위험 앞에서 전 지구적 방어 시스템을 전면적으로 가동하는 것 외에는 대안이 없다.

테러리즘의 근절은 특정 국가의 노력만으로는 불가능하다. 따라서 국제사회의 이름으로 테러리즘에 대응하는 체계가 절대적으로 필요하다. 이를 위해 유엔 산하에 '국제 테러위기관리 기구'를 만들고, 이 기구에 참여하는 국가의 특수군을 중심으로 대테러 신속대응군을 창설하여 운영하는 것을 적극적으로 검토해 볼 필요가 있다.[4)]

이러한 국제사회의 노력을 통해 테러리즘을 자행하는 세력이나 집단은 반드시 인류와 유엔의 이름으로 심판을 받게 된다는 인식을 심어 줌으로써 테러리즘을 억제하는 효과를 얻을 수 있을 것이다. 대테러 신속대응군은 평시에는 자국에 주둔하고 정기적으로 참가국끼리 연합 합동훈련을 실시하

---

4) 러시아와 CIS 5개국은 2000년 10월에 체결된 '집단안보조약'에 의거하여 지난 8월에 신속배치군을 창설했다. 평상시에는 자국에 주둔하며 유사시 공동으로 출동할 수 있는 태세를 갖추고 있다. 아울러, 모스크바에 러시아와 CIS 5개국 간 합동정보교류협의체인 국제 테러 대책본부 설치를 추진해 완료 단계에 있는 것으로 알려져 있다.

여 유사시 신속하게 소집하여 작전에 돌입하는 태세를 유지하도록 하면 될 것이다. 아울러, 신속대응군은 유엔 평화유지군과 같은 연장선상에서 그 존립 근거를 마련하면 될 것이다. 테러리즘 사건이 발생하면 유엔의 이름으로 대테러 신속대응군을 파견하여 사건의 효과적인 사후관리에 활용함은 물론이고 즉각적인 응징을 통해 국제사회의 정치적 이해에 따른 이견을 잠재울 수도 있을 것이다.

2 국가 대테러 활동 조정기구 상설

미국의 경우 국가안보회의 및 그 산하에 협의 조정단에서 대테러 업무를 총괄해 왔다. 또한 대통령 직속 대(對)테러국(Office for Countering Terrorism)이 상설기구로 설치되어 있었고, 막대한 대테러 예산을 사용하면서도 9·11 테러사건을 사전에 예방하지 못했으며, 사건 처리 과정에서도 부처 간의 긴밀한 협조 체계가 이루어지지 않아 많은 문제점을 드러내고 말았다. 아울러, 9·11 미 테러 직후에 미국 전역에 걸쳐 발생한 탄저균 공격에도 신속하게 대응하지 못해 상하 양원이 일시적으로 폐쇄되는 등 정부의 신뢰를 떨어뜨리는 결과를 초래했다. 이러한 문제점을 극복하기 위해 미국 내 테러 공격 사전 탐지, 예방 및 복구활동 등을 총괄·조정하는 국토안보부(Department of Homeland Security: DHS)를 새로이 창설했다. 미국은 테러가 발생할 경우 종합적으로 상황을 판단, 부처별로 일사불란하게 대응할 수 있는 대테러 통합 조정 체계를 갖추었다.

한국도 형식적으로는 테러 대응 체계를 갖추고 있기는 하지만 문제점이 많다는 지적이 일반적이다.

첫째, 부처별로 대테러 업무가 분산되어 있는 상황에서 실제 테러리즘 사건 발생시 효율적이고 신속한 대응을 기대하는 것은 어렵다는 것이다. 그 이유는 테러리즘 업무를 총괄하고, 조정할 수 있는 권한이 부여된 책임 부서가 존재하지 않기 때문이다.

둘째, 테러대책회의가 상설기구가 아닌 임시적인 성격이 강하다는 것이다. 사건이 임박하거나 실제 발생했을 때 가동되는 테러대책회의는 의미가 없다는 것이다.

셋째, 이러한 대응 체계에 대한 법률적 근거가 없어서 인적·물적 자원상의 어려움이 따른다는 것이다. 이러한 문제점을 극복하기 위해서는 테러방지법의 제정을 통해 주무부서가 결정되고, 대테러 활동에 필요한 자원의 확보 방법 등이 명확하게 규정되어야만 할 것이다.

3 대테러 및 보안 전문가 양성

대테러 활동에서 가장 중요한 것은 전문적인 자질을 갖춘 인적 자원이다. 테러리즘에 대비하기 위해 신형 장비 등이 개발, 배치되면서 '장비만능주의'에 빠지는 경향을 보이고 있다. 첨단 대테러 장비도 중요하지만 무엇보다 중요한 것은 인적 자원이라는 것을 명심해야 한다.

미국과 영국 등에서는 대학원은 물론이고 학부 과정에서도 테러리즘에 대한 교과목이 다양하게 개설되어 깊이 있는 교육이 이루어지고 있다. 이에 따라, 테러리즘을 연구하는 학자와 전문가들이 풍부한 상황이다. 그러나 국내에는 대테러 전문가가 거의 전무한 실정이다. 그 이유는 국책대학에서도 테러리즘에 대한 체계적인 교육이 이루어지지 못해 대테러 전문가 배출이 불가능한 실정이기 때문이다. 따라서 우선적으로 국책대학에 테러리즘 관련 교과목을 다양하게 신설하여 전문 인력을 양성하는 방안을 고려해야 하며, 추가적으로 일반 대학의 경호학과, 경찰행정학과 등 학부 과정은 물론 대학원 과정에 테러 및 대테러 관련 과목을 개설하는 노력이 뒤따라야 할 것이다.

군의 경우 국방대학교는 물론 육군, 해군, 공군대학에 대테러 관련 과목의 개설 및 고위 과정 등을 개설하여 운영하는 것도 적극적으로 검토해야 할 것이다. 아울러, 끊임없이 변화하는 테러리즘에 대응하기 위해서는 테러리즘 전문 연구기관 혹은 학회 등이 만들어져 연구활동을 촉진하고, 그 결과를 정책에 활용할 수 있는 환경이 마련되어야 할 것이다.

4 대테러 안전 정보 제공 및 교육 및 홍보활동 강화

정부의 노력만으로 테러로부터 모든 국민을 보호해 주는 것은 사실상 불가능한 일이다. 모든 인간이 가진 능력이 유한하듯이 정부 역시 제한된 인력과 예산으로 인해 그 능력 역시 유한하기 때문이다. 출국자 1천 1백만 명 시대를 맞이했고, 해외에 진출한 기업체의 수자가 3만 5천여 개이다. 그리고 해외에 거주하는 재외 동포 수도 6백 60만 명에 이른다. 이에 따라 해외에서 우리 국민이 테러에 노출될 가능성이 그 어느 때보다 높아졌다. 이러한 상황에서 정부가 할 수 있는 일은 다양한 대테러 정보를 국민에게 제공하고, 국민들 스스로가 안전 대책을 강구하도록 유도하는 것이다. 테러 다발지역 등 테러 위험 정보는 물론이고 테러 예방을 위해 필요한 대테러 행동 기법은 무엇이며, 테러에 노출되었을 경우 생존 가능성을 높이기 위한 대테러 행동 기법은 무엇인지를 국민에게 교육하고, 홍보하는 일이 절대적으로 중요하다. 대테러 안전정보는 과학적 근거를 바탕으로 신뢰성을 확보하는 것이 무엇보다 중요하다.

현재 우리 정부에서는 국가정보원과 외교통상부에서 해외여행 안전정보를 제공하고 있다. 그러나 이에 대한 홍보가 절대적으로 부족하여 이러한 정보를 제공하고 있다는 사실을 대다수의 국민이 모르고 있다. 안전정보에 대한 국민적 접근이 용이하도록 정부부처의 모든 홈페이지에서 관련 정보 습득이 가능하도록 하는 것도 하나의 방법이 될 것이다.

대테러 행동 기법에 대한 교육은 군이 중추적인 역할을 수행하는 것을 적극적으로 검토해야 할 것이다. 군에서 실시하고 있는 정훈교육 시간을 활용하여 군 장병들에게 테러 예방 기법 및 테러시 위기관리 행동 기법 등을 교육한다면 국가 전체의 대테러 능력 제고에 크게 기여하는 길이 될 것이다. 아울러 예비군 훈련을 통해 전역한 장병들에게 대테러 교육 기회를 제공하는 것도 테러 시대에 군의 역할이 될 것이다.

일반적으로 테러리즘을 자행하는 세력들은 물리적인 폭력으로 공격 목표가 되는 국가의 힘을 제압하거나 정권에 직접적으로 도전하는 것이 아니다. 해당 정부의 과도하고 성급한 테러리즘 대응을 유도하여 무능함을 노출되도록 함으로써 정부의 입장과 당위성을 약화시키고, 정치·경제·사회적 안정을 파괴함으로써 국민들의 정부에 대한 신뢰를 무너뜨리고, 이를 통해 국민의 정부에 대한 정신적·도덕적 지원을 감소시킴으로써 공격의 대상이 되는 정부에 대한 정치적 압력을 가중시키고자 하는 것이다. 이를 통해 사회적 혼란을 야기하여 사회적 붕괴를 유도하고자 한다.[5)]

따라서 테러리즘의 본질에 대한 대국민 교육이 필요하다. 테러리즘은 인류의 공적이며 이상주의가 아닌 명백한 범죄라는 것을 명확하게 알리고, 정부의 확고하고 체계적인 대테러 노력에 대한 적극적인 지지를 이끌어 낼 수 있도록 해야 한다. 왜냐하면 테러리즘의 근절을 위해서는 국민 각자가 테러리즘 방지에 대한 확고한 의지와 정부에 대한 적극적인 지지가 선행되어야 하기 때문이다.

---

5) 최진태, 「테러리즘의 이론과 실제」(서울: 대영문화사, 2006), pp. 156-157.

제 5 장 미래의 대(對)테러작전

제 1 절 군의 대테러작전

군의 테러 대응 개념은 각종 테러 위협에 반대하여 취하는 모든 활동을 의미하며, 일반적인 개념의 테러 대응과 마찬가지로 크게 반테러(anti-terrorism)전과 대테러(counter-terrorism)전으로 나뉜다. 반테러전은 테러 행위에 대비하여 취약점을 줄이는 방어적 수단을 의미하며, 대테러전은 테러를 방지하고, 억제하며, 대응하기 위해 취하는 공세적 수단을 포함하고 있다.

군의 반테러전은 군사시설, 기지, 시설물, 장비 및 요원에 대한 테러 위협에 대응하기 위해 군에서 실시하는 종합적이고 포괄적인 접근을 의미한다. 이 개념은 기획, 자원 할당, 예방 조치, 준비, 경계교육, 훈련 등 테러사고가 발생하기 전에 행하는 모든 내용을 망라하고 있다. 구체적인 내용에는 위협분석, 군사시설 혹은 부대의 위험 상태와 취약점 평가, 위협분석 및 우군 취약점에 근거한 위협평가 작성, 정보보안, 작전보안, 인원보안, 시설보안, 위기관리 기획, 테러사고의 억제 혹은 해결을 위한 전술적 수단의 운용, 대테러 요원에 대한 지속적인 훈련 및 교육 등이 포함된다.

대테러전은 방어적 형태인 반테러 제반 조치에도 불구하고 테러가 발생했을 경우에 테러 현장에서 테러 대응 체계를 통해 협상이나 무력 진압작전을 실시함으로써 테러를 종결하는 일체의 활동이다. 대테러전의 성공 요소에는 적극적인 초동 조치, 협상으로 유리한 작전 여건 조성, 정확한 정보 수집 및 작전 보안활동, 주도면밀한 계획과 준비, 지휘의 단일화 및 임무 분담, 적절한 진압 시기 선택, 적합한 특수장비 사용, 작전요원들의 능력 등이 포함된다.

대테러전의 처리 절차는 초동 조치 부대가 출동하여 현장을 격리 및 차단하는 초동 조치 단계, 현장지휘본부가 편성되고 대테러특공대가 출동하며 테러대책상임위원회의 지침에 따라 무력 진압계획을 구체화하는 계획 단계, 테러 종결을 평화적으로 해결하기 위한 협상 단계, 무력 진압을 실시하여 인질을 구출하고 소개하는 구출 단계로 구분한다. 그러나 초동 조치 단계를 제외하고 거의 동시에 진행된다. 대테러전은 군・경・관・민과 때로는 외국 정부 및 기관 등 다양한 작전 가용 요소가 혼재되어 작전을 실시하므로 긴밀한 협조 및 지휘 통제 체계의 확립이 중요하다. 따라서 지휘 통제 체계 및 절차는 관련 법령이나 방침, 규정이 정하는 절차에 따라 확립되어야 한다.

대테러작전은 국가 테러 대응 체계하에서 수행되는 것이므로 군은 국가 대테러 유관 기관과의 유기적인 정보 공유와 협조 체계를 바탕으로 통합작전 수행이 가능하도록 운용 개념과 수행 체계를 구체적으로 발전시켜야 한다. 이를 위해 대테러 관련 기관과의 협조, 대테러작전 연구 발전, 무기체계 개발에 대한 사항을 통합하고 조정할 수 있는 통합작전 체계를 구축하고, 테러 예방과 진압에 대한 조치 능력을 구비하고, 제대별 운용 개념 정립과 수행 체계 발전, 무기 체계 개발을 위한 제도 및 조직을 평시에 유지해야 할 것이다.

먼저 정부의 테러 대응 체계 내에서 군의 적극적인 역할 수행이 불가피해질 것으로 군의 대테러 담당기관과 유기적인 협조를 할 수 있도록 자체 정보 수단을 운용하여 테러에 관련된 정보 수집 및 관리 능력을 강화하고 실시간(real-time) 전파 체계를 운용해야 하며, 예상되는 위협과 취약 요소를 분석하여 체계적인 관리 체계 및 대응 태세를 유지해야 한다. 또한 군사

〈표 5-1〉 제대별 대테러 운용 개념

구 분	운용 개념
전략 제대	• 대테러 유관 기관과의 정보 공유, 협조 체계 유지 • 대테러 운용 체계 및 지침 발전 • 대테러 작전 요소별 통합, 조정 및 통제 • 대테러 관련 무기, 장비, 물자 개발 • 사이버 테러에 대한 대응 지침 작성, 예방 및 복구 능력 확보
작전술 제대	• 방어적 대테러 작전 수행 개념 발전 • 테러 위협 요소 분류 및 관리 체계 발전 • 대테러 전담부대 운용(폭발물 테러, 화생방 테러 등) • 사이버 테러에 대한 제한된 예방 및 복구 능력 확보
대테러 전담부대	• 대테러 작전부대 운용 • 부대별 대테러 초동 조치 부대 운용 • 사이버 테러에 대한 예방 및 복구 능력 구비
사단급 제대	• 책임지역 내 테러 위협 요소 분류 및 관리 체계 발전 • 테러 예방을 위한 검문 및 검색부대 운용 • 대테러 초동 조치 및 현장 통제를 위한 부대 운용 • 사이버 테러에 대한 예방 및 복구 능력 확보

작전 수행에 대비한 대테러 대응 부대 운용과 장비 및 물자에 대한 사전 준비를 실시해야 한다. <표 5-1>은 통합되고 일원화된 대테러작전을 위해 제대별 준비 소요와 운용 개념을 정리한 것이다.

또한 과학기술의 발전에 따라 검색, 폭발물 처리(explosive ordinance disposal), 화생방 테러 등에 대비한 과학화된 장비 개발 및 획득 등을 추진해야 하며, 효과적인 대테러작전 수행을 위해 필요한 협상요원, 장비 운용, 지원 분야 등 전문요원 양성과 통합작전 수행이 가능한 전담부대와 장비를 확보하여 훈련을 실시해야 할 것이다.

제 2 절 대테러작전 발전을 위한 요구 능력

1 교 리

대테러작전 관련 교리의 발전을 위한 중점은 크게 세 가지로 분류할 수 있다.

첫째, 대테러작전 분석 및 교리 기능 강화이다. 이를 구체적으로 추진하기 위한 방향은 ① 군의 대테러작전 교훈 및 분석 기능 강화(국내외), ② 미래 테러환경 부응 대테러작전 교리 정립 및 발전, ③ 미래 테러환경 및 테러 양상 분석 능력 기반 교리 발전, ④ 육해공 합동 대테러작전 교리 발전,[1] ⑤ 과학화에 부응하는 대테러작전 수행 교리 발전, ⑥ 대테러작전 능력 평가 체계 구축, ⑦ 대테러전 과학적 지원 체계 구축, ⑧ 첨단 대테러작전 장비 도입 및 운용 체계 구축,[2] ⑨ 대테러 관련 기관별 역할과 기능, 협조 체계와 사항, 작전 수행 절차 표준화(SOP), ⑩ 테러의 취약성과 중요성 평가 프로그램 정립 등이 필요하다.

둘째, 군 대테러 기능의 법적 규정적 범위 설정이다. 이를 구체적으로 추진하기 위한 방향은 ① 국가 테러대책위원회에서 군의 실질적인 역할 정립, ② 군의 대테러 작전의 활동 지침서 마련 등이 필요하다.

셋째, 기존 교리의 통합과 정비 발전이다. 이를 구체적으로 추진하기 위해서는 ① 뉴 테러리즘의 환경 속에서 대테러 작전 교리 연구, ② 테러, 침투 도발, 재난 등의 유사 상황과의 식별 교리 정립, ③ 대량 살상무기 사용

---

1) 테러의 양상이 지상, 해상, 항공에서 개별적으로 발생하기도 하지만 복합적으로 발생하고 있으며, 어떤 경우든지 간에 육해공 통합작전이 필요함에 따라 통합 대테러 교리 발전이 필요하다.

2) 테러의 양상이 과학화의 진전에 따라 첨단화됨에 따라 과거의 테러환경 분석을 토대로 한 대테러작전 교리는 무용지물이 되는 경우가 많음에 따라 끊임없이 과학화에 부응하는 수행 교리의 발전이 필요하다.

의 대테러 작전 교리 발전 등이 필요하다.

2 구조 · 편성

구조 · 편성 분야의 중점 사항은 크게 네 가지로 분류할 수 있다.

첫째, 특전사 내에 대테러작전 수행 전담부대의 창설이다. 이를 구체적으로 추진하기 위해서는 ① 해외 파견 대테러 작전부대 지정,[3] ② 헌병, 기무, 정보부대, 특공부대 등 대테러조직 보강, ③ 대량 살상무기 테러 대응부대 능력 보강(화방사, 미사일부대), ④ 단독 대테러작전 수행 능력을 가진 독립 부대 보유, ⑤ 대테러작전 지원 부대 편성, ⑥ 육해공 대테러작전 수행이 가능한 합동 대테러작전 능력 부대[4] 창설 등이다.

둘째, 각급 부대 대테러 협조 기능 및 조직 발전이다. 이를 구체적으로 추진하기 위해서는 ① 국가 대테러 기구 및 유관 기관과의 실질적 협력이 가능하도록 조직의 강화, ② 각급 부대 대테러 협조 기능 및 조직의 발전, ③ 각급 부대 현지 대테러 기능과 협조 기능 보강을 위한 조직 강화 등이 필요하다.

셋째, 연합 및 합동 대테러작전을 위한 통합 협조 지원 체계 구축이다. 이를 구체적으로 추진하기 위해서는 ① 군수 통합 체계 구축, ② 군수 지원을 위한 소요 전력 확보(이동 전개 용이한 유형의 군수 지원 전력 확보), ③ 해외 대테러작전 수행에 필요한 동맹국과의 연합 대테러작전 수행 방안 강구,[5] ④ 연합 대테러작전 수행 능력 발전을 위한 정기적 연합 대테러 훈

---

3) 해외 파견 절차 및 한계 설정이 필요하며, 다국적군, 유엔 평화 유지 임무 등과 연계한 해외 테러 대응 전담부대 지정이 요구된다.

4) 육해공 대테러 임무 부대 통합을 통해 작전환경에 따른 제한을 받지 않고 단독 작전 수행이 가능하도록 육해공 대테러작전 수행 임무부대를 통합하여 대테러작전 인적 · 물적 자원의 중복 운영을 통합하는 것이 효과적일 것이다.

5) 평시 동맹국 혹은 테러 다발지역 국가와의 대테러작전 수행을 위한 양자 혹은 다자간 협약 체결을 통해 유사시 연합 대테러 작전 수행 혹은 지원 체계를 사전에 구축하는 것이 필요하다.

련 실시,[6] ⑤ 해외 대테러작전 수행에 필요한 동맹국과의 연합 대테러작전 지원 확보 방안 강구[7] 등이다.

넷째, 대(對)사이버 테러 전담조직 및 부대 편성 운용이다. 정보화 시대의 산물을 역이용하는 세력이 등장하고 있으며, 정보전의 중요 수단인 사이버 공간의 안전 대책 강구를 위해 적극적으로 검토할 필요가 있다.

3 무기 · 장비 · 물자

무기 · 장비 · 물자 분야에서 대테러 능력 제고를 위해 요구되는 중점 사항은 크게 일곱 가지로 분류할 수 있다.

첫째, 최첨단 대테러 작전 전용 장비 확보이다. 이를 구체적으로 추진하기 위해서는 ① 테러의 과학화에 따른 대테러전 장비의 과학화 · 현대화 필요(사이버, 전자무기, 생물 무기 등),[8] ② 폭발물 자동 탐지 장비 도입(CAT스캔 장비[9]), ③ 주파수 스캔 및 통제 장비[10] ④ 테러범 식별 감시 체계(안면 특성 체계: facial bio-metrics) 도입,[11] ⑤ 스마트 카드(smart

6) 대테러작전 강국과의 연합 훈련을 통해 아군의 대테러 능력 발전 기회로 활용하고, 대테러작전 후진국과의 훈련을 통해 아국의 대테러작전 경험 및 능력 전수를 통해 연합 대테러작전 능력 수준 강화에 기여하는 기회로 활용해야 한다.

7) 대테러작전 수행에 필요한 구체적인 연합 지원 분야는 정보, 제한적 봉쇄, 수송, 군수 분야 등이다.

8) 대테러 장비의 과학화, 현대화가 요구되는 또 다른 분야는 플라스틱 혹은 액체 폭발물 탐지가 가능한 비재래식 폭발물 탐지기 등에 대한 장비의 도입 및 운용도 필요하다. 액체 폭발물을 이용한 영국 항공기에 대한 공중 폭파 기도를 통해 액체 폭발물을 이용한 테러가 현실화되고 있음이 증명되었다.

9) 컴퓨터가 이미지를 기존에 알려진 모든 폭발물의 특성과 대조해 보고, 양성 반응시는 경보음을 울리는 최첨단 방식임, 미연방항공청(FAA)은 샌디아 국립연구소와 함께 여객과 수하물에 대해 분자 수준까지 폭발성 물질을 탐지할 수 있도록 CAT 스캔 장비를 제작, 도입 예정으로 알려져 있다.

10) 강력한 전파로 폭발물을 스캔하여 원격 조종 폭파를 통제하는 장치이다.

11) 소프트웨어가 인간의 얼굴 부위의 측정치를 작성하여 이미 알려진 테러범의 사진이나 비디오 데이트베이스와 대조해서 체크할 수 있는 시스템; 비지오닉스(visionics)로 만든 시스템은 1초에 100만 개의 기록을 체크할 수 있다.

cards) 도입,[12] ⑥ 대테러작전 지원 운용성 강화를 위한 대테러 장비의 표준화 등이다.

둘째, 대테러 정보 중앙집중식 데이터베이스 시스템 구축이다. 대테러 정보에는 ① 테러 현황, 전술, 사건일지 등 테러 일반 데이터베이스, ② 테러 조직 현황, 전략, 무장 현황 등 테러 주체 데이터베이스, ③ 테러 수단 및 대테러 장비 데이터베이스 등이 포함되어야 한다.

셋째, 대테러작전 지원 장비 및 물자 보급, 신장비 획득을 위한 예산 반영[13]이다. 신장비 획득이 필요한 분야는 ① 이동용 테러작전 지원 장비, ② 대테러부대 해외 전개 및 물자 수송 수단(수송용 항공기, 선박) 등이다.

넷째, 대테러작전 장비 연구개발(R&D) 사업 전개가 필요하다. 이를 구체적으로 추진하기 위해서는 ① 미래 대테러전에 필요한 장비 개발 로드맵 작성, ② 대테러 전담부대 내에 대테러 장비 개발 및 연구팀 편성, ③ 민간 대테러 전문회사 등과 연계한 공동 개발사업 전개 등이 필요하다.

다섯째, 네트워크 침입 차단 및 식별 대응 체계 구축이다. 이를 구체적으로 추진하기 위해서는 ① 방어벽 등 침투 방어 및 침투 식별 프로그램 개발, ② 신속한 경보 전파 및 조치 방법 전파 체계 구축, ③ 민관군 협력 및 협조 체계 구축, ④ 신속한 피해 복구 능력 구비 등이 필요하다.

여섯째, 합동 전장 기능의 '개인 작전 체계' 장비 도입이다. 작전요원 개인이 개별적으로 ① 정보, ② 지휘통신, ③ 정밀 타격, ④ 개인 방호, ⑤ 전투근무 지원 등이 가능한 통합된 개인 작전 체계가 필요하다.

일곱째, 대테러작전 상황 실시간 전송 및 의사결정 지원 시스템 구축이다. 테러 현장 감지 그리고 탐지 상황을 가시화하여 현장지휘소 또는 대책본부로 실시간 전송되어 지휘 결심 체계와 연동되는 지원 시스템이 필요하다.

---

12) 디지털화된 지문이나 안면 특성과 같은 정보를 저장하여 신분을 확인; 전자적 조작이 불가하도록 해야 하며 기존의 ID카드보다 많은 저장을 할 수 있도록 마이크로프로세서나 메모리 칩으로 제작하는 것이 요구된다.

13) 대테러 장비 및 물자 부족으로 실질적인 작전 수행에 필요한 능력이 제한되고 있는 것이 현실이다.

4 교육 및 훈련

교육훈련은 대테러 전담부대의 훈련과 유관 기관과의 통합훈련이 중요하다. 그 이유는 어느 기관 단독으로 테러에 대응하는 것은 한계를 가질 수밖에 없기 때문이다. 그리고 테러 예방, 저지 및 차단을 위한 훈련은 초동 조치부대 훈련과 마찬가지로 교리 발전과 연계하여 실시하는 것이 필요하다. 교육훈련의 목적을 극대화하기 위해서는 대테러작전 수행 교리를 적용한 민·관·군 통합 대테러 훈련을 주기적으로 실시하여 교육훈련을 통한 대테러 능력을 배양하고, 테러 위협에 대한 국민적 안보불감증을 제거하는 홍보 및 계도 효과도 거둘 수 있어야 한다.

교육 및 훈련 분야에서 대테러 능력 제고를 위해 요구되는 중점 사항은 크게 세 가지로 요약할 수 있다.

첫째, 대테러 전문 연구 능력의 제고가 필요하다. 이를 위해서는 ① 국방부(국방대학교) 산하 대테러(보안)연구소 설치, ② 대외 연구기관과의 협력 네트워크 구축, ③ 대테러 연구의 결과물을 정책, 전략, 전술 수립에 활용하는 체계 구축 등이 필요하다.

둘째, 대테러 전문가 양성 기반 구축이다. 이를 구체적으로 추진하기 위해서는 ① 육해공 사관학교에 테러에 대한 이해를 촉진하는 교육 과목 개설, ② 국방대학교, 육군대학 등에 대테러 전문가 과정 개설, ③ 국군기무사에 대테러 정보 분석 전문가 과정 개설, ④ 국내(외) 대학원에 대테러 전문가 양성을 위한 위탁교육 활성화, ⑤ 대테러 기능별 전문가 양성(협상, 언어, 심리 분야 등) 등이 필요하다.

셋째, 대테러 부대교육 및 안전행동 기법에 대한 교육 실시가 필요하다. 이를 구체적으로 추진하는 방법과 내용은 병 기본교육 및 간부양성교육 시에 그리고 대테러부대 및 일반부대 교육훈련에 반테러 및 대테러 행동기법[14]에 대한 교육을 포함하는 것이 필요하다.

14) 군 장병 전체를 대상으로 대테러 생존 행동 기법 교육을 통해 테러에 노출되지 않도록

5 시설 방호

테러에 대응하여 시설을 방호(protection)하는 것은 대테러 작전 잠재 능력을 보호하는 데 중점을 두는 것이며, 첫째, 테러범의 공격으로부터 군 기지, 기반 시설 및 병참선을 보하고, 둘째, 군 시설 등에 대한 발견, 타격 및 파괴를 어렵게 하도록 하는 것이 주된 내용이다. 시설을 대상으로 하는 테러에 대한 대테러는 시설과 근무 인력에 대한 취약성을 감소시키는 방어수단을 강구함으로써 이루어져야 한다. 여기에는 군 시설뿐만 아니라 개인안전, 군무원, 위험성이 높은 작전요원, 군 가족 구성원, 정보 및 장비를 방어하는 수단들이 포함되어야 한다.

테러범의 테러 감행 시도는 불규칙적인 평시 대테러작전을 통해 시설경계 태세(installation security posture)를 다양화함으로써 저지할 수 있으며, 여기에는 다양한 순찰로, 경계초소 및 경계 탑에 불규칙한 간격으로 병력의 배치, 차량의 검문 및 수색, 인원 수색, 그리고 정형화되어 있지만 예측할 수 없는 작전 형태로 실시해야 한다. 시설 방호를 위한 대테러 경계는 측방, 병참선, 기지, 기지군 등이 포함되어야 하며, 물리적 경계는 인원을 보호하고, 장비·시설·물자 등에 대한 취약 요소를 제거하는 것이다. 물리적 경계 절차는 군사시설 및 기지에 대한 위협 취약 요소를 결정하고, 기술과 절차를 보호하는 억제·통제 및 거부를 적절히 적용하며, 변화하는 상황에 대비하는 것이 포함된다. 물리적 경계의 구체적인 수단에는 울타리 설치, 강화벽 설치, 사방 격리 공간, 조명장치, 침입 감지센서, 차량 방벽, 접근통제장치 등이 포함되어야 하며, 중복으로 이루어져야 하며 종심으로 전개되어야 한다.

하고, 이러한 노력에도 불구하고 테러에 노출되었을 경우 생존 가능성을 높이는 행동기법을 교육하는 것은 테러 시대에 군이 담당해야 하는 대테러의 시작이며, 군 장병을 대상으로 한 이러한 대테러 교육은 전역 후에 국가 혹은 국민 전체 차원의 대테러 능력 제고의 초석이 될 것이다.

6 간부 계발

임무 수행의 핵심은 간부이다. 대테러작전 수행시에 각급 제대의 지휘관 및 참모가 보유하고 있는 리더로서의 능력은 대테러작전의 성패를 좌우하는 결정적인 요소이다. 지휘관 및 참모는 책임지역 내의 테러 위협을 분석 및 평가하고, 대테러작전 계획 수립, 방호활동인 시설 방호, 인원 보호, 작전보안, 경계 및 경호, 교육훈련 등의 제반 대책을 강구할 수 있는 자질과 능력을 보유해야 한다. 특히 테러대책위원회 혹은 상급 부대로부터 유사시 현장지휘소 설치를 부여받을 경우 모든 작전 요소와 민관의 가용자산을 통합, 운용할 수 있는 전문지식과 능력을 구비해야 한다. 이를 위해서는 간부들의 대테러 능력 제고를 위한 다양한 교육 프로그램들이 개발되고 시행되어야 할 것이다. 특히 육군대학, 국방대학교 등에 대테러작전 전문가 과정 등이 개설되어야 할 것이다. 아울러 해외 위탁교육, 대테러 강국과의 이론, 실무 차원의 교육훈련을 위한 교환 프로그램도 적극적으로 개발하고, 발전시키는 것이 필요하다.

제 3 절 대테러작전의 발전을 위한 제언

전 세계적으로 계속되고 있는 테러사건은 우리가 테러의 시대를 살아가고 있음을 증명하고 있다. 미국에서 발생한 9·11 테러는 테러 위협에 대한 심각성을 인식하게 되는 결정적인 계기가 되었다. 그리고 테러는 일회적이고, 국부적인 위협이 아니라 장기적이며 치명적인 영향을 미치는 전쟁만큼 국가안보를 위협하는 요인으로 간주되고 있다.

미래의 테러는 과거에 선호되는 재래식 테러뿐만 아니라 과학화 시대의 산물이 테러 수단으로 활용되고, 화생방 등 대량 살상무기와 결합되어 불특정 다수를 대상으로 무자비하고 대형 피해를 유발하는 '메가 테러'로 전개될 우려를 낳고 있다. 이와같이 테러의 양상이 점차 변화되고 있는 현실 속에서 미국은 테러집단은 물론 테러집단을 지원하는 세력을 대상으로 강력하게 대응하고 있으며, 국가적 차원의 통합적 대응을 위해 국토안보부(Department of Homeland Security)를 설치하는 등 국가안보적 차원에서 테러 대응을 위한 다각적인 노력을 경주하고 있으며, 대규모 군사력을 동원한 대테러 군사작전도 불사하고 있는 실정이다.

테러가 새로운 위협으로 등장하고 있는 이러한 상황에서 우리도 테러 위협을 분석하고 이에 대한 대책을 강구하는 것이 무엇보다 시급한 과제이며, 화두가 되고 있다. 과거의 테러는 상징성이 높은 특정한 소수 대상자를 상대로 하여 재래식 수단과 방법을 통해 국지적이고 제한된 수준으로 자행되었다. 그러나 미래의 테러는 불특정 다수를 대상으로 무차별적인 대형 테러, 특히 대량 살상무기와 결합된 테러 등이 발생할 수 있으며, 이는 국가안보에 중대한 위협을 미치는 재앙이 될 수 있음을 인식해야 할 것이다.

따라서 국가안보의 핵심적 역할을 수행해야 하는 군은 국가의 테러 대응체계에 따라 각종 테러를 사전에 예방, 저지하고, 테러 발생시에는 이를 조기에 진압, 그 피해를 최소화하기 위한 대테러 작전을 능동적으로 수행할 수 있어야 할 것이다. 테러라는 새로운 위협에 대응하기 위한 유일한 대안은 단순 협박 테러이든 물리적 폭력이 수반되는 실질적인 테러사건이든 완벽하게 대응할 수 있어야 한다는 것이다.

특히 국가안보의 최후 보루인 군(軍)이 테러에 효과적으로 대응하기 위해서는 전통적 군사활동에서 벗어나 전시 이외의 군사활동에 대한 새로운 개념 구축이 필요하다. 미국, 영국, 프랑스 등은 테러 위협이 고조될 경우 군이 적극적인 대테러작전을 전개하고 있다. 새로운 안보 위협으로 등장한 테러와의 전쟁을 제4세대 전쟁으로 규정하고, 이에 대한 준비에 박차를 가하고 있는 것이다. 소극적인 대테러 활동에서 적극적인 대테러 활동으로 전환하고, 국가안보를 위협하는 테러에 적극적으로 나서고 있는 미국·영국 등의 군이 우리에게 던지는 화두가 무엇인지 음미해야 할 때인 것이다.

테러가 빈번해지고 그 양상이 극단화·대규모화되는 추세를 고려할 경우 테러의 예방과 진압을 위한 군의 적극적인 역할 수행은 불가피해질 수밖에 없다. 따라서 군은 국가 대테러 담당기관과의 유기적이고, 체계적인 협조를 근간으로 테러사건이 발생되기 이전에 예방 저지활동에 주력하고 테러사건이 발생된 이후에는 효과적으로 신속하게 진압할 수 있는 대테러작전 수행능력을 발전시켜야 할 것이다.

이를 위해서 군은 첫째, 국가 테러 대응 체계 하에서 미래 대테러작전 수행에 필요한 기능과 역할을 정립함은 물론 대테러작전 교리를 발전시키고, 둘째, 미래 테러에 효과적으로 대응할 수 있도록 대테러작전부대를 편성하는 등 테러 시대에 부응하는 방향으로 부대의 재편 혹은 편성을 서둘러야 할 것이며, 셋째, 테러 수단의 과학화라는 양상에 대응할 수 있도록 과학화된 대테러작전 장비의 개발 및 획득에 주력하고, 넷째, 전문적인 대테러작전 능력을 갖춘 인적 자원 양성을 위한 교육훈련 프로그램의 개발은 물론 간부의 대테러작전 수행에 필요한 리더십 개발에 소홀함이 없어야 하며, 마지막으로 대테러작전 잠재 능력을 보호하는 시설 방호 및 인력 보호 장치를 강구해야 할 것이다.

테러범들은 도덕과 윤리의 문턱을 넘어선 자들이다. 그들에게서 자비를 기대하는 것은 썩은 나무에서 새싹이 돋기를 기대하는 것과 같다. 테러범들은 우리가 테러에 대응할 수 있는 능력을 갖출 때까지 기다려 주지 않는다. "평화를 원하거든 전쟁에 대비하라"라는 말이 있다. 테러에 효과적으로 대응할 수 있는 대테러작전 능력을 갖추는 것은 테러범들로부터 국가를 보위하고 국민의 재산과 생명을 보호하는 미래 군의 사명이며 새로운 과제임을 명심해야 할 것이다.

부 록

<부록 1> 세계의 주요 테러조직

1. 유럽 지역의 테러조직

1) Basque Fatherland and Liberty(ETA)

가. 개요

자유 바스크 조국해방(ETA)은 1959년 스페인 북부지방(Vizcaya, Guipuzcoa, Alava, Navarra)과 남부 프랑스 일부 지방(Labourd, Basse-Navarra, Soule)에서 마르크스 노선을 기반으로 독립국을 건설하기 위해 창설되었다. 스페인 정부의 대대적인 대테러 활동에 의해 2002년에 123명의 요원이 체포된 이래 조직이 급속히 와해되는 상황에 놓여 있다.

나. 활동

ETA는 주로 스페인 정부 관리, 군인과 경찰관, 정치인, 법조인 등에 대한 폭탄테러와 암살 등에 관련되어 있다. ETA는 납치, 절도, 강탈 등을 통해서 활동자금을 마련하고 있다. 이 집단은 1960년 초 본격적인 테러활동을 시작한 이래 800여 명 이상을 살해했으며 수백 명을 부상시켰다.[1] 1999년 11월 ETA는 "일방적이며 무제한적"인 정전을 파기하고 암살과 폭탄테러를 재개하여 2001년 말까지 38명의 민간인을 살해했고 수십 명을 부상시켰다.

다. 세력

구체적으로 명확하게 알려진 바는 없으나, 수백 명의 조직원과 지지자를 가지고 있을 것으로 알려져 있다.

라. 활동 영역 및 근거지

주로 북부 스페인과 남서부 프랑스의 바스크 자치지역에서 활동하고 있으며, 프랑스와 스페인의 이해관계가 걸린 세계 곳곳에서 테러를 자행하고 있다.

마. 외부 지원

ETA는 과거 수차례에 걸쳐 리비아, 레바논, 그리고 니카라과에서 훈련을 받았다. 일부 ETA 요원은 쿠바에 은신하고 있는가 하면, 다른 요원은 기타 남미 국가에 은신처를 마련하

1) US Department of State, *Patterns of Global Terrorism: 2002*(Washington DC: USGPO), p. 105.

고 있는 것으로 알려지고 있다. 활동 자금은 납치와 강도 등을 통해서 자체적으로 마련하고 있다.

바. 가명(假名)

Basque Homeland and Freedom, Euzkadi Ta Askatasuna

사. 주요 테러사건

1968. 8: 산 세바스티안 시 비밀경찰국장 메리톤 만자나스 암살

1973. 12: 마드리드에서 전 수상 블랑코(Carrero Blanco)를 차량 폭탄테러

1988. 11: 마드리드 보안총국에 차량 폭탄테러

1994. 7: 마드리드 시내에서 군 장성 등 3명 암살

2002. 5: 마드리드 축구장 근처에서 UEFA 챔피언 리그 준결승전 직전에 차량 폭탄테러

2005. 9: 스페인 중북부 아논 데 몬까요(Anon de Moncayo) 지역에 위치한 수력발전소에 폭발물 테러

2) Continuity Irish Republican Army(CIRA)

가. 개요

CIRA는 아일랜드의 완전한 통일을 목표로 삼고 북아일랜드 주둔 영국군의 철수를 주창하고 있으며, IRA의 정치단체인 신페인(Sinn Fein: SF)당으로부터 1986년에 분리된 공화신페인당(Republican Sinn Fein: RSF)의 비밀 무장조직으로 1994년에 결성된 분리주의 테러단체이다. 단체명으로 'Continuity'라는 용어를 사용한 것은 영국을 북아일랜드에서 축출한다는 초창기 IRA의 목표를 계속 이어간다는 신념을 의미한다. 이에 따라 CIRA는 Real IRA와 협력적 관계를 유지하고 있는 것으로 알려져 있다.[2)]

나. 활동

CIRA는 폭파, 암살, 납치, 강탈, 그리고 절도 등을 자행해 온 북아일랜드의 접경지역과 북아일랜드 최대 도시인 벨파스트(Belfast)에서 주된 활동을 전개하고 있다. 테러 대상으로는 영국군과 북아일랜드 보안 목표와 북아일랜드 영국 추종 준(準)군사조직이다. CIRA는 정전협정을 준수하고 있지 않으며 무기를 버리는 것은 '반역행위'가 될 것이라고 말하고 있다. 2002년에도 계속해서 폭탄테러 공격을 자행하고 있으며, 벨파스트 경찰학교 폭탄테러 사건,

2) http://www.tkb.org/Group.jsp?groupID=37(검색일: 2008년 2월 18일).

그리고 경찰위원회 위원 소유 농장에 대한 폭탄테러 사건도 CIRA가 자행한 것이었다.

다. 세력

핵심적인 활동가들은 50명 미만이며, 경찰 대테러작전에 의해 세력이 많이 약화되었지만, 적극적인 충원 노력에 따라 조직의 재건에 성공한 것으로 알려져 있다.

라. 활동 영역 및 근거지

북아일랜드, 아일랜드 공화국이 주된 활동지역이다.

마. 외부 지원

미국에 있는 동조자들이 자금과 무기를 제공하는 것으로 추측되며, Real IRA와 협조해서 발칸 국가들로부터 무기와 물자들을 획득하고 있는 것으로 알려져 있다.

3) Kurdistan Workers' Party(PKK)

가. 개요

터키의 쿠르드(Kurd)인으로 구성된 마르크스-레닌주의 좌익단체로 1974년에 설립되었다. 이 집단의 목표는 쿠르드인이 대다수를 차지하는 터키 남동부 지역에 쿠르드 독립국가를 건설하는 것이다.[3] 1990년대 초반에 PKK는 농촌에 기반을 둔 봉기활동을 넘어서서 도시 테러활동으로 확대했다. 1999년 초 터키 당국은 케냐에서 PKK 의장인 오칼란(Abdullah Ocalan)을 체포했다. 터키 국가안보법원(State Security Court)은 그에게 사형을 언도했다.[4] 1999년 8월 오칼란은 '평화 구상(peace initiative)'을 발표하여 대원들에게 폭력을 삼갈 것을 명령하고, 터키 정부와 쿠르드 문제를 대화로 해결하라고 촉구했다. 2000년 1월 PKK 의회는 오칼란의 구상을 지지하고, 터키 내 쿠르드의 권리를 증진한다는 PKK의 새로운 목표를 달성하기 위해 정치적 수단만을 사용할 것이라고 주장했다. 2002년 4월에 이 단체는 이름을 Kurdistan Freedom and Democracy Congress(KADEK)로 바꾸었으며, 비폭력 활동을 통해 쿠르드족 권리를 추구할 것을 천명했다. 그러나 무장조직인 People's Defense Force의 무장 해제는 거부하고 있다.

---

3) CRS Report RL31119, *Terrorism: Near Eastern Groups and State Sponsors, 2002*, by Kenneth Katzman, updated February 13, 2003, p. 27.

4) Ibid.

나. 활동

터키 내 터키 정부 보안군이 일차적인 공격 대상이었다. 1993년도에는 10여 개의 서유럽 도시에 주재한 터키 외교 및 상업 시설물을 공격했으며, 1995년 봄에 공격을 재개했다. 터키의 관광산업에 타격을 주기 위해서 PKK는 1990년대 초반부터 중반에 이르기까지 관광지와 호텔 그리고 외국 관광객을 납치했다.

다. 세력

약 4,000~5,000명으로 이들 대부분은 현재 북부 이라크에 근거지를 두고 있다. 터키와 유럽에 수천 명의 동조자들이 있다.[5)]

라. 활동 영역 및 근거지

터키, 유럽, 중동지역에서 활동하고 있다.

마. 외부 지원

시리아, 이라크, 이란으로부터 도피처와 적절한 수준의 원조를 받고 있다. 시리아 정부는 2000년 9월 터키 정부와 맺은 반테러협약을 일반적으로 지지하면서 PKK를 지원하지 않는다고 선언했다.

바. 가명(假名)

Kurdistan Freedom and Democracy Congress, Freedom and Democracy Congress of Kurdistan, KGK, KADEK , Kongra-Gel

사. 주요 테러사건

1986. 8: 서독 함부르크 주재 터키 영사관 폭파
1991. 12: 바트만 소재 석유회사 유정 폭파
1992. 9: 터키 남부 데레치크 검문소 공격, 36명 사망
1984. 12: 테헤란행 쿠웨이트 항공 221편 납치, 미국인 2명 사망
1994. 5: 이스탄불 마르마라대학 등에 연쇄 폭탄테러 자행
2004. 8: 이스탄불 술탄 아흐멧 광장에 위치한 호텔에 폭탄테러
2004. 9: '메르신 페스티발' 음악 콘서트장에 주차된 경찰 차량에 폭탄 설치, 폭파

5) U.S. Department of State, Op. cit., p. 112.

4) Real IRA

가. 개요

〈설립자 Michael McKevitt〉

1998년 아일랜드공화군(IRA)의 평화 협상 정책 노선에 반대하여 IRA로부터 이탈한 맥케빗(Michael McKevitt)이 중심이 되어 결성된 비밀 무장조직이다. 이 조직의 목표는 북아일랜드에서 영국군을 몰아내고 아일랜드의 완전한 통일을 달성하는 것이다. Real IRA는 1997년 9월 IRA의 정치 결사체인 신페인(Sinn Fein)이 민주주의와 비폭력 원칙을 밝힌 미셸(Mitchell) 선언의 채택을 선언하자, 영국의 지배하에 있는 북아일랜드의 6개주를 포함하여 아일랜드 전체 32개 주에서 영국 군인들을 몰아내기 위한 투쟁을 선언한 것이 결성의 계기가 되었다.6)

나. 활동

폭탄테러, 암살, 강도를 자행해 왔으며, 많은 RIRA 조직원은 IRA가 정전을 선언한 이후 IRA를 탈퇴한 전직 IRA 요원으로 구성되어 있어 테러의 경험과 폭탄 제조 기술 등의 면에서 매우 위험한 조직으로 평가받아 왔다. 테러 대상으로는 북아일랜드의 영국군과 경찰, 그리고 북아일랜드의 개신교 공동사회가 포함되고 있다. RIRA는 29명을 살해하고 220명에게 부상을 입힌 1998년 8월 15일 북아일랜드 오마(Omagh)의 자동차 폭탄테러를 자행했다. 이 조직은 오마사건 이후 비난 여론이 급등하면서 정전(停戰)을 준수하기 시작했으나 2000년과 2001년에 북아일랜드와 영국의 본토의 MI-6 본부, BBC 방송국 등에 대한 테러를 재개했다. 1999년 이후 80여 차례의 테러 공격을 주도한 것으로 알려져 있다. 일련의 테러를 자행한 혐의로 영국과 아일랜드 당국은 2001년에 조직원 40여 명을 체포했으며, 이 중에는 RIRA의 지도자인 맥케빗도 포함되어 있었다. 맥케빗은 2003년에 30년형을 선고받았다.7)

다. 세력

100~200명의 행동대원 외에 IRA의 정전에 대해 불만을 가진 IRA의 강경론자들의 제한된 지원을 받고 있는 것으로 추정된다.

---

6) Monica Anatalio, "In the Spotlight: Real IRA," Center for Defense Information, August 19, 2002, [http://www.cdi.org](검색일: 2004년 5월 3일).

7) http://www.tkb.org/Group.jsp?groupID=91(검색일: 2008년 2월 15일).

라. 활동 영역 및 근거지

북아일랜드, 아일랜드공화국, 영국 등지에서 활동하고 있다.

마. 외부 지원

미국에 있는 동조자들로부터 자금 지원을 받고 있는 것으로 알려지고 있으며, 미국인 무기 거래상뿐만 아니라 발칸 국가들로부터 정밀 첨단무기를 구입하고 아울러 마약 밀거래를 통해 운영 자금의 일부를 조달하는 것으로도 알려져 있다.[8)]

5) Revolutionary Nuclei(RN; formerly ELA)

가. 개요

RN은 광범위한 반체제, 반미국, 반나토(NATO), 반유럽연합(EU)을 주장하는 좌익단체들이 1990년 중반 이후 통합되면서 나타난 조직으로 그리스에서 가장 악명 높은 테러단체로 1970년대부터 그리스의 정치 체제에 정면으로 도전했던 Revolutionary People's Struggle (ELA)을 계승했거나 혹은 분리된 것으로 알려져 있다. 실제로 RN은 ELA의 공백을 메꾸기 위해 나타난 것으로 추정되며, 실제로 RN이 발표한 성명서들을 보면 논리, 논조, 그리고 주제 등에서 ELA의 주장과 많은 유사점을 가지고 있다고 전문가들은 주장한다.[9)]

나. 활동

RN은 1995년 1월 활동을 시작하여, 그리스 내의 미국, 그리스, 그리고 다른 유럽의 목표물을 대상으로 자행된 수차례의 폭탄테러 등이 자신들의 소행이라고 주장하고 있다. 지금까지 RN의 가장 악랄하면서도 치명적인 공격으로는 1999년 4월 그리스 인터콘티넨탈호텔에 대한 폭탄테러이며, 이 테러로 1명의 그리스 여성이 사망하고, 1명의 그리스 남자가 부상했다. RN의 테러 방식은 공격이 임박했음을 전화상으로 경고하고, 초보적인 시한폭탄 장치를 사용하며, 주로 늦은 밤이나 이른 새벽에 공격한다. RN의 미국에 대한 대표적인 테러 공격은 2000년 11월 시티그룹(Citigroup)의 아테네 사무실과 그리스계 미국 조각가 스튜디오 건물에 대한 폭탄테러 사건이었다. 또한 RN은 1999년 12월 아테네 텍사코(Texaco)의 아테네 사무실 외부에서 폭탄을 설치하여 폭파했다. 자국에 대한 공격은 법원과 정부청사 건물, 개인 자동차, NATO와 관련한 방산 거래에 참여한 그리스 업체의 사무실 등을 대상으로 이루어지고 있다. 마찬가지로 RN은 1998년 12월과 2000년 11월에 영국계인 바클레이은행(Barclays Bank)을

---

8) "Terrorism: Questions and Answers: Narcoterrorism," The Council on Foreign Relations and the Markle Foundation, [http://www.cfrterrorism.org/terrorism/narcoterrorism2.html](검색일: 2006년 5월 19일).

9) Theodora Ruhs, "In the Spotlight: The Revolutionary Nuclei," Center for Defense Information, September 2, 2002, [http://www.cdi.org/terrorism](검색일: 2008년 2월 15일).

포함해서 아테네에 있는 유럽의 주요 시설을 공격했다. 설립 후 지금까지 40여 차례의 테러를 자행했으며, 최근에도 간헐적으로 테러를 자행하고 있다.10)

다. 세력

집단의 조직원은 소규모로 알려져 있으며, 그리스 극좌 군인 출신, 무정부주의자 등이 중심 구성원인 것으로 추정된다.

라. 활동 영역 및 근거지

주요 활동 영역은 아테네 지역이다.

마. 외부 지원

구체적으로 외부 지원 세력은 알려진 바 없으며, 자체 자금 조달을 통해서 조직을 유지하고 있다.

6) Revolutionary Organization 17 November(RO-N17)

가. 개요

RO-N17은 급진 좌익집단으로 1975년 조직되었으며, 조직의 명칭은 1973년 11월 군사정권에 저항하여 학생들이 봉기를 시작한 날짜에서 유래했다. 반(反)그리스 체제, 반(反)미, 반(反)터키, 반(反)나토를 주장하면서 미군기지의 축출, 키프로스에서 터키군의 철수, 그리고 그리스와 나토 및 EU와의 관계 단절이라는 조직 목표를 가지고 있다.11)

나. 활동

RO-N17의 초창기 테러 공격은 주로 그리스에 주재하는 외국인 관리 그리고 그리스 저명인사의 암살이 주를 이루었다. 대표적인 사건은 1975년에 발생한 그리스 주재 미국 CIA 지부장 암살사건이었다. 1980년대에는 저급한 수준의 폭탄테러 공격을 주로 사용했으며, 1990년 이후 테러 목표물이 EU시설물과 그리스에 투자하고 있는 외국계 기업으로 확대되었으며, 테러무기도 파괴력이 한층 강화된 로켓 등을 사용하기 시작했다. 가장 최근의 테러로는 2000년 6월 영국 국방무관 손더스(Stephen Saunders)의 살해사건이었다. 2002년에 미국 FBI 그리고

10) http://www.tkb.org/Group.jsp?groupID=100(검색일: 2006년 5월 9일).

11) Anthee Carassava, "Tight Security at N17 Terror Trial," CNN.com/World, March 3, 2003; http://www.tkb.org/Group.jsp?groupID=101(검색일: 2006년 5월 9일).

영국 스코틀랜드 야드(Scotland Yard)의 도움을 받은 그리스 정부가 지도자인 지오토풀러스(Alexandros Giotopoulos)를 포함한 19명의 조직원을 체포했고, 지오토풀러스에 대해서는 종신형을 선고했다.[12)]

다. 세력

구체적으로 알려진 바 없으나, 적게는 20여 정도로 소규모로 추정된다. 특히 2002년에 조직원 다수가 정부 당국에 체포되어 거의 활동이 중단 것으로 파악되고 있다.

라. 활동 영역 및 근거지

주된 활동 근거지는 그리스 아테네이다.

마. 외부 지원

자금 조달은 은행 강탈을 통해서 자체적으로 해결하고 있는 것으로 알려져 있다.

7) Revolutionary People's Liberation Party/Front(RPLP/F)

가. 개요

RPLP/F는 카라타스(Dursun Karatas)에 의해 1978년에 조직되었으며, 터키의 대표적인 좌익조직으로 터키 인민해방 정당-전선(Turkish People's Liberation Party-Front: THKP-C)의 연계 조직이었던 데브림시 욜(Devrimci Yol: Dev Yol)에서 분리되어 데브림시 솔(Devrimci Sol)이라는 이름을 최초에는 사용했다. 1994년 분파 간 대내 투쟁 후 현재 이름 RPLP/F로 개명했다.[13)] 이 조직은 마르크스 사상을 신봉하고, 반(反)미, 반(反)터키, 반(反)나토를 표방하고 있다.[14)]

나. 활동

1980년대 말 이후 전, 현직 터키 보안요원들과 군 인사들을 집중적으로 공격 표적으로 삼았다. 그리고 1990년대 이르러서는 미국 외교관, 군 시설에 대한 공격 등을 자행하기도 했으며, 대표적인 사건은 1990년 2월의 걸프전에 대한 보복 차원에서 국방부 계약자 2명을 살해한 사건, 1990년 3월의 1명의 미 공군 장교 암살사건, 1992년 이스탄불에 있는 미국 영사관에

12) http://www.tkb.org/Group.jsp?groupID=101(검색일: 2006년 5월 9일).
13) 이 단체의 명칭에 사용되고 있는 용어 중에 파티(Party)가 의미하는 것은 이 단체의 정치적 활동을 하는 정치결사체를 의미하며, 프론트(Front)는 군사작전을 의미하는 군사조직의 성격을 나타낸다. 즉 정치군사조직의 의미를 담고 있는 것이다.
14) http://www.tkb.org/Group.jsp?groupID=38(검색일: 2006년 5월 15일).

대해 로켓 공격사건 등이 있다. 1996년 초에는 저명한 터키 사업가를 포함한 수명을 살해했으며, 1999년에는 또다시 이스탄불의 미국 영사관에 대한 대전차 로켓 공격을 기도하기도 했다. 그리고 2001년 1월과 9월에 터키 경찰서를 목표로 최초의 자살테러를 자행했다. 이 사건 직후 터키 경찰의 급습과 체포로 조직원 상당수가 체포되었지만 간헐적인 테러는 계속되고 있다. 지금까지 80여 건의 테러를 자행했다.[15)]

다. 세력

자세히 알려진 바 없다.

라. 활동 영역 및 근거지

주요 활동무대는 터키의 이스탄불이다.

마. 외부 지원

서유럽의 지지자들에게서 일부 헌금 등을 받고 있는 것으로 알려지고는 있지만, 조직 운영을 위한 자금 조달은 주로 무장 강도와 강탈 등을 통해 자체적으로 하고 있는 것으로 알려져 있다.

바. 가명(假名)

Devrimci Sol, Revolutionary Left, Dev Sol, DHKP/C, Revolutionary Way

2. 중동 지역의 테러조직

1) Abu Nidal organization(ANO)

가. 개요

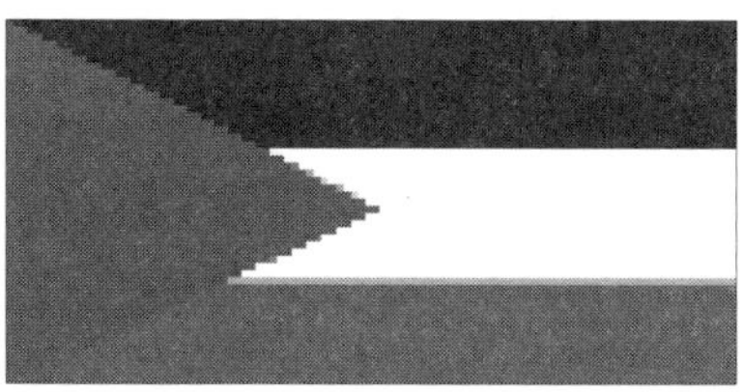

아부 니달은 세계에서 가장 위험한 테러범 중에 한 명으로 악명을 날렸던 사브리 알 바나(Sabri al-Banna)가 조직한 국제 테러조직으로, 1974년 팔레스타인 해방기구(PLO)의 온건 평화 노선에 강력 반대하고 분리되었으며, 정치, 군사, 재정 등을 담당하는 다양한 위원회로 구성되어 있다. ANO의 창설자인 사브리 알 바나는 2002년 8월 바그다드 그의 아파트에서 자살한 것으로 알려지고 있다.[16)]

---

15) Ibid.

16) 사브리 알 바나의 죽음을 둘러싸고 많은 의문점이 있다. 보도에 따르면, 자살한 것으로 알려져 있으나, 머리에 여러 곳에 총격을 받은 점 등으로 미루어 살해되었을 것으로도 추정된다: "Death of a Terrorist," *Jane's Intelligence Review*, Sept. 6, 2002.

나. 활동

ANO는 20여개 국가에서 테러 공격을 자행했으며, 900여 명을 살해했다. 공격 대상으로는 미국, 영국, 프랑스, 이스라엘, 온건 팔레스타인인, PLO, 그리고 여러 온건 아랍국들을 삼고 있다. 주요 테러 공격으로는 1985년 12월 로마와 빈 공항에 대한 테러, 1986년 9월 이스탄불의 샬롬(Neve Shalom) 유대교회에 대한 테러와 카라치에서 판암(Pan Am) 73호 항공기 납치사건, 1988년 7월 그리스 포로스(Poros) 시에서의 유람선에 대한 테러를 들 수 있다. 또한 1991년 1월 튀니스에서 PLO의 부위원장 아부 이야드(Abu Iyad)와 PLO의 경호대장 아부 헐(Abu Hul)을 암살한 혐의를 받고 있다. ANO는 1994년 1월 레바논에서 요르단 외교관을 암살했으며, 그곳에서 PLO 대표의 살해와도 관련이 있다. 1980년 말 이후부터 서방 국가를 대상으로 한 공격은 없었으며, 사브리 알 바나 사망 이후 활동이 거의 없는 상황이다.

다. 세력

소수의 해외 지원조직을 포함하여 수백 명으로 추정되며, 전성기에는 조직원이 400여 명에 달했던 것으로 알려져 있다.

라. 활동 영역 및 근거지

ANO는 1998년 12월 이라크로 조직을 옮겼다. 주된 활동지역은 일부 팔레스타인 난민촌을 포함한 레바논 일대이다. 재정적인 어려움과 내부적인 조직 와해로 ANO의 활동과 능력은 상당히 감소되었다. 리비아와 이집트 당국은 1999년 자국 내에서의 ANO의 활동을 금지시켰다. ANO는 중동, 아시아, 유럽을 포함한 광범위한 지역에 걸쳐 작전을 할 수 있는 능력을 과시해 오고 있다.

마. 외부 지원

ANO는 1987년까지 이라크, 리비아, 시리아로부터 도피처, 훈련 장소, 병참 지원, 재정적인 보조 등을 포함해 막대한 지원을 받았다.

사. 가명(假名)

Fatah Revolutionary Council, Arab Revolutionary Brigades, Black September, Revolutionary Organization of Socialist Muslims

2) Ansar al-Islam

가. 개요

안사르 알 이슬람은 이슬람 원리주의 테러조직으로 이라크 북부 쿠르드족 자치지역을 근거지로 삼고 있다. 이 조직은 쿠르드 지역에서 활동하던 이슬람운동(Islamic Movement of

Kurdistan)이라는 조직에서 분리된 이슬람 병사(Soldiers of Islam)라는 조직과 물라 크레카르(Mullah Krekar)가 이끌었던 조직이 합병되어 2001년 12월에 탄생되었다.[17]

나. 활동

〈설립자 Mullah Krekar〉

이 조직의 결성에는 알카에다가 많은 역할을 했으며, 알카에다가 이 조직에 재정적 지원은 물론 조직원의 훈련을 제공한 것으로 알려지고 있다. 안사르 알 이슬람은 쿠르드 지역에 엄격한 이슬람 율법이 적용되는 국가를 건설하려는 목표를 가지고 있다. 2003년 2월에 이 조직의 요원이 쿠르드 애국동맹의 설립자인 무시르(Shawkat Hajji Mushir)를 암살했으며, 수차례에 걸쳐 쿠르드족 지도자들을 암살하려는 시도를 했다. 현재는 미국과 동맹국의 군대를 이라크에서 몰아내는 것을 단기적인 목표로 내세우고 있으며, 승리 후 이라크 전역에 걸쳐 이슬람 국가를 건설한다는 장기적인 목표를 가지고 있다.

다. 세력

구성원은 500여 명 정도로 알려져 있다.

라. 활동 영역 및 근거지

이라크 북부 쿠르드 자치지역이 주된 활동 근거지이다.

마. 외부 지원

알카에다의 재정적 지원을 받는 것으로 추정된다.

바. 가명(假名)

Supporters of Islam

3) Al-Aqsa Martyrs Brigade

가. 개요

알 아크사 순교여단(Al-Aqsa Martyrs Brigade)은 아라파트가 이끌었던 파타(Fatah) 계열의 소규모 세포조직으로 규모는 잘 알려져 있으며, 2001년에 설립된 것으로 추정된다. 파타 계열은 이스라엘을 공격하기 위한 최근의 민중봉기(intifadah)로 인해서 부각되었다. 이 여단의 목표는 서안지역(West Bank), 가자지구, 예루살렘에서 이스라엘군과 정착민들을 몰아내고 팔레스타인 국가를 건설하는 것이다.

---

17) http://www.tkb.org/Group.jsp?groupID=3501(검색일: 2006년 5월 10일).

나. 활동

알 아크사 순교여단은 이스라엘군과 민간인 그리고 이스라엘에 협력하는 배신자로 지목된 팔레스타인 사람들에 대한 저격과 자살 폭탄 공격작전을 수행해 왔다. 적어도 5명의 미국인이 이러한 공격으로 사망했는데 이 중 4명은 미국과 이스라엘의 이중국적을 소유하고 있었다. 2002년 1월, 이 집단 소속의 여성이 수행한 최초의 자살테러로 세계를 놀라게 했다.[18]

다. 세력

알려진 바 없다.

라. 활동 영역 및 근거지

주된 활동 지역은 서안 지역(West Bank)이며, 이스라엘과 가자지구(Gaza Strip) 내에서도 테러 공격을 자행하고 있는 것으로 알려져 있다.

마. 외부 지원

알려진 바 없다.

4) Asbat al-Ansar

가. 개요

〈지도자 Abu Mohjen〉

아스바트 알 안사르(Asbat al-Ansar)는 레바논이 활동 근거지이며, 주로 팔레스타인인들로 구성된 수니파 극단주의자 집단으로 오사마 빈 라덴(Osama Bin Laden)과 연계를 맺고 있다. 이 집단은 정치적 목적을 달성하기 위해 민간인에 대한 폭력을 정당화하는 이슬람의 극단적인 해석 논리를 따르고 있다. 이들이 달성하려는 목표 중에는 레바논 정부 전복과 레바논에서 반이슬람 영향력을 배격하는 것이 포함되어 있다.

나. 활동

아스바트 알 안사르는 1990년대 초반 결성된 이후 레바논에서 수차례의 테러 공격을 자행했다. 1990년대 중반에는 레바논의 종

18) Matthew Kalman, "Terrorist says orders come from Arafat; Al-Aqsa Martyrs Brigade leader says group is integral to Palestinian chief's Fatah," *USA Today*, March 14, 2002.; Dan Rothem, "In the Spotlight: al-Aqsa Martyrs Brigades," Center for Defense Information, June 10, 2002.

교 지도자들을 암살하고, 나이트클럽, 영화관, 술집 등 민간 다중 이용 시설에 대한 무차별적 폭탄테러를 자행했다. 이 집단은 2000년에 레바논인과 국제적인 목표물에 대해 두 차례의 국제 테러 공격을 자행함으로써 악명을 날렸다. 이 집단은 1999년 12월 말 북부 레바논에서의 분쟁에 관련되어 있으며, 2000년 1월 베이루트의 러시아 대사관에 대한 로켓 추진 총류탄 공격을 감행했다. 이 공격은 체첸반군과의 연계 하에 발생한 사건이었다.[19] 2002년에는 미국 프랜차이즈 식당에 대한 공격과 선교사에 대한 암살 등을 포함하여 미국에 대한 공격을 집중적으로 자행했다.

다. 세력

팔레스타인 난민촌이 있는 레바논에 300여 명 규모인 것으로 알려져 있다.

라. 활동 영역 및 근거지

이 집단의 작전의 일차적인 기지는 남부 레바논의 사이돈(Sidon) 근처에 있는 안 알 힐와(Ayn al-Hilwah) 팔레스타인 난민촌이다.

마. 외부 지원

주로 해외 수니파 극단주의자들 그리고 오사마 빈 라덴의 알카에다를 통해 재정 지원을 받고 있는 것으로 알져져 있다.

바. 가명(假名)

Band of Partisans, League of the Followers, Partisans' League, Usbat al-Ansar

5) HAMAS(Islamic Resistance Movement)

가. 개요

하마스는 이슬람 형제(Muslim Brotherhood)라는 단체의 팔레스타인 지부의 확대로 1987년 성립되었다. 하마스는 이스라엘 땅에서 팔레스타인 국가를 설립하는 것을 목표로 테러리즘을 포함한 정치적 및 폭력적 수단 모두를 사용하고 있다. 하마스는 느슨하게 조직되었으며, 일부 조직원은 비밀스럽게 활동하나 다른 요원들은 사원이나 사회단체에서 공개적으로 인원을 모집하고 재정을 충당하며 선전 구호를 배포하고 있다. 하마스의 활동은 가자지구(Gaza Strip)와 서안지역(West Bank)의 일부 지역에 집중되어 있지만 병원, 고아원, 유치원 등을 운영하면서 팔레스타인 사람들의 대중적인 지지 기반을 확충해 왔다.[20] 하마스는 또한 정치

---

19) "Hundreds Attend Funeral of Palestinian Attacker of Russian Embassy in Beirut," *Associated Press*, January 7, 2000.

20) Khaled Abou Toameh, "Cradle to Grave," *The Jerusalem Post*, Sept. 4, 1997.

적 활동에도 관여하고 있는데 그 예로 서안지역의 상공회의소 선거에 후보자를 출마시키기도 했으며, 2006년에는 팔레스타인 의회 선거에 참여하여 132석 중 76석의 의석을 확보함으로써 정부를 구성하는 데 성공했다.21)

나. 활동

하마스는 이스라엘 시민과 군사 목표물에 대해 대규모 자살폭탄 테러를 포함해 많은 공격을 자행했다. 1990년 초 하마스 행동대는 팔레스타인 자치 수반의 통제를 받고 있는 파타(Fatah) 조직의 지도자와 팔레스타인 협력자들에 대해 테러를 가했으며, 이는 지금까지 계속되고 있다. 2001년 인민봉기 동안 증가된 작전활동은 이스라엘의 이익에 반하는 수많은 공격을 했다고 주장한다. 이 집단은 미국을 목표로 삼지 않았으며, 이스라엘 내부와 점령지에 살고 있는 이스라엘인들에 대한 테러로 목표를 제한하고 있다.22)

다. 세력

핵심 요원들의 수는 알려지지 않았으며, 수만 명의 지지자와 동조자가 있을 것으로 알려져 있다.

라. 활동 영역 및 근거지

주로 서안지역, 가자지구, 그리고 이스라엘에서 활동하고 있다. 1999년 8월 요르단 정부는 암만에 있는 동 단체의 정치국을 폐쇄하고 지도자를 체포했으며, 요르단 내에서 활동하는 것을 금지했다. 일부 지도자들은 시리아, 레바논, 그리고 이란을 포함한 중동지역의 다른 국가에 은거하고 있다.

마. 외부 지원

팔레스타인 망명자, 이란, 사우디아라비아의 개인 기부, 그리고 다른 온건 아랍국가들로 부터 재정 지원을 받고 있다. 일부 자금 조달과 선전 활동은 서유럽과 북미에서도 하고 있다.23)

사. 가명(假名)

Harakat al-Muqawammah al-Islammiyya, Islamic Resistance Movement

---

21) http://www.tkb.org/Group.jsp?groupID=49(검색일: 2006년 5월 9일).

22) U.S. Department of State, *Patterns of Global Terrorism: 2002*, p. 107.

23) CRS Report, RL31119, *Terrorism: Near Eastern Groups and State Sponsors, 2002*, by Kenneth Katzman, updated February 13, 2003; T. Christian Miller, "Near Iraq, Syria Reportedly Still Quietly Backs Militants," *Los Angeles Times*, August 12, 2003.

6) Hizballah(Party of God)

가. 개요

헤즈볼라는 1982년 이스라엘의 레바논 침공에 대한 반발로 창설되었으며, 레바논에 근거지를 둔 이 과격 시아파 집단이다. 이란혁명과 호메이니(Ayatollah Khomeini)의 가르침으로부터 이념적인 영감을 받고 있다.[24] 알 수라(Majlis al-Shura)와 자문위원회(Consultative Council)는 이 집단의 최고 지휘기관이며 하사 나스랄라(Hassah Nasrallah)가 사무총장이며, 모하메드 알 나세르(Abdelkarim Hussein Mohamed Al-Nasser)가 현 지도자로 알려져 있다.[25] 이 집단은 공식적으로 레바논에서의 궁극적인 회교 통치와 예루살렘을 포함한 모든 아랍 점령지역의 해방을 주장하고 있으며, 이스라엘의 제거를 목표로 삼고 있다.[26] 원래 헤즈볼라는 레바논의 기성 정치 체제 내에서 활동하지 않을 것이라고 천명해 왔으나, 1992년 의회의원 선거에 참여하여 12석의 의석을 차지하기도 했다.

나. 활동

헤즈볼라는 1980년대에 일련의 반미 테러사건에 깊숙이 연루된 것으로 알려지고 있다.[27] 대표적인 사건으로는 1983년 4월 베이루트 주재 미대사관, 1983년 10월 베이루트 주둔 미해병대 숙소, 그리고 1984년 9월 베이루트 주재 미대사관 별관에 대한 자살 트럭 폭탄테러를 들 수 있다. 1985년 TWA 847호 항공기의 납치 및 이 과정에서 미 해군 다이버 1명을 살해한 혐의로 이 집단의 3명의 조직원(Imad Mughniyah, Hasan Izz-al-Din, and Ali Atwa)은 FBI의 22명의 테러리스트 긴급 수배자 명단에 포함되었다. 헤즈볼라의 일부 지역대는 레바논 내에서 미국인과 서방인을 인질로 납치하고 감금한 혐의를 받고 있다. 이 집단은 1992년 아르헨티나의 이스라엘 대사관을 공격했고, 1994년 부에노스아이레스에 위치한 이스라엘 문화원에 대한 폭탄테러 혐의도 받고 있다.

---

24) http://www.tkb.org/Group.jsp?groupID=3101(검색일: 2006년 6월 9일).

25) http://www.tkb.org/KeyLeader.jsp?memID=5785(검색일: 2007년 5월 25일).

26) U.S. Department of State, *Patterns of Global Terrorism: 2002*, p. 108.

27) CIA report on Islamic Jihad. Central Intelligence Agency. Issue Date: Oct 4, 1984. Date Declassified: Mar 01, 1987. 6 page(s). Reproduced in *Declassified Documents Reference System*. Farmington Hills, Mich.: Gale Group, 2003; CRS Report RL31119, *Terrorism: Near East Groups and State Sponsors, 2002*, by Kenneth Katzman, updated February 13, 2002.

다. 세력

수천 명의 지지자와 수백 명의 테러 전문가를 거느린 것으로 알려져 있다.

라. 활동 영역 및 근거지

베카 계곡, 베이루트의 남부 교외, 남부 레바논에서 주로 활동한다. 이 집단은 유럽, 아프리카, 남미, 북미, 아시아에도 세포조직을 구축하고 있다.

마. 외부 지원

재정, 훈련, 무기, 폭발물, 정치적, 외교적, 그리고 조직적인 원조의 상당 부분을 이란으로부터 받고 있으며, 시리아로부터는 외교적, 정치적, 그리고 병참 지원을 받고 있는 것으로 알려져 있다.[28] 아울러 알카에다와 다양하게 연계된 것으로 미국 정부는 판단하고 있다.

바. 가명(假名)

Islamic Jihad, Revolutionary Justice Organization, Organization of the Oppressed on Earth, Islamic Jihad for the Liberation of Palestine, Jihad for the Liberation of Palestine, The Islamic Resistance

사. 주요 테러사건

1983. 4: 베이루트 미 대사관 자살폭탄 테러
1983. 12: 쿠웨이트 주재 미·프랑스 대사관 차량 폭탄테러 공격
1984. 3: 미 외교관 납치 후 살해
1984. 12: 테헤란 행 쿠웨이트 항공 221편 납치, 미국인 2명 사망
1992. 6: 아르헨티나 부에노스아이레스 주재 이스라엘 대사관 폭파 테러공격
1995. 4: 레바논 남부 안전지대 이스라엘군 대상 차량 폭탄테러 공격
2005. 1: 헤즈볼라 게릴라는 쉐바 농장을 사제 폭발물로 공격하여 이스라엘 병사 3명 사상

7) Kahane Chai(Kach)

가. 개요

카하네 차이(Kach)의 명시된 목표는 성서에서 언급한 가자지구(Gaza Strip), 서안지역(West Bank) 그리고 요르단 일부를 포함한 이스라엘 영토를 회복하는 것이다.[29] 급진적인 이스라엘계 미국인인 랍비 메이어 카하네(Meir Kahane)가 창설한 Kach와 Kach의 분파인 카

---

28) http://www.tkb.org/Group.jsp?groupID=3101(검색일: 2006년 5월 9일).

29) CRS Report RL31119, *Terrorism: Near Eastern Groups and State Sponsors, 2002*, by Kenneth Katzman, updated February 13, 2003, p. 21.

하네 차이(Kahane Chai)[30]는 1948년 공포된 이스라엘 테러법에 따라 1994년 3월 이스라엘 내각이 테러리스트 단체로 선언했다. 이러한 이스라엘 정부의 발표가 있자 Kach는 1994년 2월 친분이 있는 바루흐 골드슈타인(Baruch Goldstein) 박사의 알 이브라히미 모스크(al-Ibrahimi Mosque)에 대한 공격을 지지하는 성명을 내는 한편, 이스라엘 정부를 비난했다. 2000년 12월 빈야민 카하네(Binyamin Kahane)와 그의 아내는 차량 이동 중에 웨스트 뱅크에서 팔레스타인 저격수에 의해 암살당했다.[31]

나. 활동

이스라엘 정부에 대해 반대하는 운동을 조직했으며, 헤브론과 서안지역(West Bank)에 살고 있는 팔레스타인 사람들을 공격하기도 했다. 아울러, 아랍인, 팔레스타인인, 이스라엘 공무원을 공격하겠다고 위협하고 있으며, 빈야민 카하네와 그의 아내의 죽음에 대해 보복을 공언하고 있다.

다. 세력

자세히 알려진 바는 없으나 100여 명 내외인 것으로 추정된다.[32]

라. 활동 영역 및 근거지

이스라엘과 점령지 서안지역 정착촌, 특히 헤브론의 아이야르 아르바(Airyar Arba) 지역을 활동무대로 삼고 있다.

마. 외부 지원

미국과 유럽 내에 있는 동조자들로부터 지원받고 있으며, 점령지 정착자 및 이스라엘 내의 동조자들에게서도 지원을 받고 있다.

---

30) 카하네 차이(Kahane Chai)은 'Kahane의 삶'을 의미하며, 메이어 카하네(Meir Kahane)가 미국에서 암살되자 그의 아들인 빈야민에 의해서 창설되었다.

31) http://www.tkb.org/Group.jsp?groupID=3750(검색일: 2006년 5월 9일).

32) Periscope, USNI Database. "Terrorism Database." [http://www.periscope1.com].(검색일: 2009년 5월 9일).

8) Mujahedin-e Khalq Organization(MEK or MKO)

가. 개요

마르크스주의와 이슬람주의에 바탕을 두고 있는 MEK는 1960년대에 대학교육을 받은 반정부 성향의 사람들이 중심이 되어 창설되었으며, 이란의 팔레비 왕정(Shah)의 친미 및 친(親)서방 정책에 반대했다. 그리고 1979년 이란혁명 이후에는 호메이니(Ayatollah Khomeini)가 이끄는 이슬람 정권에 반대하여 많은 MEK의 지도자들이 처형되었다. MEK는 반(反)서방 테러 공격과 함께 이란과 중동 등 기타 국가들의 성직자 정권의 주요 시설에 대해 테러 공격을 주로 자행해 왔다.33)

나. 활동

이란 왕정의 부정부패에 대한 반정부 캠페인은 물론 폭력적인 테러도 자행했다. 1970년대에 MEK는 테헤란에서 방위산업 분야에 종사하는 민간인들과 군인들을 주로 살해했으며, 최장기 인질사건으로 기록된 1979년 테헤란 미국 대사관 점거사건을 후방에서 지원했다. 1981년에 MEK는 이슬람 공화당 본부와 수상관저에 폭탄을 설치해 약 70여 명의 이란 고위 공직자를 살해했다. 사망한 고위 공직자 중에는 아야톨라 모하마드 베헤시티(Ayatollah Mohammad Beheshti) 법무장관, 모하마드 알리 라자에(Mohammad-Ali Rajaei) 대통령, 모하마드자바드 바호나(Mohammad-Javad Bahonar) 수상이 포함되어 있었다. 이란 정부의 강경정책에 의해 MEK는 1981년부터 1986년까지 지도급들이 대거 프랑스에 망명했고, 이후에는 이라크의 보호를 받았다. 이러한 연고로 인해 사담 후세인(Saddam Hussein)은 MEK의 무장을 지원했고, 1991년 이란과의 전쟁 당시에 MEK를 활용하기도 했다. 1991년에 MEK는 이라크 남부와 북부 지역에서 시아파와 쿠르드인의 봉기를 억압하는 데 이라크 정부를 지원했다. 그 이후로 MEK는 이라크 정부를 위한 보안군의 역할도 수행했다. 1992년 4월 MEK는 13개 국가에 있는 이란 공관에 대한 테러 공격을 자행하여 해외에서 대규모의 작전을 수행할 수 있는 조직임을 입증하기도 했다. 1999년 4월에는 이라크 군 총참모부의 참모차장을 암살했으며, 2000년 4월 MEK는 이라크에 관한 정책 조정 책임을 맡고 있는 군 사령관을 암살하려고 시도하기도 했다. 2000년대에 들어서면서도 MEK는 이란의 군대와 법원, 그리고 정부 건물들에 대해 박격포 공격 등을 지속적으로 하고 있다. 이란과 이라크 간 전쟁이 종결된 이후에도 MEK의 테러활동은 이란에게는 커다란 안보 위협 요소로 작용하고 있다.34) 2000년 2

33) 286 CRS Report RL31119, *Terrorism: Near Eastern Groups and State Sponsors, 2002*, Kenneth Katzman, updated February 13, 2003, p. 28.

월에 이란의 최고 지도자와 대통령의 집무실이 있는 테헤란 중심부를 공격한 사건은 대표적인 사례이다.

다. 세력

이라크 전역에 흩어진 기지들에 수천 명의 전사들이 있으며, 탱크, 보병 전투차량, 대포 등으로 무장하고 있다. MEK는 또한 해외 지원구조를 가지고 있다. 전사들의 대부분은 MEK의 민족해방군(National Liberation Army: NLA)에 소속되어 있다.

라. 활동 영역 및 근거지

MEK의 주된 활동 근거지는 이란과 이란 국경 지역이다. 하지만 이란에 대한 테러는 이란으로 국한되는 것이 아니고 유럽 등에도 활동 근거지를 가지고 있는 것으로 알려져 있다.

마. 외부 지원

이라크로부터의 지원 외에 MEK는 추방된 이란인들의 공동체들로부터 기부금을 강요하기 위해 전위조직을 이용한다.

바. 가명(假名)

The National Liberation Army of Iran(NLA),[35] The People's Mujahidin of Iran (PMOI), National Council of Resistance(NCR), Muslim Iranian Student's Society[36]

9) Palestine Liberation Front(PLF)

가. 개요

1959년에 아흐메드 지브릴(Ahmed Jibril)에 의해 설립되었으며, 분파와 합병이 빈번했던 조직이다. PLF는 1968년에 지브릴이 설립한 Popular Front for the Liberation of Palestine - General Command(PFLP-GC)에 흡수되어 역사 속으로 사라졌다. 그러나 1977년 아부 아바스(Abu Abbas: Muhammad Zaidan)가 PFLP-GC에서 이탈하여 PLF를 다시 결성하고, 주된 목표를 이스라엘의 파괴로 삼았다. 1983년에는 친(親)PLO, 친(親)시리아파(派)로 분리되었으며, 1984년에는 친시리아파에서 탈퇴한 조직원들이 친리비아파를

34) CRS Report RL32048, *Iran: U.S. Policy Concerns and Responses*, by Kenneth Katzman, updated October 24, 2003.

35) MEK의 군사 조직으로 알려져 있다.

36) 재정적인 지원을 획득하기 위해 이용되는 전위조직이다.

결성했다. 이들 모든 분파들은 PLF의 이름으로 활동을 전개했으며, 이 중에 가장 널리 알려진 분파는 아부 아바스(Abu Abbas)가 이끄는 친PLO파였다.[37] 조직의 리더였던 아부 아바스는 1993년 오슬로 평화협정 체결 이후 1996년 가자지구로 돌아가 활동했으며, 2000년 이란으로 옮겨 활동했으나, 2003년 4월 이라크전이 진행되면서 미군에 의해 체포되었고, 2004년 4월에 구금 중에 자연사했다.[38]

나. 활동

PLF는 폭탄 공격, 인질납치 등의 수법을 통해 이스라엘을 주로 공격했으며, 때로는 행글라이더 등을 이용한 테러를 자행해 온 조직이다. PLF가 자행한 테러 중에 가장 악명을 떨친 것은 이탈리아 호화 유람선 아킬레 라우로(Archille Lauro)호 해상 납치사건이었다.[39] 이 사건으로 휠체어에 의지하고 있던 장애인을 살해한 반인도적인 행위를 자행한 PLF에 대한 국제적인 비난이 가중되었고, 그들의 근거지였던 튀니지에서 추방되어 이라크로 활동 근거지를 변경했다. 이라크전이 시작되면서 PLF의 조직은 와해 상태에 직면한 것으로 알려져 있다.

다. 세력

구체적으로 PLF 전체에 대한 세력 규모는 알려진 바 없으나, 아부 아바스파(派)의 규모는 3백에서 5백여 명으로 추정된다.

라. 활동 영역 및 근거지

아킬레 라우로 여객선 사건 때까지 친PLO파는 튀니지에 근거를 두고 있었으며, 1990년 이후에는 이라크에 근거를 두고 있었으나, 2003년 이라크전 개시 이후에는 남부 레바논과 서안지역(West Bank)으로 옮긴 것으로 알려져 있다.

---

37) http://www.tkb.org/Group.jsp?groupID=157(검색일: 2005년 5월 9일).

38) Ibid.

39) 1985년 10월 7일에 4명의 PLF 테러범이 180명의 승객과 331명의 승무원이 승선하고 있는 유람선을 납치했다. 납치범들은 범행 과정에서 휠체어에 의지하고 있는 미국 국적의 유대인 클링호퍼(Leon Klinghoffer)를 살해하여 바다에 던져버렸다. 이틀간 계속되는 협상 과정에서 목적 달성이 불가능하다고 판단한 테러리스트들은 이집트로 무사히 빠져 나갈 수 있도록 협조한다는 조건으로 이태리 당국에 투항했다. 레이건 미 대통령은 이집트 정부에게 납치범들의 인도를 요청했고, 이집트는 이를 거부했다. 10월 10일 이집트 항공기를 이용해 PLO 본부가 있는 튀니지로 테러리스트들이 빠져 나간다는 계획을 사전에 알아낸 미국은 전투기를 동원해 이태리 NATO 군 비행장에 강제 착륙시켰다. 미국은 테러리스트들의 재판을 위해 이태리 정부에 인도를 요청했으나, 이태리 정부는 인도를 거절했으며 아킬레 라우로 호 납치사건을 주도한 아부 아바스(Abu Abbas)를 석방했다. 아바스는 결국 로마를 거쳐 유고슬로비아로 탈출에 성공했고, 나머지 3명의 테러리스트들은 재판을 받고 4~6년의 징역을 선고받았다. 아바스는 제노아 법원에서 궐석재판으로 종신형을 선고받았다.

마. 외부 지원

주로 후세인 정부 붕괴 이전까지 이라크로부터 지원을 받았으며, 리비아로부터도 지원을 받았던 것으로 알려져 있다.

10) Palestinian Islamic Jihad(PIJ)

가. 개요

PIJ는 이집트의 무슬림형제단(Muslim Brotherhood)에서 기원한 것으로 알려져 있으며, 1979년 이집트에서 활동하고 있던 파티 시카키(Fathi Shiqaqi)를 포함한 팔레스타인 활동가들이 중심이 되어 설립되었다. PIJ의 설립 배경은 무슬림형제단이 팔레스타인 문제에 소극적이라는 비판에서 비롯되었다. PIJ는 팔레스타인 민족주의, 수니 이슬람 원리주의, 그리고 시아 이슬람 혁명사상을 통합하여 그들이 추구하는 이념을 공표하고, 그들의 이념은 이스라엘이 사라지고 팔레스타인이 해방될 때 달성될 것이라고 주장했다. PIJ는 성전을 통해 이스라엘을 붕괴시키고 이슬람 팔레스타인 국가를 건설하는 것을 목표로 하고 있다.[40] 또한 서양의 세속주의에 물들었다고 믿어지는 온건 아랍정부를 반대하고 있다. 조직의 리더였던 파티 시카키가 살해되면서 라마단 샬라(Ramadan Shallah)가 승계했지만 카리스마의 부족으로 활동이 점진적으로 위축되고 있는 것으로 알려지고 있다.

나. 활동

PIJ는 이스라엘과의 평화 협상에 대해 전면적으로 반대하며, 이스라엘과의 전면전을 굽히지 않는 조직으로 이스라엘 시민과 군을 대상으로 대규모의 자살폭탄 테러를 포함한 많은 테러를 자행했다. 2001년 민중봉기(Intifada) 기간 중에 PIJ는 활동을 강화하여 대(對)이스라엘 테러활동을 감행했다. PIJ는 미국과 미국인에 대한 직접적인 테러 공격은 지양하고, 이스라엘과 그 영토 내에 있는 이스라엘인들에 대한 공격으로 계속 한정하고 있다. 2000년 제2차 민중항쟁이 시작된 이후 수차례의 테러를 통해 100명 이상을 살해했으며, 2003년에 아바스 자치정부 수반의 요청에 의해 휴전에 동참했지만, 일주일 후 이스라엘이 휴전 협정을 준수하지 않는다고 비난하고 이스라엘 내에서 자살테러를 감행하는 등 대이스라엘 강경 노선을 굽히지 않고 있다. 지금까지 140여 건의 테러를 자행했다.[41]

---

40) Michael Donovan, "In the Spotlight: Palestinian Islamic Jihad," Center for Defense Information, [http://www.cdi.org/terrorism/pij.cfm](검색일: 2009년 5월 9일).

41) http://www.tkb.org/Group.jsp?groupID=82; Liza Porteus, "Profile: Palestinian Islamic Jihad," Fox News, February 20, 2003; "Cease-fire give hope for Mideast peace plan," *Chicago Tribune*,

다. 세력

1,000명 이하 정도로만 알려져 있다.

라. 활동 영역 및 근거지

주로 이스라엘, 서안, 가자지구, 그리고 레바논, 시리아를 포함한 중동의 다른 지역에서 활동한다. 1994년 이후 시리아에 지도부가 위치하고 있는 것으로 알려져 있다.

마. 외부지원

이란으로부터 재정적 원조를 받고 있으며, 시리아로부터는 제한된 군수품을 지원받고 있다.

바. 가명(假名)

Harakat al-Jihad al-Islami Fi Filastin

11) Popular Front for the Liberation of Palestine(PFLP)

가. 개요

마르크스-레닌주의를 신봉하는 PFLP는 1967년 6월 전쟁에서 팔레스타인이 이스라엘에 대패한 직후 외과의사인 하바시(George Habash)가 군소단체인 아랍민족주의운동의 돌아온 영웅(Heroes of Return), 팔레스타인 해방 국민전선(National Front for the Liberation of Palestine), 그리고 독립 팔레스타인 해방전선(Independent Palestine Liberation Front)을 통합하여 조직되었다.[42] 1968년에 PLO에 합류하여 아라파트(Yasser Arafat)가 이끄는 알 파타(Al Fatah)에 이어 최대 조직으로 부상했으며, 팔레스타인 조직 중에서 최초로 테러리즘을 그들의 전술로 채택한 조직이다.[43] 특히 1960년 말부터 연쇄적인 항공기 납치를 통해 팔레스타인 문제에 대한 국제사회의 관심을 끄는 데 성공했다. 1976년 PLO가 테러리즘 전술의 사용을 중단한다고 선언했지만 PFLP는 이에 순응하지 않고 2006년까지 테러를 자행해 왔다. PFLP는 평화적 협상에 의한 팔레스타인 문제 해결은 있을 수 없음을 선언하고 총체적 팔레스타인 해방은 오로지

June 30, 2003.

42) 최진태, 테러, 「테러리스트 & 테러리즘」(서울: 대영문화사, 1997), p. 138.

43) "Popular Front for the Liberation of Palestine" International Policy Institute for Counter Terrorism, [http://www.ict.org.il](검색일: 2006년 5월 9일).

이스라엘의 파멸을 통해 이룰 수 있다고 주장해 왔다. 이러한 목표 달성을 위해서는 무자비한 테러리즘이 가장 효과적이며, 극도의 공포 조성을 위해 비전투원인 민간인들도 공격 목표로 삼았다. PFLP의 최종 목표는 팔레스타인 지역에서 이스라엘인들을 완전히 몰아내고 팔레스타인 국가를 만드는 것이다.

나. 활동

〈창설자 George Habash〉

PFLP는 창설 이후 지금까지 수많은 국제 테러를 자행해 왔다. 1970년대에 자행된 대표적인 테러는 도우슨 필드 테러사건, 로드 공항 테러 사건 등이 있다. 2000년에 조지 하바시에 이어 아부 알리 무스타파(Abu Ali Mustafa)가 조직의 리더로 등장했으며, 2001년 이스라엘군에 의해 무스타파가 표적 살해되었다.44) 이에 PFLP는 지도자의 살해에 대한 보복 테러를 지속적으로 자행했으며, 대표적인 사건은 이 무스타파 살해 후 조직의 리더로 등장한 아흐메드 사다트(Ahmed Saadat)는 팔레스타인 당국에 의해 지브 살해 혐의로 체포되어 투옥되었으며, 사다트가 투옥중인 교도소에 대한 이스라엘의 공격에 대한 보복으로 2006년 3월 14일에는 두바이 주재 특파원을 비롯해 프랑스인 2명, 스위스인 국제적십자사 관계자 1명, 호주인 2명, 미국인 1명 등 최소 7명의 외국인을 가자지구와 서안지역에서 잇따라 납치하기도 했다. 지금까지 120여 차례의 테러를 자행한 것으로 집계되고 있다.45)

다. 세력

PFLP는 결성 초창기에는 상당히 많은 대원들을 보유하고 있었으나, 이데올로기의 비유연성에 따른 내부 갈등으로 조직이 와해되어, 현재는 약 800~1,000여 명의 대원들을 보유하고 있는 것으로 알려져 있다.46)

라. 활동 영역 및 근거지

시리아, 레바논, 이스라엘, 서안 및 가자지구가 주요 활동 근거지이다.

44) "Abu Ali Mustafa, Pragmatist Killed by Israel after Leading PFLP," Agence France Presse, August 21, 2001.
45) http://www.tkb.org/Group.jsp?groupID=85(검색일: 2007년 5월 9일).
46) U.S. Department of State, *Patterns of Global Terrorism: 2002*, p. 117-118.(검색일: 2008년 5월 9일).

마. 외부 지원

시리아로부터 은신처와 부분적인 군수 지원을 받아 왔으며, 이란으로부터 재정적인 지원을 받아온 것으로 알려지고 있다.47)

12) Popular Front for the Liberation of Palestine-General Command(PFLP-GC)

가. 개요

PFLP-GC는 PFLP에 가담하여 대(對)이스라엘 투쟁을 전개했으며, PLF의 창설자이기도 한 아흐메드 지브릴(Ahmad Jibril)이 조지 하바시의 지도력에 반감을 가지고 1968년 탈퇴하여 결성한 과격 조직이다. 이스라엘을 파괴하고 팔레스타인 국가 건설을 최종 목표로 삼고 있는 PFLP-GC는 이스라엘 본토에 대한 테러리스트 공격을 효과적으로 수행하기 위해 재래식 군사 능력을 갖추고 있다. PFLP-GC는 육상, 해상은 물론 항공 침투 능력을 갖춘 준(準)군사조직으로, 구(舊)소련제 SA-7 대공 미사일, RPG-7 대전차 로켓, 중화포, 경항공기 등 최첨단 무기를 보유하고 있다. 특히 PFLP-GC는 테러리즘 자행을 위한 우편폭탄, 플라스틱 폭탄을 다량으로 보유하고 있고, 대형 폭탄을 탑재하여 공공건물을 공격할 수 있는 무인 동력 행글라이더 등을 보유하고 있어 이스라엘 보안 당국을 항상 긴장하게 만들었다.48)

나. 활동

1970~1980년대에 유럽과 중동에서 수십 차례의 테러 공격을 자행했다. 기구와 행글라이더와 같은 특수장치들을 이용해서 이스라엘 국경을 넘어 테러 공격을 자행한 것으로 알려지고 있다. 현재는 남부 레바논에서의 게릴라 활동, 이스라엘, 서안, 가자지구에서의 소규모 공격에 중점을 두고 있다.

다. 세력

구체적인 세력 규모는 알려져 있지 않지만 대략 500~1,000여 명 수준인 것으로 추정된다.49)

라. 활동 영역 및 근거지

다마스쿠스에 본부를 두고 레바논, 팔레스타인, 이스라엘 등에서 활동하고 있다.

---

47) Ibid.

48) http://www.tkb.org/Group.jsp?groupID=148(검색일: 2006년 5월 9일).

49) U.S. Department of State, *Patterns of Global Terrorism: 2002*, p. 118.

마. 외부 지원

지브릴은 군사전략 및 전술에 뛰어난 시리아 육군 장교 출신으로 시리아 군부와 긴밀한 협조 관계를 유지하면서 시리아로부터 많은 지원을 받아 온 것으로 알려져 있다. 시리아는 PFLP-GC에게 기지 제공 및 대원들에 대한 훈련 등을 지원하는 대가로 PFLP-GC 요원들을 대리전에 투입하기도 했다.50) 이란으로부터는 재정적인 지원을 받아온 것으로 알려져 있다.

13) Al-Qaeda

가. 개요

테러의 대명사가 되어 버린 알카에다는 1980년대에 아프간에서 소련에 대항해 투쟁하는 아랍인을 단합시키기 위해 오사마 빈 라덴(Osama Bin Laden)에 의해 창설되었다. 알카에다는 아프간의 저항운동을 위해 재정적인 지원, 충원, 수송, 그리고 수니파 극단주의자들을 훈련시키는 것을 도왔다. 이 단체의 목표는 '비(非)이슬람'으로 비춰지는 정권들을 전복시키고, 이슬람 국가들로부터 서방 세력들과 비회교도의 축출을 위해 동맹을 맺은 이슬람 극단주의자 집단들과 함께 일함으로써 전 세계에 걸쳐 범이슬람 칼리프 국가를 건설하는 데 두고 있다. 1998년 2월 "유대인과 십자군전사들에 대항하는 성전을 위한 세계 이슬람 전선(The World Islamic Front for Jihad Against the Jews and Crusaders)"의 기치 하에 성명을 발표하면서, 민간인이든 군인이든 미국인을 죽이고 미국의 동맹들을 파괴하는 것이 모든 무슬림들의 의무라고 말하고 있다.51) 알카에다는 2001년 6월 이집트의 이슬라믹 지하드(Islamic Jihad: Al-Jihad)를 흡수 통합시켰다.

나. 활동

2001년 9월 11일 19명의 알카에다 자살 공격조는 4대의 미국 여객기를 납치해서 2대는 뉴욕의 세계무역센터에, 1대는 워싱턴의 국방부 건물에, 나머지 1대는 펜실베이니아 교외의 생크스빌에 추락시켜 2천 7백 49명의 민간인이 사망했다. 이들은 또한 2000년 10월 12일 예멘의 아덴 항에 정박 중인 미국 전함 콜(Cole) 호를 공격하여 17명의 미 해군이 사망하고, 39명에게 부상을 입혔다. 알카에다는 또한 1998년 8월 케냐의 나이로비에 위치한 미국 대사관과

50) CRS Report RL31119, *Terrorism: Near Eastern Groups and State Sponsors, 2002,* by Kenneth Katzman, updated February 13, 2003.

51) Periscope, USNI Database. "Terrorism Database." www.periscope1.com; and U.S. Department of State, *Patterns of Global Terrorism: 2002,* pp. 118-119.

탄자니아 미국 대사관에 폭탄테러를 감행하여 301명의 민간인이 사망하고 5,000여 명이 부상당했다. 아울러 알카에다는 1993년 소말리아에서 미군 헬기를 격추시켜 미군을 사망시켰으며, 1992년 12월 예멘의 아덴에 있는 미군에 대해 세 차례의 폭탄테러를 감행했다고 주장했다. 알카에다는 이외에도 1994년 말 교황 요한 바오로 2세의 마닐라 방문시 암살 시도, 1995년 초 클린턴 대통령의 필리핀 방문시 암살 시도, 1995년 수십 대의 태평양 횡단 미국 항공기에 대한 공중 폭격 시도, 1999년 LA국제공항 폭탄테러 시도 등을 계획했던 것으로 드러났다. 알카에다는 또한 1999년 말 새천년을 기념하여 요르단을 방문하는 이스라엘과 미국인 관광객에 대한 테러를 공모했다. 2001년 12월, 알카에다와 관련이 있는 것으로 추측되는 라이드(Richard Colvin Reid)가 파리와 마이애미를 운행하는 여객기에 신발폭탄을 이용해 폭파하려고 시도했다.

다. 세력

알카에다는 수천 명의 조직원과 협력자들을 보유하고 있다. 또한 알카에다는 많은 수니파 이슬람 극단주의자 집단들을 포함하는 세계적인 네트워크를 위한 구심점 또는 우산과 같은 역할을 하고 있다.[52)]

라. 활동 영역 및 근거지

알카에다는 전 세계에 걸쳐 세포조직을 가지고 있으며 수니파 극단주의자들의 네트워크와 연계를 통해 조직을 강화되고 있다. 2001년 10월 연합군의 아프간 공격으로 탈레반(Taleban)이 붕괴되기 전까지 아프간에 근거지를 두고 있었다. 미국의 대테러 보복 전쟁 개시 후 다수의 알카에다 요원들은 체포, 사살되었다. 그리고 아프간을 탈출한 요원들은 소규모 그룹으로 동남아시아, 중동지역으로 분산되어 있는 것으로 알려져 있으며, 추가적인 테러를 준비하고 있는 것으로 알려져 있다.

마. 외부 지원

빈 라덴(Bin Laden) 그룹의 소유주인 억만장자 오사마 빈 라덴이 자체적으로 자금을 충당하고 있다. 알카에다는 또한 환금성 있는 사업체를 유지하고, 동조 지지자들로부터 기부금을 모으고, 무슬림 자선조직의 기부금을 그들의 활동자금으로 유용하고 있다.

바. 가명(假名)

The Base, Qa'idat al-Jihad, Maktab al-Khidamat, Front for Jihad Against Jews and

---

52) International Institute for Strategic Studies, *Strategic Survey 2002-2003* (Oxford University Press, May 2003), p. 9; Audrey Kurth Cronin, *Al-Qaeda After the Iraq Conflict*, CRS Report RL21529, updated May 23, 2003.

Crusaders, International Islamic, Al-Jabhah al-Islamiyyah al-'Alamiyyah li-Qital al-Yahud wal-Salibiyyin, Group for the Preservation of Holy Sites, Islamic Army of the Liberation of Holy Places, Islamic Army for the Liberation of Holy Shrines

사. 주요 테러사건

1998. 8: 탄자니아 다에스살림 및 케냐 나이로비 주재 미 대사관 폭탄 테러 자행 200여 명이 사망하고 4,000여 명 부상

2000. 10: 예멘 아덴 항구에서 미 해군 구축함 콜 호(U.S.S. Cole) 폭파, 56명 사망

2001. 9: 항공기를 4대를 납치 자폭테러 자행, 2대는 세계무역센터(WTC)에 돌진하여 폭파하고 1대는 워싱턴 DC소재 미 국방부(펜타곤) 건물과 충돌, 나머지 한 대는 펜실베이니아에 추락하여 3천여 명의 사망자 발생

오사마 빈 라덴(Osama bin Laden)

알카에다 창설자, 1957년 사우디아라비아의 수도 리야드에서 건설회사를 경영하던 무하마드 빈 라덴의 65명의 자녀 중 1명으로 출생하여 학창 시절부터 이슬람 원리주의 운동에 심취했다. 1979년 구소련이 아프가니스탄을 침공하자 '이슬람 구제기금'(별칭: 알카에다)을 설립하여 탈레반에 자금 및 훈련 등을 지원했으며 1986~89년간 자신이 직접 전투에 참가하여 '아랍의 영웅' 칭호를 받았다. 1990년 미군의 사우디 주둔에 반발, 반정부・반미활동을 전개하다 1991년 수단으로 쫓겨난 후 1994년 사우디 정부에 의해 국적을 박탈당하고 1996년 현 근거지인 아프가니스탄으로 이동했다. 1988년 알카에다를 무장조직으로 재정비하는 한편 체첸·필리핀 등지의 이슬람 조직에 자금 및 군사훈련을 지원했으며, 1993년 뉴욕 세계무역센터 폭탄테러에 이어 1996년 사우디 다란 소재 미군 막사 폭파테러와 1998년 케냐와 탄자니아 주재 미 대사관 폭탄테러 사건 등 다수의 대미 테러 배후 지원 혐의를 받고 있다.

14) Tanzim Qa'idat al-Jihad fi Biladal-Rafidayn(QJBR)

가. 개요

2004년 초에 요르단 태생인 아부 무사브 알 자르카위(Abu Musab al-Zarqawi)에 의해 설립된 극단 이슬람주의 과격 테러조직이다. 알 자르카위의 본명은 아흐메드 파딜 알 칼알라(Ahmad Fadil al-Khalaylah)로 1966년 요르단의 빈민촌 자르카에서 출생해 10대 때부터 이

〈설립자 Abu Musab al-Zarqawi〉

슬람 과격단체에 가담했으며, 1980년대엔 아프간을 침공한 옛 소련에 맞서 빈 라덴 및 무자헤딘(이슬람 전사)들과 함께 싸웠다. 소련의 아프간 침공시 대항하던 알카에다 지도부와 긴밀한 연계를 가지고 있다는 인연으로 2004년 10월 17일 오사마 빈 라덴에게 충성을 맹세한 직후 명칭도 이라크 내 알카에다로 변경했다. 이 조직의 목표는 이라크에서 미국을 몰라내고 현 이라크 정권을 전복시켜 이슬람 국가를 건설하는 것이다.[53] 자르카위는 2006년 미국의 공습으로 사망했으며, 이후 이 조직은 미국의 공습으로 사망한 조직의 리더에 대한 복수를 천명한 바 있다.

나 활동

이 조직은 차량을 이용한 사제 폭발물 테러와 인질 납치 및 살해 전술을 주로 사용하는데, 이러한 전술을 통해 미국 및 미국 동맹국 그리고 이라크 내에 있는 외국계 기업을 몰아내고, 동시에 미국을 지원하는 이라크 자국민들의 미국 지원을 중단하도록 압력을 행사하고 있으며, 현 이라크 정부의 혼란을 조성하려는 의도를 가지고 있다. 시아파를 겨냥한 2004년 3월 바그다드·카르발라의 연쇄 자살 폭탄테러를 주도한 것으로 알려져 있으며, 같은 달 스페인 마드리드 열차 폭탄테러와 4월 말 미수에 그친 요르단 암만의 화학테러 기도에도 관련이 있다는 의혹을 받고 있다. 그리고 한국인 김선일 씨를 납치 및 살해한 조직이기도 하다.

다. 세력

대략 1천 명에서 1천 5백 명의 조직원을 거느리고 있으며, 이들 조직원은 이라크인은 물론 아랍인과 기타 이슬람 국가 출신인 것으로 알려지고 있다.

라. 활동 영역 및 근거지

주된 활동 근거지는 이라크 북동부 지역으로 알려져 있다.

마. 가명(假名)

Jama'at al-Tawhid wa'al-Jihad(JTJ), al-Zarqawi Network, Monotheism and Holy Struggle, Unification and Jihad, al-Tawhid, al-Qaeda in Iraq

53) http://www.tkb.org/Group.jsp?groupID=4338(검색일: 2006년 5월 9일).

3. 아시아 지역의 테러조직

1) Abu Sayyaf Group(ASG)

가. 개요

〈ASG 훈련 장면〉

아브 사예프 그룹(ASG)는 필리핀 남부에서 활동하는 이슬람 분리집단들 중에서 규모는 가장 작지만 가장 과격한 단체이다. 이 집단의 일부 지도자는 과격 이슬람 교리의 추종자 혹은 중동에서 유학한 자들이며, 소련의 아프간 침공시 참전한 것으로 알려져 있다. 이 집단은 1998년 12월 18일 필리핀 경찰과의 충돌 과정에서 사망한 아브두라자크 아브바카르 잔자라니(Abdurajak Abubakar Janjalani)의 지휘 하에 1990년 초 모로 국민 해방전선(Moro National Liberation Front)으로부터 분리되었다. 아브두라자크 아브바카르 잔자라니의 동생인 카다피 잔자라니(Khadaffy Janjalani)가 형을 이어 명목상의 지도자가 되었으며, 현재 몇 개의 준자치 파벌로 구성되어 있다.54)

나. 활동

ASG는 몸값을 요구하는 납치, 폭탄테러, 암살, 강탈과 같은 활동을 한다. ASG는 종종 테러의 동기가 이슬람교도들이 많이 살고 있는 남부 필리핀 지역의 서민다나오와 술루(Sulu) 군도에서 독립적인 이슬람 국가를 만드는 것이라고 주장하지만, 현재는 주로 재정적인 이득을 얻기 위해서 테러를 자행하는 것으로 알려져 있다. 이 조직의 최초의 대규모 활동은 1995년 4월 민다나오의 이필 타운 습격이었다. 2000년 4월 ASG의 한 분파는 말레이시아의 한 리조트에서 10명의 외국인 관광객을 포함한 21명을 납치했다. 같은 해에 ASG는 3명의 말레이시아인과 1명의 미국인을 포함한 약간명의 외국 기자들을 납치했다. 2001년 5월 27일에는 필리핀의 팔라완(Palawan) 리조트에서 3명의 미국인과 17명의 필리핀인을 납치했다. 인질 중 미국인 1명을 포함해 수명이 살해되었다. 2002년에는 인질을 납치하고 필리핀 경찰과 대치하는 사건이 발생했다. 이 사건은 필리핀 경찰의 구출작전으로 막을 내렸지만, 미국인 인질 2명이 살해당했다.55)

---

54) Anthony Davis, "Resilient Abu Sayyaf Group Resists Military Pressure," *Jane's Intelligence Review*, Sept. 1, 2003.

55) "U.S.-Philippines Sign Military Logistics Support Pact," *Agence France Presse*, Nov. 21, 2002.

다. 세력

수백 명의 핵심전사들이 있는 것으로 알려지고 있으나, 2000~2001년 사이에 최소한 1,000명 이상이 외국 인질들의 몸값을 받을 수 있을 것이라는 기대로 이 집단에 참가한 것으로 알려지고 있다.

라. 활동 영역 및 근거지

ASG는 바실란(Basilan) 주에서 창설되었으며, 주로 그곳과 인근 술루(Sulu) 군도의 술루(Sulu) 주와 타위-타위(Tawi-Tawi) 주에서 활동하고 있다. ASG는 또한 잠보안가(Zamboanga) 반도에서도 활동하며, 일부 대원은 마닐라와 필리핀의 다른 지역에까지 활동하기도 한다.[56] 2000년에는 말레이시아까지 활동 구역을 넓혀 말레이시아의 관광지에서 외국인들을 납치했다.

마. 외부 지원

주로 강도와 몸값 수수를 통해서 자주적인 재정을 유지하고 있으나 중동과 남아시아의 이슬람 극단주의자들로부터 지원을 받을 수도 있다. 리비아는 2000년 말레이시아에서 납치된 외국인 인질의 석방을 위해 수백만 달러를 공식적으로 지불했다.

바. 가명(假名)

Al-Harakat Al-Islamiyyah, Bearer of the Sword

2) 옴진리교(Aum Shinrikyo)

가. 개요

옴진리교는 1987년 아사하라 쇼코(麻原彰晃)에 의해 설립된 종교단체이며, 이 집단은 일본을 탈취 후 세계를 정복하는 것을 목표로 하고 있다. 이 집단은 1989년 일본법에 의해 신흥종교단체로 승인받았고, 1990년에는 일본 의회선거에 후보를 출마시켰다. 시간이 지남에 따라 이 집단은 세계의 종말이 당도했음을 강조했으며, 미국이 일본과 제3차 세계대전을 촉발시킴으로써 종말을 초래할 것이라고 주장했다. 일본 정부는 1995년 10월 이 집단을 종교단체로 인정한 것을 무효로 했으나, 1997년 정부 논의 과정에서 종교단체를 불법화하는 파괴활동방지법(Anti-Subversive Law)의 발동을 중단하기로 결정함으로써 종교단체 창설의 합법화가 그대로 유지되었다. 한편으로 1999년에 일본 정부는 이 집단이 장차 테러 공격을 할 가능성이 있다는 판단에 따라 경찰의 계속적인 감시를 인가했다. 2000년에는 옴진리교의 대변인

56) CRS Report RL31263, Abu Sayyaf: Target of Philippine-U.S. Anti-Terrorism Cooperation, by Larry Niksch, updated April 8, 2003, p. 12.

이자 러시아 지부의 지도자 역할을 수행했던 조유 후미히로(Joyu Fumihiro)의 지도권을 획득한 후 단체명을 알레프(Aleph)로 개명했으며, 폭력을 포기하며 창시자가 주창한 종말론을 더 이상 가르치지 않겠다고 주장했다.

나. 활동

〈도쿄 지하철 테러〉

1995년 3월 20일 옴(Aum)의 구성원들이 도쿄의 여러 지하철역에 신경가스인 사린(Sarin)을 동시에 살포하여 12명을 사망케 했으며 6,000여 명에 이르는 부상자를 내게 했다.57) 이 집단은 1994년 일본에서의 발생한 화학물질 사고에도 책임이 있는 것으로 알려지고 있다. 생물학작용제를 이용한 공격도 꾸준히 시도해 왔지만 실패하기도 했다. 일본 경찰은 1995년 5월 아사하라를 체포했으며, 그는 7건의 살인 혐의를 포함하여 13건의 범죄행위로 2001년 말에 기소되었다.

1997년 이후 이 종교집단은 새로운 조직원을 계속 충원하고, 영리 추구 기업활동을 전개하여 자산 증식을 도모했지만, 2001년 여론의 반대로 인해 그 활동은 현저하게 줄어들었다. 이 종교집단은 인터넷 홈페이지를 가지고 있다.58) 2001년 7월 러시아 당국은 일단의 러시아인 옴 추종자들을 체포했는데, 이들은 아사하라 교주를 탈옥시켜 러시아로 잠입시키기 위한 작전의 일환으로 도쿄의 황궁 근처를 폭파할 계획을 가지고 있었다.

다. 세력

현재 옴의 조직원은 1,500~2,000명에 이르는 것으로 추정된다. 도쿄 지하철 신경가스테러가 발생했을 때 옴은 일본에 9,000명을 포함해 전 세계적으로 40,000명의 조직원이 있는 것으로 추정되었다.59)

---

57) 최근 자료에 의하면 실질적인 육체적 손상을 당한 사람은 1,300여 명이며, 나머지는 여러 가지 형태의 정신적 충격으로 후유증을 앓고 있는 것으로 알려지고 있다; "Aum Released Anthrax Virus in Tokyo in 1993," *Japan Economic Newswire*, July 25,1995; U.S. Department of State, *Patterns of Global Terrorism: 2002,* p. 104.

58) David E. Kaplan, "Aum Shinrikyo," *Toxic Terror: Assessing Terrorist Use of Chemical and Biological Weapons*, edited by Jonathan B. Tucker (Cambridge, Mass.: MIT Press, 2000), pp. 225-226.

59) Bruce Hoffman, *Inside Terrorism*(New York: Columbia University Press, 1998), p. 122.

라. 활동 영역 및 근거지

옴진리교의 주요 조직원은 일본에 있으나, 러시아에도 2~3만 명 정도의 추종자들이 있는 것으로 알려지고 있다. 호주, 미국, 독일, 스리랑카, 우크라이나, 태국 등에도 지부를 가지고 있는 것으로 의심받고 있다.

마. 외부 지원

이 단체는 15억 달러 이상의 자산을 가지고 있으며, 연간 매출이 6천 300만 달러 정도인 컴퓨터 관련 업체도 운영하고 있어 필요한 자금을 자체적으로 마련하고 있다.[60]

바. 가명(假名)

Aum Supreme Truth(Aum), Aleph

3) Communist Party of Philippines/New People's Army(NPA)

가. 개요

필리핀 공산당(CPP)의 군사조직인 NPA는 신장된 게릴라전을 통해 정부를 전복하는 목적을 가지고 1969년 3월 형성된 마오쩌둥주의 집단이다. CPP이 중앙위원회 의장이며 NPA의 창립자인 호세 마리아 시슨(Jose Maria Sison)은 망명지인 네덜란드에서 CPP와 NPA의 모든 활동을 지시하고 있다. NPA는 주로 농촌에 기반을 둔 게릴라 집단이지만 테러 행위를 자행하기 위해 도시에서 활동하는 기본조직을 가지고 있으며, 도시에 근거지를 둔 참새부대(Sparrow Unit)라는 암살단을 사용하고 있다. NPA의 대부분의 자금은 필리핀, 유럽, 그리고 다른 지역에 있는 지지자들의 성금과 지방의 기업인들로부터 강제로 징수하는 이른바 '혁명 세금'으로 충당한다.[61]

나. 활동

NPA의 일차적인 테러 대상은 필리핀 보안군, 정치인, 판사, 정부 밀고자, NPA를 이탈하려는 구성원 등이다. 필리핀 내에 어떤 형태의 미군 주둔도 반대하며 1992년에 클라크 공군기지 및 수빅(Subic)만 해군 기지가 폐쇄되기까지 미군과 미군 시설에 대한 빈번한 공격을 자행했다. 2003년에는 필리핀 육군부대에 대한 공격을 자행하여 17명을 살해했다. 2001년에는 평화회담이 진행되기도 했으나, 두 명의 국회의원에 대한 암살로 중단되었다. 2003년에 평화

---

60) "Aum's True Colors," *Mainichi Daily News*, Oct. 2, 1999.

61) Honesto C. General, "Is CPP/NPA a terrorist organization?," *Philippine Daily Inquirer*, August 18, 2002.

회담이 다시 개시되었으나, 실질적인 결과는 도출되지 못했다.62)

다. 세력

규모는 10,000명이 넘는 것으로 추산되며, 1980년대 중반에는 25,000명 이상이었던 것으로 알려져 있다. 냉전의 종식에 이념적인 측면이 약화되고, 아키노(Corazon C. Aquino) 대통령 집권 후 강력한 군사작전으로 세력이 5,000여명으로 줄었다. 하지만 필리핀의 계속적인 경제 침체에 대한 불만 세력의 증가로 규모는 점진적으로 늘어났다.

라. 활동 영역 및 근거지

루손(Luzon), 비사야스(Visayas)의 농촌지역, 민다나오(Mindanao)의 일부 지방에서 활동하고 있다. 마닐라와 다른 대도시 지역에도 세포조직을 가지고 있다.

마. 외부 지원

1969년부터 1976년까지는 중국의 지원을 받았으나, 이후에는 중국의 지원이 끊긴 상태이며, 구체적인 외부 지원은 알려진 바 없다.

사. 주요 테러사건

2005. 11: 케손(Quezon) 주 삼팔록 시 소재 'Globe Telecom' 사옥을 무장 공격, 군인 3명 사망, 9명 부상

2006. 7: 민다나오 섬에서 정부 관리 차량을 목표로 설치한 노변 폭탄에 버스가 폭파되어 승객 5명 부상

2006. 9: 카가얀 주 알라카판 시 시장이 도로공사 현장 시찰 중 NPA의 총격을 받아 사망

4) Harakat ul-Mujahidin(HUM)

가. 개요

〈설립자 Fazlur Rehman Khalil〉

하라카트 울 무자헤딘(HUM)은 1985년에 설립된 파키스탄에 근거지를 둔 이슬람 무장단체로 주로 카슈미르 지역에서 활동하고 있으며, 과격 정치정당인 Jamiati Ulemai Islam Fazlur Rehman faction(JUI-F)과 정치적으로 연합되어 있다. 이 집단의 오랜 지도자인 칼릴(Fazlur Rehman Khalil)은 2000년 2월 중순 HUM의 수장(emir)을 사임했으며 현재는 그의 2인자이며 인기 있

62) Jim Gomez, "Philippine troops and communist rebels clash near Manila, 24 killed," *Associated Press*, March 30, 2003.

는 카슈미르 사람인 사령관 카슈미릴(Farooq Kashmiril)에게 지휘권을 넘겼다. 빈 라덴과 연계되어 있는 칼릴은 1998년 2월 미국과 서방에 대한 테러를 요구하는 라덴의 파타 문서에 서명했으며, HUM 사무총장을 맡고 있다. HUM은 2001년 가을 아프간에 대한 연합군의 공습으로 훈련캠프를 파괴할 때까지 동부 아프간에 테러 훈련캠프를 운영했다.[63]

나. 활동

HUM은 카슈미르 지역에서 인도 군과 민간인을 대상으로 수많은 테러 공격을 자행했다. HUM은 1995년 7월 5명의 서방 관광객들을 납치한 카슈미르의 무장집단인 알 파란(al-Faran)과 연계되어 있다.[64] HUM은 1999년 12월 24일 인도 항공기 납치사건을 주도했으며, 이에 대한 대가로 1994년 인도 정부에 의해 투옥된 전 하라카트 울 안사르(Harakat ul-Ansar)의 지도자인 아자르(Masood Azhar)와 2001년 1월 미국 기자인 펄(Daniel Pearl)의 납치 및 살해 혐의로 체포된 아흐마드 셰이크(Ahmad Omar Sheikh)를 석방하는 결과를 가져왔다.

다. 세력

HUM은 카슈미르, 파키스탄, 그리고 인도의 남부 카슈미르와 도다 지역에 수천 명의 무장 지지자를 가지고 있다. 지지자의 대부분은 파키스탄인과 카슈미르 사람들이며, 아프간전쟁에 참가했던 아프간인과 아랍전사들도 포함된다. 이들은 경·중기관총, 저격용 장총, 박격포, 폭탄 및 로켓 등을 사용하고 있다.

라. 활동 영역 및 근거지

이들은 주로 파키스탄의 무자파라바드, 라알핀디, 그리고 다른 몇 개 도시에 기지를 두고 있으나 주로 카슈미르에서 무장봉기와 테러활동을 수행하고 있다. HUM은 전사들을 아프간과 파키스탄에서 훈련시키고 있다.

마. 외부 지원

사우디아라비아, 다른 걸프지역과 이슬람 국가들, 파키스탄인과 카슈미르인으로부터 기부금을 모아 활동자금으로 쓰고 있다. HUM의 자금 모금 방법에는 잡지광고나 팸플릿 등을 통해 기부금을 호소하는 방법도 포함되어 있다. HUM의 군자금의 근원과 규모는 알려지고 있지 않다. 파키스탄 정부가 자산을 차압하는 것을 예상하여 HUM은 은행 구좌로부터 자금을 인출해서 상품 무역, 부동산 거래, 그리고 소비자 상품의 생산 등과 같은 합법적인 사업에 투

---

63) http://www.tkb.org/Group.jsp?groupID=50(검색일: 2007년 5월 9일)

64) 납치된 5명 중 1명은 1995년 8월 살해되었으며, 나머지 4명도 동년 12월 살해된 것으로 알려지고 있다.

자하고 있다. 파키스탄에서의 자금 모금은 파키스탄 정부가 극단주의 집단에 대한 단속을 강화하고 테러집단 자산을 동결한 이후 제한을 받고 있다.65)

바. 가명(假名)

Harkat Mujahideen, Harkat-ul-Ansar(HuA), Jamiat-ul-Ansar, Islamic Freedom Fighters' Group, Movement of Holy Warriors

5) Islamic Jihad Group(JIG)

가. 개요

IJG는 우즈베키스탄에서 발생한 일련의 폭탄테러를 자행한 과격 테러조직으로 2004년 4월에 조직되었으며, Islamic Movement of Uzbekistan(IMU)에서 분리되었다. 이 조직은 2004년 4월에 47명의 희생자가 발생한 타슈켄트(Tashkent)와 부하라(Bukhara) 자살 폭탄 테러로 알려지게 되었다.

나. 활동

IJG는 우즈베키스탄 정부를 붕괴시키고, 이슬람 국가를 건설한다는 목표를 내걸고 있으며, 우즈베키스탄에서 활동하고 있는 우즈베키스탄 이슬람운동(Islamic Movement of Uzbekistan: IMU) 그리고 알카에다와 밀접한 연계를 가지고 있는 것으로 알려져 있다.

다. 세력

구체적으로 알려진 바 없다.

라. 활동 영역 및 근거지

우즈베키스탄이 주요 활동 근거지로 알려져 있다.

마. 가명(假名)

Al-Djihad al-Islami, Dzhamaat Modzhakhedov, Islamic Jihad Group of Uzbekistan, Jama'at al-Jihad, Jamiat al-Jihad al-Islami, Jamiyat, The Jamaat Mujahedin, The Kazakh Jama'at, The Libyan Society, Islamic Jihad Union

---

65) CRS Report RL31119, *Terrorism: Near Eastern Groups and State Sponsors, 2002*, by Kenneth Katzman, updated February 13, 2003, p. 18. 또한 *Patterns of Global Terrorism 2002*, p. 109 참조.

6) Islamic Movement of Uzbekistan(IMU)

가. 개요

우즈베키스탄과 다른 중앙아시아의 이슬람 무장단체들의 연합인 우즈베키스탄 이슬람운동(IMU)은 1998년에 설립되었으며, 우즈베키스탄 카리모프(Islom Karimov) 대통령의 세속적인 정권을 반대하고 있다. 2001년 10월 아프간에서 대테러 보복전쟁이 시작되기 전에 IMU의 일차적인 목표는 우즈베키스탄에 회교국가를 건설하는 것이었다. 그러나 IMU의 정치적 및 이념적인 지도자인 욜다체프(Tohir Yoldashev)는 조직을 재정비하는 데 힘을 쏟고 있으며, 테러 대상을 이슬람과 싸우는 모든 세력으로 확대하고 있다.66)

나. 활동

2001년 10월 이전에는 IMU의 주요 공격 대상이 우즈베키스탄의 이익과 관계된 것이었으며, 1999년 2월 타슈켄트에서 5차례의 자동차 폭탄테러도 이들의 소행으로 추정된다. 이 무장단체는 1999년과 2000년에 외국인을 인질로 납치했는데, 여기에는 2000년 8월에 등반 중인 4명의 미국인 납치, 1999년 8월 4명의 일본인 지질학자와 8명의 키르키스탄 군인의 납치 등이 포함된다. 2001년 10월 대테러전쟁 이후 탈레반 및 알카에다와 함께 싸우기 위해 아프간에 남아 있던 무장 세력의 상당수를 연합군이 체포, 사살, 해산시켰으며, 이에 따라 우즈베키스탄과 연합군의 이익에 피해를 끼치지는 못할 정도로 IMU의 세력은 약화되었다.67)

다. 세력

무장 세력은 2,000명 이하로 추정된다.

라. 활동 영역 및 근거지

무장 세력은 동남아시아와 타즈키스탄 등에 흩어져 있다. 활동 영역에는 아프간, 이란, 키르키스탄, 파키스탄, 타지키스탄, 그리고 우즈베키스탄이 포함된다.

마. 외부 지원

다른 이슬람 극단주의 집단들과 중동 및 중앙아시아의 후견국으로부터 지원을 받고 있다. IMU는 지도부는 이란의 라디오 방송을 통해 성명을 발표하고 있다.

바. 가명(假名)

Islamic Party of Turkistan

66) http://www.tkb.org/Group.jsp?groupID=4075(검색일: 2006년 5월 9일).
67) U.S. Department of State, *Patterns of Global Terrorism: 2002*, p. 109.

7) Jaish-e-Mohammed(JEM)(Army of Mohammed)

가. 개요

모하메드 군(JEM)은 파키스탄에 근거지를 둔 이슬람 극단주의 집단으로 하라카트 울 안사르(Harkat-ul-Ansar: HuA)의 지도자였던 아자르(Masood Azhar)가 2000년 초 인도 감옥에서 석방된 후 조직되었다. 이 집단의 목표는 카슈미르 지역을 파키스탄에 합병시키는 것이다.[68] JEM은 과격정당인 Jamiati Ulemai Islam Fazlur Rehman faction(JUI-F)과 정치적으로 연합되어 있다. 미국은 JEM을 미국 재무부의 해외자산 통제국(OFAC: Office of Foreign Asset Control)의 명단에 추가하기로 2001년 10월에 밝혔으며, 12월에는 국무부가 해외 테러조직(FTO)으로 지정했다. 이 집단은 2002년 1월 파키스탄 정부에 의해 활동이 금지되었고 자산은 동결되었다.

나. 활동

JEM의 지도자인 아자르는 1999년 12월 155명이 탑승한 인도 항공기를 납치하여 인질을 석방하는 대가로 인도 교도소에서 석방되었다. 1994년 오마르 셰이크(Omar Sheikh)에 의한 뉴델리에서 발생한 미국인과 영국인 납치사건, 1995년 7월 카슈미르에서 발생한 서방인 납치사건은 모두 JEM과 연계되어 있던 하라카트 울 안사르(Harakat ul-Ansar: HUA)[69]에 의해 자행된 것으로, 그 목적은 아자르의 석방을 위해서 저질러진 사건들이었다. 2001년 10월 1일 최소한 31명을 살해한 잠무 자살테러와 스리나가에 있는 카슈미르 국회의사당 건물에 대한 공격을 JEM이 했다고 주장했다가, 나중에 부인하기도 했다. 인도 정부는 9명의 사망자와 18명의 부상자가 발생한 12월 13일 인도 의사당에 대한 테러 역시 JEM의 소행 가능성을 공개적으로 밝히기도 했다.

다. 세력

파키스탄 아자드 카슈미르 지역, 인도의 남부 카슈미르, 도다 지역에 전 HUM 요원 출신의 JEM 요원들이 간부를 포함해서 수백 명이 활동하고 있다. 이들 대부분은 파키스탄인과 카슈미르 지역 출신이며, 아프간전쟁에 참가했던 아프간 출신인 그리고 아랍인들이다. 이들은 경·중기관총, 저격용 장총, 박격포, 개량된 폭탄, 그리고 로켓 수류탄을 사용하고 있다.

---

68) http://www.tkb.org/Group.jsp?groupID=58(검색일: 2006년 6월 29일).

69) Harakat ul-Ansar(HUA)는 Harakat ul-Mujahedin(HUM)과 같은 단체이다. 카슈미르 지역을 주된 활동 근거지로 하고 있는 이 단체는 이슬람 군사조직으로, 최초 소련의 아프간 침공에 대항하기 위해 설립되었다. 이후 이슬람의 목적을 위해 전 세계를 상대로 투쟁을 하고 있는 단체이다. 본부는 편잡 지방에 있다.

라. 활동 영역 및 근거지

페사와르(Peshawar)와 무자파라바드(Muzaffarabad)에 기지를 두고 있으나 테러활동은 주로 카슈미르 지역에서 하고 있다. JEM은 2001년 가을까지 아프간에 훈련캠프를 유지하고 있었다.

마. 외부 지원

JEM은 인적·물적 지원을 Harakat ul-Jihad al-Islami(HUJI)와 Harakat ul-Mujahedin(HUM)으로부터 받고 있으며, 아프간인, 아랍인 그리고 탈레반과 긴밀한 관계를 맺고 있다. 라덴은 이 집단에 자금을 지원하고 있는 것으로 추정된다.[70] JEM은 또한 잡지와 팸플릿을 통해 자금 기부를 종용하고 있다. JEM은 파키스탄 정부의 자산 동결 조치를 예상하고 은행구좌를 해약하고 합법적인 사업에 자금을 투자하고 있다. 대표적인 예로 공산품 거래, 부동산 거래, 그리고 소비자 상품 거래 등을 수행하고 있다.

바. 가명(假名)

Army of the Prophet, Mohammed, Jaish-e-Mohammad Mujahideen E-Tanzeem, Jaishi-Mohammed(Mohammad, Muhammad, Muhammed), Jeishe-Mahammed, Mohammed's Army, National Movement for the Restoration of Pakistani Sovereignty and Army of the Prophet, Tehrik Ul-Furqaan

8) Jamaah Islamiya organization(JI)

가. 개요

〈지도자 Abu Bakar Bashir〉

제마 이슬라미아(JI)의 기원은 네덜란드의 지배하에 있던 인도네시아의 독립활동을 전개한 1940년대로 거슬러 올라간다. 네덜란드로부터 독립한 후에는 새로이 구성된 수카르노(Achmed Sukarno) 정부가 세속적이라는 이유로 반정부운동을 전개했다. 제마 이슬라미아(JI)라는 명칭이 등장한 것은 1970년대 수카르노 집권 시대이며, 이 명칭이 조직화된 그룹 명칭으로 사용되었는지, 아니면 반정부운동을 전개하는 사람들을 통칭한 것이었는지는 불분명하다. 이 조직의 설립자는 성직자 출신인 바시르(Abu Bakar Baasyir)와 숭카르(Abdullah Sungkar)는 자바에 기숙학교를 설립했는데, 과격 조직원들이 이 학교 출신인 것으로 알려져 있다.[71] 1985년에 설립자들은 말레이시아로 피신하여 인도네시아 사람들과 말레이시아

---

70) U.S. Department of State, *Patterns of Global Terrorism: 2002*, p. 110.

사람들을 아프간에 파견하여 대소 항전에 참전하도록 했으며, 1990년대에는 알카에다 훈련 캠프에 이들을 훈련하기 위해 파견했다. 이 같은 인연으로 JI는 알카에다의 네트워크 속으로 들어간 것으로 알려지고 있다. 이들의 목표는 인도네시아, 말레이시아, 싱가포르, 필리핀 남부 민다나오(Mindanao), 브루나이, 태국 남부를 합하여 '독립 이슬람 국가(Independent Islamic State)'를 수립하는 것을 목표로 하고 있다. JI는 동남아 전역을 대상으로 테러를 자행하는 단체이다. 실제로 싱가포르 국가보안부(ISA)는 2002년 1월 5일, 아프간 알카에다 테러리스트 캠프에서 훈련받은 이들 중 15명을 긴급 체포했다. 이들의 집과 사무실을 급습, 수색하여 폭탄 제조법을 상세히 기록한 문서, 폭파 목표물에 대한 사진, 감시망, 위조 여권 등을 압수했다. 말레이시아에서는 말레이시아 공대 교수들을 포함한 150여 명이 활동하고 있는 것으로 드러난 바 있다. JI는 아시아 지역에서 2000년대에 들어 가장 빈번한 테러행위를 자행하고 있는 단체이다.[72)]

나. 활동

전 세계에 걸쳐 이슬람 단체들과 지속적인 연대를 추진해 왔고, 실제로 이슬람 원리주의자들과는 초(超)국가적, 초지리적 연대를 하고 있는 것으로 나타났다. 알카에다와는 9·11 미 테러사건 이전부터 연대를 해 왔다. 미국의 대테러 전쟁 개시 후 알카에다 핵심 요원들이 아프간과 파키스탄에서 도피하여 동남아시아로 재집결하고 있는 것은 잘 알려진 사실이다. 이 사실은 쿠웨이트 사람으로 인도네시아에서 체포된 알-파루크(31)에 의해 밝혀졌다. 알 파루쿠는 동남아의 여러 지역의 테러단체들을 연결시키는 활동을 해 왔다. 알 파루크는 필리핀에 들어가 모로 이슬람 해방전선(MILF)과 연결시켰으며 인도네시아의 아부 바카 바시르라는 단체와 밀착하여 활동하며, 인도네시아, 필리핀, 말레이시아, 싱가포르, 태국과 미얀마의 과격단체와 연대시키는 활동을 해 왔었다. 알 파루크에 의해 알카에다 테러단체가 아프간에서 동남아로 이동하고 있음이 밝혀졌다. JI는 2002년 10월 12일, 200여 명의 사망자와 300여 명의 부상자가 발생한 발리 나이트클럽 폭탄테러를 자행했다.[73)] 발리 테러사건은 JI 요원들이 2002년 초 태국에 모여 싱가포르와 관광지 등 연성 목표(soft target)에 대한 테러 자행 공모를 결행한 후 발생했다. 2001년 12월에는 C-4 폭탄을 이용하여 싱가포르, 자카르타, 콸라룸푸르의 미국 대사관 공격을 획책하기도 했지만, 이 공격 계획은 인도네시아 정보부에 핵심 요원들이

---

71) CRS Report RL31772, *Terrorism in Southeast Asia*, Mark Manyin, by Richard Cronin, Larry Niksch, and Bruce Vaughn, updated November 18, 2003, p. 5.

72) http://www.tkb.org/Group.jsp?groupID=3613(검색일: 2006년 5월 9일).

73) 인도네시아 정부는 발리 테러 1주일 후 JI의 지도자인 바시르를 체포하여 정부 전복 기도 혐의로 1심에서 4년형을 선고했으며, 2심에서 3년의 징역형을 선고하여 교도소에 수감했다. 그리고 2003년에는 아시아의 오사마 빈 라덴으로 알려지고 있는 JI의 작전 총 책임자인 이사무딘(Riduan bin Isamuddin: Hambali로도 알려져 있음)을 발리 테러 혐의로 체포했다.

체포되어 무위에 그쳤다.

다. 세력

정확한 숫자는 알려져 있지 않은 가운데 싱가포르 정부는 대략 5,000여 명으로 추정하고 있다.[74] 실제 행동 요원은 수백 명에 이를 것으로 추정된다.

라. 활동 영역 및 근거지

JI는 싱가포르와 말레이시아에 세포조직을 가지고 있으며, 인도네시아와 필리핀에도 활동 근거지를 마련하고 있다.

마. 외부 지원

자체 자금 조달을 하고 있으며, 동남아시아 지역의 여러 기관과 단체로부터 재정적 지원을 받고 있고, 알카에다와 밀접한 연계를 가지고 있어서 라덴의 재정적 지원을 받고 있는 것으로 알려져 있다.[75]

바. 가명(假名)

Islamic Community, Islamic Group

사. 주요 테러사건

2000. 8: 자카르타 주재 필리핀 대사관 폭탄테러(3명 사망, 19명 부상)

2000. 12: 자카르타 등 6개 도시 동시다발 폭탄테러 자행(10명 사망, 120여 명 부상)

2002. 10: 발리섬 나이트클럽 연쇄폭탄 테러(2,002명 사망, 300여명 부상)

2003. 8: 자카르타 소재 미국계 매리어트 호텔 차량폭탄 테러(15명 사망, 150여 명 부상)

2004. 9: 호주 대사관 정문 앞 차량 자폭 테러(9명 사망, 182명 부상)

2005. 10: 발리섬 카페(2곳), 쇼핑센터 등 연쇄 자살 폭탄테러 자행(26명 사망, 102명 부상)

9) Lashkar-e-Tayyiba(LT)

가. 개요

LT는 파키스탄에 기반을 둔 종교단체인 Markaz-ud-Dawa-wal-Irshad(MDI)의 무장조직이다. MDI는 수니파 반미

74) U.S. Department of State, *Patterns of Global Terrorism: 2002,* p. 110.

75) "Terrorism: Questions and Answers: Jemaah Islamiyah," The Council on Foreign Relations and the Markle Foundation, http://www.terrorismanswers.org/groups/jemaah.html(검색일: 2009년 5월 9일).

선전 조직으로 1989년 결성되었다. LT는 압둘 와히드 카슈미리(Abdul Wahid Kashmiri)가 이끌고 있으며, 인도와 대항해서 싸우는 카슈미르 지역의 가장 규모가 크고 잘 훈련된 3대 조직 중의 하나이다.76) 미국은 2001년 10월에 LT를 미 재무부의 OFAC77) 명단에 추가했다. 파키스탄 정부도 2002년 1월 LT의 활동을 금지하고 LT의 자산을 동결했다.78)

나. 활동

LT는 1993년 이후 카슈미르 지역에서 인도군과 민간인을 상대로 수많은 테러를 자행했다. LT는 2001년에 이루어진 많은 테러를 자신들의 소행이라고 주장했는데, 여기에는 1월 스리나가 공항 폭탄테러(민간인 5명, 군인 6명 사망), 스리나가 경찰서 폭탄테러(최소한 8명의 경관이 사망, 수명이 부상), 4월 인도 국경경비군에 대한 테러(최소한 4명 사망) 등이 포함된다. 인도 정부는 JEM과 함께 LT를 12월 13일 인도 국회의사당에 대한 테러 공격을 했다고 공식적으로 발표했다. 알카에다 간부인 주베이다(Abu Zubaydah)가 2002년 LT의 은신처에서 체포되어, 알카에다와의 연계가 입증되었다.

다. 세력

아자드 카슈미르(Azad Kashmir), 파키스탄, 그리고 인도의 남부 카슈미르와 도다 지역에 수백 명의 대원들을 보유하고 있다. LT의 간부들 거의 대부분은 국경을 넘어 온 파키스탄인과 아프간전쟁에 참가했던 아프간 전사들이다. 이들은 저격용 장총과 경·중기관총, 박격포, 폭탄, 그리고 로켓 수류탄을 사용한다.

라. 활동 영역 및 근거지

이들은 무리드케(Muridke: Lahore 근처)와 무자파라바드(Muzaffarabad)에 근거지를 두고 있다. LT는 파키스탄이 행정권을 가지고 있는 카슈미르 전역에 걸쳐 이동 훈련 캠프에서 무장요원들을 훈련시키고 있으며, 2001년 가을 이전까지는 아프간에서도 훈련을 시켰다.79)

마. 외부 지원

페르시아 만 지역과 영국의 파키스탄 공동체, 이슬람 비정부 단체들, 파키스탄과 카슈미르 기업인들로부터 기부금을 모금하고 있다.80) LT는 또한 인터넷 웹사이트를 운영하고 있으며,

---

76) U.S. Department of State, *Patterns of Global Terrorism: 2002*, p. 113.

77) OFAC의 명단은 테러집단을 지원하면서 미국 내에 동결 또는 통제할 수 있는 자산을 가진 조직들을 포함한다.

78) CRS Report RL21658, *International Terrorism in South Asia*, by K. Allen Kronstadt,, updated November 3, 2003.

79) U.S. Department of State, *Patterns of Global Terrorism: 2002*, p. 113.

80) "Terrorism: Questions and Answers: Basque Fatherland and Liberty (ETA)," The Council on

이를 통해서 자금을 모금하고 조직원들에게 정보를 제공하고 있다.[81] LT는 MDI의 네트워크를 통해 필리핀에서부터 중동과 체첸에 이르는 전 세계에 걸쳐 종교 및 군사적인 집단과 연계를 유지하고 있다. 파키스탄 정부의 자산 몰수를 예견하여 LT는 은행 구좌를 해약하고 예금을 인출하여 합법적인 사업에 자금을 투자하고 있다. 대표적인 예로 공산품 거래, 부동산 거래, 그리고 생필품 거래 등을 통해 활동자금을 조달하고 있다.

바. 가명(假名)

Army of the Righteous, Jamaat al-Dawat

사. 주요 테러사건

2000. 12: 인도 뉴델리 소재 유적지 레드 포트(Red Fort)를 공격하여 3명 살해

2001. 12 : 뉴델리 소재 국회의사당을 공격하여 총격전을 전개, 보안요원 6명 사망

2008. 11: 미국으로부터 170여 명이 사망하고 300여 명이 부상당한 뭄바이 동시다발 테러의 배후로 지목

10) Lashkar-i-Jhangvi(LJ)

가. 개요

LJ는 파키스탄 수니파 분리주의 단체인 Sipahl-Sahaba Pakistan(SSP)에서 분리된 무장단체로 1996년에 결성되었다. 이 조직의 주된 공격 대상은 시아파이며, 이슬람 규칙에 의해 지배되는 수니파 국가를 건설하는 것을 목표로 내세우고 있다. 2001년 8월에 파키스탄 대통령에 의해 조직 활동이 금지되었으며, 아프간 탈레반 잔당 그리고 알카에다와 연계되어 있다.

나. 활동

LJ의 주된 공격 유형은 무장 공격과 폭탄 공격이다. 전직 수상과 전직 장관 등 고위 인사에 대한 암살 시도뿐만 아니라 외국인 기자 암살 등도 자행했다. 아울러, 기독교인들과 기독교 시설에 대한 테러 공격도 자행해 왔다.[82]

다. 세력

구체적으로 알려진 바는 없지만 미국 국무부는 100명 이하로 추정하고 있다.[83]

Foreign Relations, [http://www.terrorismanswers.org/groups/harakat.html](검색일: 2008년 7월 19일).

81) LT의 이 집단의 모조직이라 할 수 있는 Jamaat ud-Daawa의 이름으로 웹 사이트가 운영되고 있다.

82) Stephen Collinson, "US designates Pakistani-based Sunni extremists as terror group." *Agence France Presse,* January 30, 2002.

83) U.S. Department of State, *Patterns of Global Terrorism: 2002,* p. 114.

라. 활동 영역 및 근거지

펀잡(Punjab) 지역과 카라치(Karachi)가 주된 활동 근거지이다.

마. 외부 지원

구체적으로 알려진 바 없다.

11) Liberation Tigers of Tamil Eelam(LTTE)

가. 개요

1976년에 설립된 LTTE는 스리랑카에서 가장 강력한 타밀(Tamil) 집단이며, 불법적으로 자금을 모금하고, 무기를 획득하고 있다. LTTE는 독립적인 타밀 국가를 건설한다는 명분을 대외적으로 홍보하는 데 공개적 방법과 동시에 불법적인 방법도 사용하고 있다. LTTE는 1983년부터 스리랑카 정부군과 무장투쟁을 시작했으며, 테러 전술의 사용을 포함한 게릴라 전술에 의존하고 있다. 현재 LTTE는 스리랑카 정부와 휴전협정을 맺고 평화적인 대화를 진행 중이다.

나. 활동

LTTE는 지방의 주요 인사뿐만 아니라 수도 콜롬보와 다른 주요 도시의 정치 및 군사 지도자를 공격 대상으로 하는 테러 전술과 전장에서의 봉기전략을 동시에 구사하고 있다. LTTE 중에서 일명 '블랙 타이거'로 불리는 자살폭탄조(Unit)는 악명이 높다.[84) LTTE는 정치적인 암살과 폭탄테러는 일상적인 전술이며, 외국의 외교관 및 상업시설물들은 테러 대상에서 제외하는 전략을 구사하고 있다.

다. 세력

정확한 인원은 알려지지 않고 있으나, LTTE는 스리랑카에 8,000~10,000명에 이르는 무장 전투요원을 보유하고 있는 것으로 평가되며, 이들 중 핵심 전사는 3,000~6,000명 정도이다.[85) LTTE는 또한 자금 모금, 무기 조달, 선전활동을 위해 상당한 정도의 해외 지원조직을 가지고 있다.

---

84) CRS Report RL31707, *Sri Lanka: Background and U.S. Relations*, by Bruce Vaughn, November 5, 2003, p. 4.

85) U.S. Department of State, *Patterns of Global Terrorism: 2002*, p. 115.

라. 활동 영역 및 근거지

스리랑카의 북부 및 동부 해안지방 대부분을 통제권에 두고 있지만 스리랑카 섬 전역에 걸쳐 활동을 하고 있다. LTTE의 지도자 프라바카란(Velupillai Prabhakaran)은 북부 스리랑카에 LTTE 본부를 두고 있으며, LTTE가 통제 지역으로 진입하는 외부인들은 상세히 추적할 수 있는 광범위한 검문소 및 정보망을 구축하고 있다.[86]

마. 외부 지원

LTTE는 조직 운영을 위한 자금 조달은 북미, 유럽, 아시아 지역의 타밀족 공동체로부터의 기여금 그리고 무기의 조달, 통신, 기타 필요한 장비와 물자를 확보하기 위해 자체 밀무역을 통해 조달하고 있다.

사. 가명(假名)

World Tamil Association(WTA), World Tamil Movement(WTM), The Federation of Associations of Canadian Tamils(FACT), The Ellalan Force, The Sangilian Force

아. 주요 테러사건

1975. 4: 스리랑카 북부 자프나 시장 살해

1991. 5: 자살 폭탄테러로 인도 수상 라지프 간디(Rajiv Gandhi) 암살

1993: 5: 자살 폭탄테러로 스리랑카 대통령 프레마다사(Ranasinghe Premadasa) 등 14명 살해

4. 아프리카 지역의 테러조직

1) Al Shabaab

가. 개요

Al-Shabaab가 미 국무부에 의해 테러조직으로 지정된 것은 2008년 2월 29일이다. 원래 이 조직은 2006년에 남부 소말리아를 점령한 소말리아 전 이슬람 법원 회의(Somali Islamic Courts Council)의 무장조직이다. Al-Shabaab는 2006년 말부터 소말리아의 에티오피아 점령지역 내, 소말리아, 아프리카 연합 소말리아 평화유지군을 대상으로 게릴라전과 테러전술을 활용하여 반정부활동을 전개하고 있다.

---

86) CRS Report RL 31707, *Sri Lanka: Background and U.S. Relations*, by K. Alan Kronstadt, updated May 30, 2003, p. 4.

나. 활동

Al-Shabaab은 소말리아 중앙정부를 상대로 폭력을 동원하고, 협박을 통해 혼란을 유도하고 있으며, 화해와 대화를 통한 평화 정착을 지지하는 정치지도자들을 살해해 왔다. 이 조직은 모가디슈에서 발생한 무장 공격 및 대형 폭탄테러를 통해 고위관료와 시민사회 지도자들을 살해했다. 심지어는 비정부기구 소속 봉사단원들에 대한 테러도 서슴지 않고 있다.

다. 세력

자세히 알려지지는 않았지만 핵심 조직원들은 알카에다의 훈련 캠프에서 테러 교육을 받은 것으로 알려져 있다.

라. 활동 영역 및 근거지

2008년 1월에 소말리아에 진주해 있던 에티오피아 군이 철수하면서 중남부 소말리아에 치안 공백이 발생하자, 그 공백을 이 조직이 채웠다. 하지만 2008년 1월에는 수도 모가디슈에서 13명이 사망하는 자살테러를 자행하는 등 활동 반경을 확대하고 있다.

마 외부 지원

소말리아를 탈출하여 외국에 살고 있는 소말리아인들의 도움을 받고 있다.

바. 가명(假名)

The Harakat Shabaab al-Mujahidin, al-Shabab, Shabaab, the Youth, Mujahidin al-Shabaab Movement, Mujahideen Youth Movement, Mujahidin Youth Movement

2) Armed Islamic Group(GIA)

가. 개요

〈에어 프랑스기 납치 사건〉

무장 이슬람단(GIA)는 극단적인 테러 조직으로 비종교적인 세속 알제리 정권을 전복시키고 이슬람 국가를 건설하는 것을 목표로 하고 있다. GIA는 알제리 정부가 1991년 12월 실시한 최초 다당제 총선에서 최대 규모의 야당인 이슬람 구국전선(Islamic Salvation Front: FIS)의 승리를 무효라고 선언한 이후인 1992년부터 본격적으로 테러행위를 개시했다.

나. 활동

민간인과 정부 직원들에 대해 지속적인 테러를 자행했다. 1992년부터 1998년 사이에 GIA는 민간인을 대량으로 살육하는 시민 학살 테러작전을 실행에 옮기기도 했으며, 때로는 작전 지역 내에 있는 모든 마을 전체를 파괴하기도 했다.[87] 1993년 알제리에 거주하는 모든 외국인들에 대한 테러 공격을 공언한 이후, GIA는 해외에서 거주하다 알제리로 귀화한 유럽 출신 민간인 100명 이상을 살해했다. GIA는 자동차 폭탄 공격을 포함한 폭탄테러 및 암살을 주로 자행했으며, 민간인 납치는 물론이고 인질을 잔인하게 참수하는 행위를 자행해 왔다. 1998년에는 SAlafi Group for Call and Combat(GSPC)라는 분파가 발생, GIA의 악명을 능가하여 현존하는 가장 과격한 무장단체로 평가받고 있다. GIA는 1994년 12월 알제리행 에어 프랑스 항공기를 납치했다. 2002년에 프랑스 법원은 1995년 프랑스에서 일련의 폭탄테러를 감행한 2명의 GIA 구성원들에게 종신형을 선고했다.

다. 세력

정확한 인원은 알려지지 않았으나 대량 100여 명 정도로 추산된다.

라. 활동 영역 및 근거지

주요 활동 근거지는 알제리로 알려져 있다.

마. 외부 지원

알제리에서 추방된 일부 극성분자들 중 일부는 서유럽에 살면서 재정적 및 병참적인 지원을 제공하고 있다. 그 밖에 알제리 정부는 이란과 수단이 알제리 극단주의자들을 지원하고 있다고 비난하고 있다.

3) Al Gama'a al-Islamiyya(Islamic Group)

가. 개요

알 가마아 알 이슬라미아(IG)는 1970년대 말 이후 이집트에서 가장 큰 규모의 군사조직을 갖춘 이슬람 원리주의 극단주의 단체로 활동해 왔다. 조직 구성은 느슨하게 구성되어 있는 것으로 알려져 있다. IG는 전 세계의 몇몇 국가에 지지자를 포함한 외곽 조직을 보유하고 있다. 이 집단은 1999년 3월 테러 중단을 선언했으나, IG의 정신적 지도자인 알 라흐만(Shaykh Umar Abd al-Rahman)이 1993년 미국 세계무역센터(WTC) 지하 주차장 폭탄테러에 대한 혐의로 1996년 1월 종신형을 선고받고 미국에 투옥되자, 2000년 6월 테러 중단 선언을 철회했다. IG는 1998년 8월 이후 이집트 내에서는 테러를 자행하지 않았다.

---

87) "New Bloodletting in Algeria," *Newsday*, January 5, 1998.

IG의 고위직 요원은 미국에 대한 공격을 요구하는 오사마 빈 라덴의 파트와(Fatwa)[88]에 1998년 2월 서명했다. 비공식적으로 IG는 두 개의 파벌로 분리되어 있다: 한 파벌은 하즈마(Mustafa Hamza)가 이끌고 있는 것으로 테러 중단을 지지하고 있으며, 또 다른 파벌은 무사(Rifa'i Taha Musa)가 이끄는 것으로 무장투쟁으로의 복귀를 주장하고 있다. 무사는 대량 사상자를 초래하는 테러리스트 공격을 정당화하는 내용의 책을 2001년에 발행하기도 했다. 그런 일이 있은 몇 개월 후에 행방불명되었는데, 그의 행방에 관해 여러 가지 설이 있다. 이 집단의 일차적인 목표는 이집트 정부를 전복하고 이슬람 국가로 대체하는 것이지만, 무사와 알 라흐만의 영향을 받아서 분파된 요원들은 미국과 이스라엘에 대한 공격을 선호하고 있는 것으로 알려져 있다.

나. 활동

IG는 테러 중단 선언 이전에 이집트의 보안군과 정부 관리, 기독교 단체, 그리고 이슬람 극단주의를 반대하는 이집트인 등을 공격했다. 1993년부터 테러중단 선언까지, 이 집단은 이집트에 온 관광객에 대한 테러를 자행했다. 대표적인 사건으로 1997년 11월 58명의 외국 관광객을 살해한 룩소르에서의 테러를 들 수 있다. 또한 이 집단은 1995년 6월 에티오피아의 아디스아바바에서 무바라크 이집트 대통령 암살 기도를 자신들의 소행이라고 주장하고 있다.[89] 이 집단은 미국 시민과 시설물에 대한 공격은 한 번도 하지 않았으나 미국의 이익을 계속 위협해 왔다.

다. 세력

IG의 세력은 알려지지 않고 있으나 조직의 활동이 최고조에 이르렀을 때는 수천 명의 핵심 요원이 있었고, 아울러 수천 명의 동조자가 있었으리라고 추정된다. 1999년 테러 중단 선언과 1997년 룩소르 관광객 테러 공격에 대한 이집트 정부의 대대적인 테러 소탕으로 요원들의 수는 줄어들었으며, 특히 2001년 9·11테러 이후 보안의 강화로 요원들의 수는 훨씬 더 줄어들었다.[90]

라. 활동 영역 및 근거지

주로 남부 이집트에서 활동하고 있다. 또한 카이로, 알렉산드리아 그리고 기타 도시 지역에서 일부 학생들의 지지를 받고 있다. 영국, 예멘, 오스트리아 등에 지부가 있다.

---

88) 파트와(Fatwa)는 특정한 행동 실천을 요구하는 일종의 종교적 명령서이다.

89) "Ethiopia Announces Arrests in Mubarak Assassination Bid," *Agnence France Presse*, Aug. 2, 1995.

90) U.S. Department of State, *Patterns of Global Terrorism: 2002*, p.106.

마. 외부 지원

구체적으로 알려지지 않고 있으나, 이집트 정부는 이란, 라덴, 그리고 아프간의 군사집단 등이 이 조직을 도와 주고 있는 것으로 알려져 있다. 또한 다양한 이슬람 비정부단체로부터 재정적인 지원을 받고 있다.

바. 가명(假名)

Al-Gamat al-Islamiya, Jamaat al-Islamiyya

4) Al-Jihad(Egyptian Islamic Jihad)

가. 개요

알 지하드는 1970년 말에 결성된 이집트 이슬람 극단주의 단체로 이집트의 세속 정권과 서구 영향력에 반대하고 코란의 가르침에 충실해야 한다는 하산 알 바나(Hasan al Banna)에 의해서 1928년에 설립된 무슬림 형제(Muslim Brotherhood)라는 조직에서 분파된 조직이다. 이 조직의 일차적인 목표는 이집트 정부를 전복하고 이슬람 정부를 세우는 것이며, 이집트와 해외에서 미국과 이스라엘의 이익을 공격하는 데 두고 있다. 알지하드는 1980년대 초에 무바라크(Muhammad Hosni Mubarak) 대통령의 강경 대응이 이어지면서 두 개의 분파로 분리되었는데, 그 중에 한 조직은 알카에다의 2인자로 알려져 알 자와히리(Ayman al-Zawahiri)가 이끄는 알카에다의 유태인과 십자군을 반대하는 국제전선(International Front for Jihad against Jews and Crusaders)으로 1987년에 아프간으로 기지를 옮겼으며, 알카에다의 요청에 의해 미국에 대한 직접적인 공격에 가담하기 시작했다.[91] 알지하드는 2001년 6월 알카에다와 합병되었으나 독자적인 작전을 수행할 수 있는 능력을 가진 것으로 알려져 있다. 9·11 테러 공격 이후 현저하게 쇠퇴하여 이집트 내에서는 명맥만 유지하고 있다.

나. 활동

이집트 내각의 장관을 포함해 이집트 고급 공무원에 대한 무장테러와 미국과 이집트의 공공 시설물에 대한 자동차 폭탄테러를 전문으로 하고 있다. 이 단체는 1981년 이집트 사다트

---

91) "Egypt's Brutal Response to Militants: Tactics Used to Counter Opponents at Home Contrast with Appeals for U.S. Restraint," *The Washington Post*, October 7, 2001, p.A25; Anthony Keats, "In the Spotlight: Al-Jihad."[http://www.cdi.org/terrorism/aljihad.cfm](검색일: 2006년 5월 9일).

(Anwar Sadat) 대통령 암살사건에 책임이 있으며, 1993년 8월 내무장관 알 알피(Hassan al- Alfi)의 암살 기도와 1993년 11월 세드키(Atef Sedki) 수상의 암살 기도를 자신들의 소행이라고 주장했다.[92] 1993년 이후 이집트 내에서는 테러 공격을 자행하지 않았으며 외국 관광객을 대상으로 한 테러도 자행하지 않았다. 1995년 이슬라마바드 주재 이집트 대사관 폭탄테러와 1998년 알바니아 주재 미국 대사관에 대한 테러 미수사건도 이들의 소행으로 추정된다.

〈설립자 Ayman al-Zawahiri〉

다. 세력

정확한 숫자는 알려지지 않고 있으나 수백 명의 핵심 요원들이 있는 것으로 알려져 있다.

라. 활동 영역 및 근거지

역사적으로 보면 카이로 지역에서 주로 활동했다. 그러나 연계 세력은 대부분은 예멘, 아프간, 파키스탄, 레바논, 영국을 포함해서 이집트 외부에 있으며, 지난 수년 동안 활동이 이집트 외부에서 일어났다.

마. 외부 지원

자세한 사항은 알려지지 않고 있으나, 이집트 정부는 이란과 수단이 알지하드를 지원하고 있다고 주장한다.[93] 알카에다와 합병으로 인해 라덴의 지원을 받아왔던 것으로 알려져 있다. 또한 다양한 이슬람 비정부기관과 상업 활동 및 범죄활동 등을 통해서 약간의 자금을 충당하고 있다.

바. 가명(假名)

Egyptian Islamic Jihad, Jihad Group, Islamic Jihad, Al-Jihad al-Islami, New Jihad Group, Qaeda al-Jihad, Talaa'al al-Fateh, Vanguards of Conquest

---

92) "Arrests in Connection with Assassination of Speaker of Parliament," The Independent-London, Oct. 29, 1990; "Terrorism Database," Periscope, USNI Database, www.periscope1.com.(검색일: 2008년 5월 9일).

93) Anthony Keats, "In the Spotlight: Al-Jihad." Center for Defense Information.[http://www.cdi.org/terrorism](검색일: 2006년 3월 9일).

5) Libyan Islamic Fighting Group(LIFG)

가. 개요

LIFG는 리비아의 카다피(Muammar Qadhafi) 정권을 전복시키고 정통 이슬람 정권을 수립하는 것을 목표로 하고 있다. 1995년에 설립된 것으로 알려진 이 조직은 수련의 아프간 침공시 참전했던 전사들 중 리비아 출신들이 중심이 되었으며, 카다피 정권을 비이슬람 정권으로 규정하고 카다피 암살을 수차례에 걸쳐 시도했지만 모두 실패했다. 1990년대 후반 이후 공격 빈도는 점진적으로 낮아졌지만 주된 공격 목표는 리비아 보안군이다.[94]

나. 활동

카다피 정권의 전복 이외에 LIFG는 그들의 활동 반경을 국제적으로 넓혀가고 있다. 주로 이슬람 지하드운동 세력을 지원하고 있으며, 알카에다와도 긴밀한 연계를 가지고 있다. LIFG의 지도자들 일부는 알카에다의 지도부로도 활동하고 있는 것으로 알려졌다.

다. 세력

조직원의 규모는 대략 300여 명으로 알려져 있다.

라. 활동 영역 및 근거지

주요 활동 근거지는 리비아이다.

마. 외부 지원

전 세계의 이슬람 비정부기구에서 재정 지원을 받고 있으며, 범죄행위를 통한 운영자금 조달도 하고 있는 것으로 알려져 있다.

바. 가명(假名)

Fighting Islamic Group, Libyan Fighting Group, Libyan Islamic Group

6) Moroccan Islamic Combatant Group(GICM)

가. 개요

GICM은 모로코에 이슬람 정권을 수립하는 것을 목표로 삼고 있는 테러조직이다. 아울러 알카에다와 밀접한 연계를 가지면서 미국과 미국의 동맹국에 대한 알카에다의 테러 정당성을 주장하고 있다. GIGM의 설립 연도는 정확하게 알려진 바 없고, 1990년대에 조직된 것으로 추정된다. 조직원 일부는 아프간의 알카에다 테러 캠프에서 훈련을 받았다.[95]

---

94) http://www.tkb.org/Group.jsp?groupID=4400(검색일: 2006년 6월 19일).
95) http://www.tkb.org/Group.jsp?groupID=4341(검색일: 2006년 5월 9일).

나 활동

GICM은 알카에다와의 연계로 인해 각각의 작전에 테러 요원들을 상호 파견하는 등 지원 네트워크를 구축하고 있으며, 서유럽 및 미주 지역의 과격 이슬람 조직들과 연계를 가지면서 활동 영역을 꾸준히 확대하고 있는 것으로 알려지고 있다.

다. 세력

구체적으로 알려진 바 없다.

라. 활동 영역 및 근거지

모로코, 아프간, 벨기에, 덴마크, 이집트, 프랑스, 스페인, 터키, 영국 등 광범위한 활동 영역을 가지고 있는 것으로 알려져 있다.

마. 외부 지원

알카에다의 재정 지원을 받고 있는 것으로 추정되며, 무기 밀거래, 문서 위조, 마약 거래 등을 통해 운영자금을 마련하고 있는 것으로 알려져 있다.

7) Salafist Group for Call and Combat(GSPC)

가. 개요

GSPC는 알제리 유혈 내전이 한창이던 1996년에 최대 테러조직이었던 Armed Islamic Group(GIA)에서 분리되어 조직되었지만 현재는 알제리 내에서 가장 체계적인 구조를 가지고 있으며, 무장이 잘된 조직으로 알려져 있다. GIA와는 대조적으로, GSPC는 알제리 내에서 민간인에 대한 테러 공격을 하지 않을 것임을 선언하여 대중적인 지지를 받고 있다.[96] 2000년에는 모체였던 GIA의 해외 지지 세력과 유럽, 아프리카, 중동 지역의 지원 네트워크를 대부분 흡수하는 데 성공하여 알제리 최대 조직으로 등장했다.[97] GSPC 조직의 목표는 알제리에서 이슬람 율법에 의해 다스려지는 이슬람 국가를 건설하는 것이다.

96) http://www.tkb.org/Group.jsp?groupID=3777(검색일: 2007년 5월 9일).

97) Anthony Keats, "In the Spotlight: The Salafist Group for Call and Combat," Center For Defense Information, January 14, 2003, [http://www.cdi.org](검색일: 2007년 7월 9일).

나. 활동

GSPC는 설립 이후 주로 정부 및 군을 대상으로 테러 공격을 계속하고 있지만, 자금 조달 목적으로 외국 관광객을 납치하기도 한다. 외국인에 대한 대표적인 테러사건은 2003년 2월에 사하라 사막을 관광하던 31명의 유럽 관광객을 납치하여 그 중 1명을 살해한 사건이다.

다. 세력

알제리 정부는 핵심 요원이 200에서 300명 정도로 추산하고 있지만, 실질적으로 동조 혹은 지지하는 세력은 알제리 내에서만도 수천 명에 달할 것으로 추정된다.

라. 활동 영역 및 근거지

주된 활동 및 근거지는 알제리이다. 그 밖에 유럽 내의 일부 GSPC의 요원들은 알카에다에 동조하는 북아프리카의 극단주의자와 접촉을 유지하고 있는 것으로 알려지고 있어 활동 영역을 확대하고 있는 것으로 추정된다.

마. 외부 지원

서유럽에 거주하고 있는 많은 알제리 망명자들과 GSPC의 해외 요원들이 재정적 및 병참적인 지원을 제공하고 있다. 그 밖에 알제리 정부는 이란과 수단이 지난 몇 년 동안 알제리 극단주의자들을 지원했다고 주장하고 있다.

바. 가명(假名)

Salafist Group for Preaching and Combat

5. 남미 지역의 테러조직

1) National Liberation Army(ELN)

가. 개요

민족해방군(ELN)은 마르크스주의 추종 반정부 집단으로 카스트로(Fidel Castro)와 체 게바라(Che Guevara)에게 영향을 받은 도시 지식인들에 의해서 1965년에 만들어졌다. 이 조직은 콜롬비아 정부를 무너뜨리고 사회주의 자본경제로의 전환을 목표로 내세우고 있다. 아울러 사유재산 제도를 반대함과 동시에 미국의 영향력을 배제하는 노력도 하고 있다.[98] ELN은 1999년 그들의 힘과 건재함을 과시하고 파스트라나(Andres Pastrana Arango) 행정부에 협

98) "Terrorism: Questions and Answers: FARC, ELN, AUC," The Council on Foreign Relations and the Markle Foundation, [http://www.terrorismanswers.org/groups/farc.html](검색일: 2008년 5월 9일).

상을 강요하기 위해 대규모의 납치사건을 자행하기도 했다. 콜롬비아의 정부와 ELN 간의 평화회담은 1999년에 시작되었고, 2001년 8월 보고타 정부가 결렬을 선언하기까지 산발적으로 평화회담은 계속되었으나, 결과 도출은 이루어내지 못하고 있다.

나. 활동

납치, 항공기 납치, 폭발, 강탈, 게릴라전을 수행하며, 일정 수준의 재래식 전쟁을 수행할 능력을 가지고 있다. 매년 몸값을 받기 위해 수백 명을 납치하는데, 종종 대규모 회사 특히 석유회사에 근무하는 외국 고용자들을 대상으로 하기도 한다.[99] 아울러, 송유관과 송전탑 등에 대한 시설 테러로 에너지 수급 체계를 혼란에 빠뜨리기도 한다.[100]

다. 세력

약 3,000~5,000명의 무장 전투요원이 있으며, 다수의 적극적인 지지자들이 있다.[101]

라. 활동 영역 및 근거지

대부분 콜롬비아 북부, 동북부, 남서부 지역의 농촌 및 산악지역과 베네수엘라 국경 부근이다.

마. 외부 지원

쿠바가 일정 수준의 의료 지원과 정치적 조언을 제공한 것으로 알려져 있지만, ELN은 조직 운영에 필요한 자금을 자체 조달하고 있다. 인질 납치를 통한 석방금 그리고 최근에는 마약 거래도 하고 있는 것으로 알려지고 있다.[102]

사. 주요 테러사건

1999. 5: 칼리시 상류층 거주지역 성당에 난입, 신도 45명을 납치

2001. 2: 카르타헤나 시에서 한국인 교민 1명 등 5명 납치

---

99) 2001년 한 해 동안 무려 800여 건의 납치사건을 자행했다. 납치사건의 목적은 주로 운영자금의 조달을 위한 것이 대부분이었다; Shawn Choey, "In the Spotlight: The National Liberation Army," Center for Defense Information, updated June 23, 2003, available at [http://www.cdi.org].

100) Ibid.

101) U.S. Department of State, *Patterns of Global Terrorism: 2002,* p. 116.

102) "Terrorism: Questions and Answers: FARC, ELN, AUC," The Council on Foreign Relations and the Markle Foundation, [http://www.terrorismanswers.org/groups/farc.html](검색일: 2008년 11월 23일).

2003. 3: 안티오키아 주에서 미국이 지원한 마약 단속 항공기에 총격
2008. 8: 엘탐보 시에서 무차별 무장 공격으로 10명이 사망하고 15명 부상

2) Revolutionary Armed Forces of Colombia(Fuerzas Armadas Revolucionarias de Colombia: FARC)

가. 개요

1964년 콜롬비아 공산당의 무장단체로 창설된 FARC는 콜롬비아에서 가장 오랜 역사를 가진 마르크스주의 반정부조직이다. 이 조직의 목표는 콜롬비아 현 정부를 전복하고, 마르크주의 국가를 건설하는 것이다.[103] FARC는 설립자이며, 지도자인 마룰란다(Manuel Marulanda)가 이끌고 있는 서기국(Secretariat)과 고위 군사지도자인 브리세노(Jorge Briceno)를 포함한 6명에 의해서 통제되고 있다. FARC는 군 지휘 계통을 따라 조직되어 있으며 몇 개의 도시에 지원 조직을 가지고 있다. 2001년에 콜롬비아의 파스트라나(Andres Pastrana Arango) 행정부와 평화 협상을 시작했으나, FARC의 항공기 납치, 납치 콜롬비아 상원의원의 납치사건으로 2002년 2월에 결렬되었다. 그리고 FARC는 2002년 7월에는 우리베(Alvaro Uribe) 대통령 취임식이 열리는 대통령 궁에 대규모 곡사포 공격을 단행했다. 이 사건으로 대통령 취임식에 참석한 외교사절 등의 희생자 발생은 없었으나, 인근 지역 거주자 21명이 목숨을 잃었다.

나. 활동

FARC는 콜롬비아의 정치・군사・경제적인 목표물에 대해 폭탄테러, 살인, 납치, 강탈, 항공기 납치는 물론 정부군에 대항하여 게릴라전과 재래식 군사작전을 감행하고 있다. 1999년 3월 FARC는 콜롬비아에서 미국 인디언 인권운동가 3명을 납치한 후 베네수엘라에서 이들을 처형했다. FARC는 몸값을 노리고 외국인들을 납치하여 그들의 활동자금으로 활용하고 있다. FARC는 마약 거래자들과 무장 경호를 제공하는 등 밀접한 관계를 맺고 있으며, 심지어는 마약 재배, 유통 등 직접적인 마약 사업을 하고 있다. FARC에 의해 자행된 560여 건의 테러로 인해 6백여 명이 목숨을 잃었고, 1천 명 이상이 부상을 당했다.[104]

다. 세력

약 9,000~12,000명의 무장 전사와 대부분 농촌 지역에 거주하는 수천 명에 달하는 지지자

103) U.S. Department of State, *Patterns of Global Terrorism: 2002,* p. 120.
104) http://www.tkb.org/Group.jsp?groupID=96(검색일: 2006년 5월 9일).

를 가지고 있는 것으로 추정된다.

라. 활동 영역 및 거주지

콜롬비아에서 주로 활동하며 베네수엘라, 파나마, 에콰도르 등지에서 강탈, 납치, 병참 지원 등의 일부 활동을 하기도 한다.

마. 외부 지원

쿠바가 약간의 의료 및 정치적 자문을 제공하고 있으며, 아일랜드 공화군(IRA)이 무기를 제공하고 있다는 혐의를 받고 있다.

사. 주요 테러사건

2002. 2: 선거운동을 위해 이동 중이던 대선 후보 베탕쿠르(Belisario Betancur Cuartas) 납치, 베탕쿠르는 2008.7 정부군의 구출작전으로 5년 5개월 만에 구출

2002. 8: 대통령 취임식 행사장 인근에 박격포탄을 발사, 80여 명 사상

2003. 2: 보고타 소재 클럽 주차장에서 폭탄테러를 자행, 170여 명 사상

2004. 2: 카사레 주 축제 현장에서 폭탄테러를 자행, 30여 명 사상

2005. 2: 마약 밀매에 이용되는 강의 통제권을 확보하기 위해 정부군 초소를 공격, 병사 40여명 사상

2006. 4: 보고타에서 경전철 연결 버스에 폭탄테러를 자행, 30여 명 사상

2008. 8: 이투앙고 시 지역축제 행사장을 폭탄으로 공격, 50여 명 사상

2009. 2: 칼리시 시 경찰서 앞에서 차량폭탄 테러를 자행, 40여 명 사상

3) Shining Path(Sendero Luminoso, SL)

가. 개요

남미의 테러리스트 단체 중에 가장 많이 알려져 있는 SL은 페루 공산당(Peruvian Communist Party-PCP)에 반대하는 당원들이 탈당하여 대학교수 출신인 아비마엘 구즈만(Abimael Guzman)이 중심이 되어 1969에 결성되었다. 신마오쩌둥동주의(neo-Maoist)임을 주창하고 있는 SL은 남미에서 가장 폭력적인 성향을 나타내고 있는 테러리스트 단체이며, 소작 농민을 이용하여 농촌지역에서 먼저 무장봉기를 일으키고, 점차 대도시 주변으로 확대하여 정부 전복을 기도하는 반란단체이다.[105] SL은 동시 다발적인 테러리

105) http://www.tkb.org/Group.jsp?groupID=111(검색일: 2006년 5월 9일)

즘 공격은 물론 도시 게릴라전을 자행하고 있어, 1980년대에 들어서면서 서반구에서 가장 무자비한 테러집단들 중의 하나가 되었다.[106] SL의 명시적인 목표는 기존의 페루 제도들을 파괴하고 공산주의 농민 혁명정권으로 대체하는 것이다. SL은 또한 해외의 다른 정부들의 영향력을 반대하고 있을 뿐만 아니라 특히 Tupac Amaru Revolutionary Movement(MRTA)와 같은 라틴아메리카의 다른 게릴라집단의 영향력을 반대하고 있다.

주로 은행 강도와 금전 강탈을 통해, 그리고 그들이 영향권에 두고 있는 지역의 주민들에게 전쟁세(War Tax)를 부과하여 단체를 유지하고 있다. 또한 SL은 농촌지역에서 공세적인 사상교육을 단행하여 12~15세의 소년들을 단체에 끌어들이고 있는데, 상대적으로 교육 정도가 낮고 이성적으로 합리적인 판단을 내릴 수 있는 능력이 없는 소년들을 이용하는 반인륜적 만행을 자행하고 있다. SL은 테러리즘 자행시 세포조직(cellular structure)을 활용하고 있는데, 각 세포(cell)에는 적어도 한 명의 여자 테러리스트가 포함된다. 이들 여자들은 주로 정보원, 메시지 전달원으로 활용되는데, 때로는 공격조에 포함되기도 한다. SL이 가장 잔인한 테러리스트단체로 알려진 이유는 소름끼치는 암살행위 때문이다. 희생자들의 신체를 절단한 후 시체는 공공장소에 버려둠으로써 테러리즘 효과를 극대화하고 있다. SL은 농촌, 소작농 중심의 혁명을 신봉하고 있지만 지도층은 중산층 출신의 지식인들이다. 하지만 이들은 대중운동의 이미지를 교묘하게 유지하여 농촌지역의 지지를 이끌어 내는 데 성공했다.

나. 활동

무차별적인 폭탄테러와 선택적인 암살 테러를 주로 자행하고 있다. 1990년 페루 주재 외교공관에 대해 연쇄적인 폭탄테러를 자행했으며, 이 중에는 동년 12월 미 대사관에 대한 자동차 폭탄테러가 포함되어 있다. 1992년 9월 페루 정부의 소탕작전 때 SL의 지도자 구즈만이 체포되었고, 1995년에 상당수의 다른 지도급 요원들이 체포되어 SL은 타격을 받은 것으로 알려지기도 했지만, 여전히 페루 정권에 대항하여 테러리즘을 자행하고 있다. 2002년 부시 미국 대통령의 페루 방문 직전에 미국 대사관에 대한 차량 폭탄테러가 발생하여 9명이 사망하고 30명이 부상당하기도 했다.[107]

다. 세력

SL의 정확한 세력 규모는 알려진 바가 없지만 대략 200명에서 1천 명 정도로 추산된다.[108]

---

106) 2003년 페루의 진실 및 화해위원화의 집계에 따르면 1980년 SL이 무장투쟁을 전개한 6만 9천여 명이 SL과 정부군과의 대결 과정에서 사망한 것으로 나타났다.

107) "Shining Path Revisited," *The Economist*, Sept. 6, 2003.

108) U.S. Department of State, *Patterns of Global Terrorism: 2002*, p. 124.

라. 활동 영역 및 근거지

페루, 대부분의 활동은 농촌지역에서 이루어지고 있다.

마. 외부 지원

외부 지원은 전혀 없는 것으로 알려져 있다.

4) United Self-Defense Forces of Colombia(AUC)

가. 개요

AUC는 부유층과 지주들의 경제적 이익을 지키고, FARC 그리고 ELN 등 지방 반란조직과 투쟁하기 위해 연대하는 지방과 지역의 준(準)군사조직의 동맹을 강화하기 위해 우산(雨傘)기구로 1997년 4월에 결성되었다. 2002년에 AUC의 지도 체제가 와해되고 나서 마약 거래를 하고 있는 하부 연대조직을 제거하기 위해 AUC의 조직이 재정비되었다. 경제 엘리트, 마약 거래상, 그리고 효율적인 정부의 보호를 받을 수 없는 지방 공동체들로부터 지원받고 있는 AUC는 반정부조직들로부터 그들을 후원하는 세력을 보호하는 임무도 수행하고 있다. 현재 AUC는 자신들이 지역적 및 국가적인 반정부 폭동진압군이라고 주장하고 있다. AUC는 상당한 수준의 장비를 보유하고 있고, 화력도 군사조직에 준하는 수준이며, 대원들에게 월급을 지불하는 것으로 알려져 있다.109)

나. 활동

AUC의 활동은 혐의를 받고 있는 폭동 지지자들에 대한 암살에서 게릴라전에 이르기까지 다양하다. AUC는 일반적으로 정부 보안군과의 충돌은 피하고 있으며, 또한 미국인들 또는 미국의 이해와 관련된 것은 공격하지 않고 있다.

다. 세력

과거 군인이었던 사람들과 폭도들을 포함해 대략 6,000~8,150명으로 추정된다.

라. 활동 영역 및 근거지

AUC 군은 안티오키아(Antioquia) 북서부 지역, 코르도바(Cordoba), 수크레(Sucre), 그리고 볼리바르(Bolivar) 구역에서 가장 강력한 세력이다. 1999년 이래로, AUC는 북부와 남서부의 다른 지방에서 점점 더 많은 활동을 보이고 있다. 2000년 푸투마요(Putumayo)에서 AUC와 FARC 폭도와의 충돌은 AUC가 콜롬비아 전역에서 폭동에 대응할 수 있는 것을 보여 준

109) http://www.tkb.org/Group.jsp?groupID=126(검색일: 2006년 8월 23일).

사례이다.

마. 외부 지원

구체적으로 알려진 바 없다.

사. 주요 테러사건

1999. 8: 좌익반군에 협력했다는 이유로 농민 70여 명 사살

2001. 10: 부가마을에서 극좌단체에 협조하는 주민 30여 명 사살

2002. 10: 베네수엘라 우레나 지역에서 ELN 조직원을 공격, 5명 사살

2003. 6: 리오수시오 시장선거에 출마한 전(前) 주지사를 경호원과 함께 암살

<부록 2> 세계의 주요 대테러작전부대

1. 영국의 공수특전단(Special Air Service-SAS)

대테러특공대의 대명사인 SAS는 원래 테러리즘 사건의 담당을 목적으로 창설된 부대가 아니었다. SAS는 군사적인 기습공격과 전쟁의 승리를 위해 무엇보다 중요한 정보 수집을 위해 1941년 데이비드 스털링(David Stirling) 중령에 의해 창설되어, 북아프리카에서 독일과 이태리 군에 대항하여 혁혁한 전공을 세웠다. 제2차 세계대전이 끝났을 때 SAS는 6개 대대의 여단으로 성장했으나, 1952년에 3개 대대(21 SAS, 22 SAS, 23 SAS)로 구성된 연대급 부대로 축소되었다. 각 대대는 4개의 중대로 구성되어 있으며, 각 중대는 사병 72명과 장교 6명으로 구성되어 있다.[110] 그 동안 SAS는 케냐, 보르네오, 예멘 등지에서 공산주의자들의 반란 진압과 대테러리스트 작전에 주로 투입되어 왔다. SAS는 1960년대 말까지 우방국 원수의 경호원들에게 경호에 관한 군사기술을 전수했고, 이 기간 동안에 SAS의 우수한 대원 15~20명이 한 팀이 되어 테러리즘을 연구하고 항공기 납치범 그리고 기타의 테러리스트 공격에 대한 전술을 개발하기 시작했다. 1969년부터는 폭력으로 얼룩졌던 북아일랜드에 파견되어 대테러 작전을 전개했다.[111]

1970년대에 이르러 테러리스트의 공격이 더욱 거세지기 시작하고 공격 빈도가 급증하자 대테러 업무를 담당하는 요원을 증원하여 72명의 대원과 6명의 장교로 구성된 대테러 전담 특공대를 만들었다.[112] SAS는 1980년 런던 주재 이란 대사관 인질 억류사건을 성공적으로 진압하여 최고의 대테러리스트 특공대로서의 명성을 전 세계적으로 얻게 되었으며, 독일 GSG-9의 모가디슈 항공기 납치 구출작전, 아센 열차 납치 구출작전, 이태리 수상을 역임했던 알도 모로(Aldo Moro) 납치사건 등에 SAS 요원들이 파견되어 전술적 지도와 신경 무능화 작용탄(Stun Grenade) 등 최첨단 장비를 동원하여 성공적 구출작전에 핵심적인 역할을 하기도 했다. 이 같은 활약과 명성으로 인해 전 세계 각국의 대테러리스트 특공대 창설의 본보기가 되었으며, 미국의 델타포스 역시 SAS의 도움으로 창설되었다.

SAS의 본부는 웨일스(Wales) 근처의 히어퍼드(Hereford)에 위치하고 있으며, 그곳에서 대부분의 훈련이 이루어지고 있다. SAS대원은 다른 영국군 부대에서 지원하는 자들 중에 우

110) Tony Geraghty, *Who Dares Wins: The Story of the SAS, 1950-1982*(London: Fontana & Collins, 1990), pp. 1-17.

111) Leroy Thompson, *The Rescuers: The World's Top Anti-Terrorist Units*(Devon: David & Charles Publishers, 1986), p. 65.

112) George Rosie, *The Directory of International Terrorism*(Edinburgh: Mainstream Publishing Company, 1986), p. 270.

수한 자원을 엄격한 심사 하에 선발하여 16명 단위로 훈련이 이루어지며, 다시 4명 1개조로 세분화된다. 모든 대원은 킬링 하우스(Killing House)로 알려진 특수시설에서 밀폐지역 전투 능력(Close Quarters Battle Capability), 각종 화기 및 폭발물 처리 능력은 물론이고, 4명 1개조에서 한 명은 반드시 작전에 투입되는 국가의 언어를 완벽하게 구사하는 능력을 갖추고 있다.113)

일반적으로 대테러리스트 특공대원들이 습득해야 하는 공수, 레펠, 육박전 훈련, 폭파, 통신기술 등은 SAS대원으로 선발되기 전에 모두 갖추고 있기 때문에 가장 중점을 두고 있는 것은 밀폐지역전투(CQB)에서의 사격훈련이다. CQB 기본 사격 과정은 6주 동안 계속되는데, 이 기간 동안 최소 1,200에서 1,500발의 실탄 사격이 이루어진다. 기본 사격훈련이 끝나면 이동 목표물(target)에 대한 사격, 신속한 탄창 교환 훈련, 총기 고장 수리 등 계속되는 반복훈련을 통해 사격의 명수(名手)로 양성된다. 일정 수준의 훈련이 이루어지고 나면 발생 가능한 상황을 상정해 놓고 끊임없이 반복적인 모의 구출작전을 실시하여 실제 상황에 대비하고 있다. 특히, 실제 사격이 이루어지는 모의구출 작전에서 SAS 대원들이 인질 역할을 하고 있다는 것은 SAS대원의 사격 능력을 입증해 준다.

SAS가 최정예 대테러리스트 특공대로서의 명성을 유지하고 있는 요인 중에 하나는 SAS 내에 운용하고 있는 작전연구팀(Operational Research Team)이 대테러리스트 작전에 필요한 특수장비를 개발하고 있다는 것인데, 신경무능화 작용탄(Stun Grenade), 특수 공격작전용 사다리(Special Assault Ladders) 등이 바로 작전연구팀이 고안해 낸 장비들이다. SAS는 미국의 델타포스, 독일의 GSG-9 등 서방국가의 대테러리스트 특공대와 긴밀한 협력 관계를 통해 대테러 전술 개발과 훈련을 실시하고 있는데, 이들 특공대의 실제 작전 투입시 특수장비의 지원과 대원들을 파견해 자문 역할을 하는 등 테러리즘 근절을 위해 많은 공헌을 해 왔다.

2. 독일의 GSG-9

1972년 뮌헨올림픽 기간 중에 팔레스타인 테러리스트에 의해 이스라엘 선수 11명이 무참하게 살해되자, 서독 정부는 테러리즘 발생시 효과적으로 대처할 수 있는 특공대의 필요성을 절감하게 되었고 브란트(Willy Brandt) 수상은 겐셔(Hans-Dietrich Genscher) 연방 내무장관에게 대테러특공대 창설을 지시했다. 악명을 날렸던 나치 독일의 친위대인 SS에 대한 반감이 여전했기 때문에 군의 엘리트를 중심으로 한 특공대를 창설하지 않고, 대신에 연방국경경찰(Federal Border Police) 예하에 특공대를 창설하기로 결정되었다. 이에 따라 창설된 서독의 특공대가 Grenzchutzgruppe(GSG-9)이며, 총대원은 88명으로 구성되었다.114)

113) Ibid.
114) Leroy Thompson, Op. cit., p. 72.

본(Born)의 외곽에 자리한 세인트 오거스틴(St. Augustin)에 기지를 둔 GSG-9는 테러리즘 관련 임무를 수행하며, 위기 상황에서의 VIP 경호, 테러리스트의 공격이 예상되는 독일 주재 외국 대사관 방어, 국가의 주요 시설물에 대한 수비 등을 담당한다. 초대 GSG-9 대장으로 임명된 베게너(Ulrich Wegener)는 경찰 베테랑으로 대테러 전문가로 명성을 날리고 있었고, 미국과 이스라엘의 특수부대와 긴밀한 협조로 오늘날의 GSG-9을 있게 한 당사자이며, 1976년 이스라엘의 엔테베 인질구출작전에 동행하여 이스라엘 특공대에게 전술적 조언을 하기도 했다.[115)]

창설 당시의 GSG-9은 구성면에서 보면 3개의 공격대로 되어 있으며, 통신 및 정보분대, 화력분대, 연구 및 장비분대, 정비 및 군수분대, 훈련분대 등의 지원을 받아 임무를 수행하도록 조직되어 있었다. 1983년에는 1개의 공격대가 추가되어 현재는 4개의 공격대로 구성되어 있다. 각 공격대는 원래 30명으로 되어 있었으나, 현재는 증원되어 42명으로 되어 있으며, 작전 단위는 5명으로 되어 있다. 대테러작전의 핵심은 정보의 수집임을 인식하고 있는 GSG-9은 코미사르(Komissar)로 알려진 컴퓨터 시스템을 갖추어 놓고 전 세계의 테러리스트단체에 대해 추구하는 목적, 조직구조, 공격 양상, 무기, 핵심대원 등 모든 자료를 입력하여 과학적 분석을 함으로써 테러리스트의 공격을 사전에 차단하고, 상황 발생시 효과적인 진압작전에 활용하고 있다.[116)]

GSG-9의 대원 선발은 엄격하기로 유명하다. GSG-9의 대원으로 응시하기 위해서는 국경경찰대에서 2년 이상 우수한 성적으로 근무한 경력이 있어야만 자격이 주어지며, 3일 동안 계속되는 체력, 심리, 사격, 지능, 일반상식 등의 테스트를 통해 1차 선발이 이루어진다. 1차에 선발된 인원은 5개월 동안의 기초 체력, 사격, 무술 등의 엄격한 훈련을 받게 되는데 1차 선발 인원의 10% 이상이 탈락된다. 2차를 통과한 지원자는 또다시 3개월 동안의 훈련을 거치게 되는데, 이 기간에는 팀 공격훈련, 전술훈련 등을 받는다. 일단 모든 과정을 성공적으로 마치고 최종적으로 GSG-9의 대원으로 선발되면, 외국제의 모든 화기 조작술을 익히게 되며 막대한 예산을 투입하여 설치한 항공기, 열차, 선박, 대사관 등의 모형물에서 시나리오에 따라 실전과 똑같은 모의 구출작전을 반복적으로 실시하여 최고의 엘리트 대테러 특공대원으로 양성된다. GSG-9의 대원들은 최고의 능력을 유지하여 완벽하게 임무를 완수할 수 있도록 일주일에 50~60시간을 훈련에 임하고 있으며, 대원들은 일 년에 두 번 실시되는 테스트를 통해 검증을 받고 있다. 그뿐만 아니라 GSG-9은 대테러 관련 기술, 정보, 그리고 장비에 대한 지식을 습득하고 교환하기 위해 FBI, SAS, GIGN 등 해외 대테러 특공대에 대원들을 파견하여 공동으로 훈련시키고 있다.[117)]

---

115) Ibid., p. 73.
116) Ibid.
117) George Rosie, Op. cit., p. 133.

GSG-9의 명성은 모가디슈로 납치된 루프트한자 항공기의 인질 91명을 성공적으로 구출함으로써 확인되었다. 모가디슈 작전 후 싱가포르, 사우디아라비아 등 40여개 국가에서 대테러특공대 구성을 위해 GSG-9에 협조를 요청하기도 했다. 심지어는 SAS에서도 영국 주재 이란 대사관 점거사건의 해결을 위해서 구출작전을 감행하기 전에 GSG-9의 협조를 구한 바 있다.

3 프랑스의 GIGN

뮌헨올림픽 사건 이후 프랑스 역시 대테러특공대의 필요성을 인식하고 있었지만, 대테러특공대 창설의 직접적인 계기가 된 것은 1973년 9월 5일에 발생한 프랑스 주재 사우디아라비아 대사관 점거 및 인질 억류사건이었다. 무장한 5명의 팔레스타인 테러리스트들이 사우디아라비아 대사관에 침입하여 13명을 인질로 잡고, 이들의 석방 조건으로 투옥 중인 동료 테러리스트의 석방과 자신들의 안전한 출국을 요구했다. 이 사건은 아랍국가의 대사들이 협상 조정자로 나서서 평화적으로 해결했고, 프랑스 정부는 아무런 위기관리 능력을 보여 주지 못했다.[118] 사우디아라비아 대사관 점거 사건 직후인 1973년 11월 프랑스 정부는 대테러특공대 GIGN(Groupement D'Intervention De La Gendarmerie Nationale)을 창설하기에 이르렀다.

창설 초기에 GIGN은 제1 GIGN과 제4 GIGN의 2개의 부대로 구성되어 있었으나 1976년에 2개의 부대는 통합되었고, GIGN의 임무가 점차적으로 늘어나자 1979년에는 핵심 인원을 15명에서 42명으로 보강했고, 다시 1984년에 58명(장교 6명)으로 증원했다. GIGN은 12명으로 구성된 4개의 타격대(Strike Unit)로 되어 있으며, 4개의 타격대 중 1개 타격대는 비상대기조로 언제나 그리고 어디로든 출동 태세를 갖추고 24시간 대기하고 있다. GIGN은 프랑스의 인질 구출작전이 주된 임무이지만, VIP에 대한 경호, 핵발전소 등 주요 시설물에 대한 방어, 흉악범 호송 임무도 아울러 수행한다.[119]

GIGN 대원의 선발은 헌병대 근무자 중 지원자를 대상으로 1차 서류와 GIGN 대장과의 인터뷰를 통해 100명을 선발하고, 이들이 일주일 동안 체력, 담력, 사격 능력 검사를 받게 되는데, 체력검사는 완전 군장 8km 달리기, 암벽타기, 레펠 훈련 등이며, 담력검사는 훈련된 사나운 군견과 무술 유단자와의 연속 대결 등이며, 사격은 권총 및 소총 사격 능력 평가가 포함된다. 2차 관문을 통과한 응시자들은 8개월간의 각종 대테러 전술과 전기를 연마하게 되고, 모든 과정을 성공적으로 수료하면 정식으로 GIGN의 대원으로서 임무를 수행하게 된다. 대부분의 대테러리스트 특공대원들이 받는 훈련에는 낙하 훈련, 레펠 훈련, 전투 수영훈련 등의 각

118) Edward F. Mickolus, *Transnational Terrorism: A Chronology of Events, 1968-1979*(London: Aldwych Press, 1980), pp. 406-407.

119) Leroy Thompson, Op. cit, p. 80.

종 특수훈련이 포함되어 있다. 이 중에서 타국의 특공대와는 달리 GIGN은 전투 수영훈련을 강조하고 있다. 이것은 해상에서 선박 납치사건이 발생하거나, 해안에 있는 호텔과 같은 위락시설의 점거와 인질 억류에 GIGN이 대비하고 있다는 것이다. GIGN의 특징 중의 하나는 매년 9천 발 이상의 권총 사격과 3천 발 이상의 소총 사격, 계속되는 모의 인질 구출작전에 있는 것이 아니다. 이러한 훈련은 대부분의 특공대에서 실시하는 것들이다. GIGN은 대원 개개인들은 맞서게 될 테러리스트들을 심리적으로 압도하기 위해 정신수양훈련(mental training)과 테러리스트 단체에 대한 공격 유형과 추구하는 목적에 대한 끊임없는 연구를 하고 있다. 이러한 연구를 통해 작전에 투입될 경우 테러리스트 및 단체에 대해 세밀한 사항까지 파악하고 있으므로 테러리스트들을 압도할 수 있는 능력을 GIGN이 갖추고 있다는 것이 강점 중의 하나이다.

GIGN은 정부의 전폭적인 지지와 최고의 엘리트 대테러 특공대의 명성을 유지하기 위해 자체적인 연구와 각종 훈련을 통해 그 어느 특공대보다 뛰어난 성과를 거둔 것으로 평가받고 있다. 지금까지 창설 이후 GIGN이 행한 작전은 실패한 적이 없으며, 그동안 500회 이상의 특수작전을 통해 모두 5백 50여 명의 테러리스트들을 무력화시켰으며 3백 50여 명의 인질을 구출해 냈다. 1976년 지부티에서 발생한 스쿨버스 인질 구출작전, 1979년 사우디아라비아의 회교원리주의자들이 일주일 간 장악하고 있던 회교 성지 메카사원 진압작전, 1983년 파리의 오를리 공항 납치범 제압작전 등이 GIGN이 행한 대표적인 작전이다. 지금까지 가장 널리 알려진 구출작전은 1994년에 발생한 에어 프랑스 항공기 납치사건의 구출작전이다. 알제리의 우아리 부메디엔 공항에서 알제리 회교원리주의 테러리스트 4명이 자국의 항공기를 납치하여 프랑스의 마르세유 마리난 공항에 강제 착륙시키고 프랑스 정부와 대치하자, GIGN이 투입되어 납치범 4명을 사살하고 인질 1백 70명을 성공적으로 구출했다.120)

GIGN은 명성에 걸맞게 사우디아라비아를 비롯한 제3세계 국가의 대테러 특공대원들의 훈련을 지원하고 있으며, 한국의 특수부대 역시 GIGN부대를 방문하여 대테러특공대 훈련에 필요한 기술과 정보를 얻고 있는 것으로 알려지고 있다.

4. 미국의 델타포스(Delta Force)

미국의 대테러리스트 특공대인 델타포스는 특수전 장교 출신이며, 1960년대에 SAS에서 근무한 바 있는 베크위드(Charles Beckwith)에 의해 1977년 11월에 창설되었다. 델타포스가 창설된 계기는 독일의 GSG-9의 모가디슈 인질 구출작전이었다. GSG-9이 성공적인 작전의 수행으로 세계의 이목을 집중시키자, 대테러특공대의 필요성을 인식한 미국 정부가 합동참모본부(Joint Chief of Stff)에 대테러 능력을 갖춘 부대의 창설을 명령함으로써 델타포스의 창

120) 최진태, 「테러, 테러리스트 & 테러리즘」(서울: 대영문화사, 1997), pp. 168-169.

설이 이루어졌다.

극소수의 인원으로 출발한 베크위드는 SAS의 대원 선발 방법에 따라 대원들을 선발했다. 대부분 특수부대 대원들이 응시한 가운데 치러지는 예비 선발 과정은 산악 달리기, 18마일 속보 등 혹독한 체력검사 등이 포함되었으며, 이 과정에서 합격한 후보 대원들은 심리평가와 인터뷰를 통해 평가를 받았다. 예비 과정에 지원한 30명 중 7명만이 델타포스 대원이 되었다. 완전한 형태의 델타포스로 자리잡기 위해 필요한 병력의 선발은 레인저, 그린베레로 알려진 특전단 대원들을 대상으로 이루어졌고, 1978년 5월에 73명이 모든 선발 과정을 통과했다. 이들 73명은 다시 19주간 동안 대테러작전에 필요한 모든 기술 습득 훈련을 마쳤다.[121)]

창설 초기에는 1개의 작전대(Operational Squadron)만이 있었으나, 대원들의 선발이 완료되자 1개의 공격대가 추가적으로 편성되었다. 이들 공격대의 훈련은 사격 능력 향상에 초점이 맞추어져 있는데, 야간 사격을 포함해 매일 4시간, 매주 5일 간의 사격 훈련이 진행된다. 특히 정교하게 만들어진 시설에서 모의 목표물을 이용해 다양한 상황을 상정하여 정밀하고 과학적인 사격 훈련을 하는 것이 특징이다. 또한 모든 인질 납치 상황에 익숙해지기 위해서 호러 하우스(House of Horror)라고 불리는 특수 모의시설을 이용하고 있다. 특히, 항공기 납치가 위협으로 다가서자 연방항공청(Federal Aviation Administration: FAA)이 보잉 727기를 제공해 델타포스가 훈련에 이용해 왔으며, 실제로 미국 전역의 공항에서 훈련을 실시하고 있다. 또한, 모든 종류의 민간 항공기에 대한 구조, 특징 등을 파악하고 있다. 테러리스트의 인적 사항, 공격 형태, 무기 등 대테러에 필요한 정보는 FBI, CIA 등으로부터 직접 제공받아 활용하고 있다.

한편, 델타포스의 대원들은 유럽 및 기타의 외국 주요 도시를 방문하여 예상되는 공격 목표에 대한 정찰을 하도록 하고 있으며, 이러한 주요 도시에 대한 방문을 통해 작전에 투입될 수도 있는 외국의 생소한 환경에 대한 적응력을 갖추도록 하고 있다. 아울러, 델타포스는 SAS, GSG-9 그리고 GIGN 등과 상호 교환훈련을 하고 있으며, 이들 특공대들과 긴밀한 협력 관계를 유지하고 있는데, 1979년 테헤란 미국 대사관이 점거되었을 당시 인질 구출작전 실시에 앞서 이들 특공대장이 참관하여 모의훈련을 실시하기도 했다.

5. 이스라엘의 사렛트 매트칼(Sayaret Matkal)

이스라엘의 대테러리스 공격 능력은 1953년에 창설되어 이스라엘에 대한 공격을 하던 팔레스타인에 대한 공세적 방어 임무를 수행했던 101단(Unit 101)으로 거슬러 올라간다. 그러나 101단의 과격한 작전 수행은 많은 국제적 비난 여론을 일게 했고, 101단은 공수대대에 흡수되고 말았다. 1967년 6일전쟁이 이스라엘의 일방적인 승리로 끝나게 되자 정규전으로 이스

121) Leroy Thompson, Op. cit., pp. 126-128.

라엘에 대항할 수 없음을 자각한 팔레스타인 해방기구(PLO)의 대이스라엘 테러리즘 캠페인이 시작되었다. 이에 이스라엘 정부는 정보국 산하에 사렛트 매트칼이라는 대테러리스트 특공대를 창설하게 되었다. 1970년대까지 사렛트 매트칼의 대원은 200여 명 정도로 추정되며, 대원 선발은 육·해·공군의 우수한 복무 기록을 가지고 있는 자에 한해서 이루어진다. 훈련은 밀폐 공간 전투, 낙하, 레펠 훈련 등 기타의 대테러 특공대와 비슷하지만, 이스라엘을 둘러싸고 있는 아랍국의 적진에 직접 투입되어 실전을 많이 쌓아 특공대원으로서의 자질이 매우 높은 것으로 평가받고 있다.

사렛트 매트칼은 빈번하게 발생하는 자국 비행기에 대한 납치에 대항하기 위해 항공기 보안요원(Sky Marshal)으로 모든 엘 알 여객기에 탑승하여 항공기 납치 예방에 크게 기여하고 있다. 또한, 아랍국의 대이스라엘 테러리즘 공격에 대한 보복작전에 투입되는 것도 사렛트 매트칼이다. 1968년 12월 PFLP에 의한 엘 알 항공기 납치에 대한 보복으로 40명의 사렛트 매트칼 정예 요원들이 베이루트 공항에 대한 공격을 단행하여 13대의 비행기를 폭파하기도 했다.

사렛트 매트칼은 1972년 5월에 발생한 사베나(Sabena) 여객기 납치사건을 성공적으로 진압하여 최초로 대테러 능력을 검증받았다. 검은 구월단(Black September Organization) 소속의 테러리스트 4명이 사베나 여객기를 이스라엘의 로드 공항으로 공중 납치하여, 탑승객 100명을 인질로 억류하고 이스라엘 정부 당국과 대치했다. 납치범들은 이스라엘 감옥에 투옥된 371명의 팔레스타인 테러리스트들의 석방을 요구했고, 이에 이스라엘 정부는 국제적십자의 대표자를 협상 중개인으로 활용하여 시간을 벌었고, 그 동안에 구출작전을 준비했다. 항공기 정비 기술자로 위장한 사렛트 매트칼 요원들이 납치된 항공기에 은밀히 접근하여 테러리스트 2명을 사살하고 2명은 생포하는 데 성공했다.[122] 사렛트 매트칼의 구출작전은 최초의 성공적인 항공기 납치 구출작전으로 기록되어 있다. 또한, 인질 구출작전의 대명사로 알려진 1976년의 소말리아 엔테베작전도 인질구조팀이 제35공수여단과 골라니 코만도 대원들의 합동으로 구성된 것으로 알려져 있지만, 핵심적인 역할을 담당했던 것은 사렛트 매트칼이다.

6. 한국의 대테러 특공대

한국의 대테러특공대는 크게 군과 경찰 특공대로 구성되어 있다. 군의 경우는 육군 특전사 예하의 707 대테러 특수임무대대와 해군의 특수전(特殊戰) 여단 예하에 대테러 특수임무대가 대테러 임무를 수행하고 있다.

육군의 707 대테러 특수임무대대는 1981년 고공, 해상, 산악지역대로 구분하여 120여 명의 인원으로 창설되었으며, 지금은 대테러 임무 및 비(非)정규전 임무를 병행하여 수행하고 있

122) Edward F. Mickolus, Op. cit., pp. 313-316.

다. 대원들은 특전사 내에서 충원되며, 자질 및 품성과 무술이 뛰어난 기량을 가진 자를 선발하여, 1인 다(多)역할이 가능한 최고의 엘리트 대원으로 양성되고 있다. 707 대테러 특수임무대대의 경우 훈련시설도 매우 우수하며, 세계 유수의 대테러 특공대와 비교해서도 전혀 손색이 없는 것으로 전문가들은 평가하고 있다.

해군의 해상 대테러특공대는 한국이 지정학적으로 반도국가이며 해상 교통에 대한 의존도가 높아 앞으로 한국 선박에 대한 테러리즘의 발생 가능성이 높다는 판단 아래 창설되어 운영되고 있다. 해군의 특수전 여단 예하에 해상 테러 진압 임무를 맡고 있는 특수임무대로 창설된 것은 1994년이다. 육상에서의 테러리즘 사건 발생시 경찰특공대와 육군의 대테러리스트 특공대를 투입하여 효과적으로 대처할 수 있지만, 작전환경이 다른 해상에서 발생하는 테러리즘에 효과적으로 대처하는 데는 한계가 있을 수밖에 없다는 인식에서 해군 특수임무대의 창설 계기가 되었다. 최초 창설 당시에 50여 명으로 출발한 특수임무대의 규모는 100여 명으로 발전했다. 해상 테러리즘이 급증하고 있는 상황에서 해상 테러리즘 진압 능력을 가지고 있다는 사실만으로도 한국 선박에 대한 테러리즘을 억제하는 효과를 발휘할 수 있다는 측면에서 볼 때 해군의 해상 대테러 특공대 창설은 바람직한 결정이었다고 평가되어야 할 것이다. 해군의 특수임무대는 미국의 SEAL팀과 정기적으로 합동훈련을 실시하고 있으며, 세계의 유수 특공대와도 교류를 하면서 막강의 대테러리스트 진압 능력을 갖추고 있는 것으로 평가받고 있다.

경찰의 대테러 특공대는 86 아시안게임과 88 서울올림픽이 확정되면서 북한 특수부대에 의한 테러리즘과 국제 테러리즘에 효과적으로 대처하기 위해 1983년에 경찰청 소속으로 창설되었다. 창설당시 특공대장을 포함하여 특공대원 67명과 행정요원 16명 등 83명으로 출발한 경찰 대테러 특공대는 발전을 거듭하여 인원이 200여 명으로 증원되었으며, 경찰청에서 서울지방경찰청으로 소속이 변경되었다. 특공대원은 특수부대 출신 및 경찰관 중에서 우수한 자원을 대상으로 선발하고 있다. 주기적으로 세계의 대테러부대와 연합훈련을 병행하며 교리 발전 및 노하우를 축적하고 특수훈련을 이수하고 있는 것으로 알려지고 있다. 특공대원들은 각종 화기를 자유자재로 다루어야 하며, 상상을 초월한 훈련을 통해 어떠한 상황에서도 테러리스트들을 제압할 수 있는 능력을 갖추도록 훈련되고 있다. 경찰의 대테러 특공대는 2002년 월드컵에 대비하여 인천, 대구, 부산, 대전, 전남 지방경찰청에도 대테러 특공대가 추가적으로 창설되어 성공적인 월드컵 행사에 기여함은 물론 테러 예방 및 강력사건 진압에도 크게 기여하고 있는 것으로 평가받고 있다. 최근에는 제주지방경찰청에도 대테러 특공대가 창설되어 경찰의 대테러 능력은 그 어느 국가에도 뒤지지 않을 정도로 발전한 것으로 평가된다.

해양경찰청도 해상에서 발생하는 테러에 대한 진압 등을 위해 2002년에 인천지방해양경찰본부에 1개 대테러특공대를 창설하여 운용하기 시작했다. 반도 국가로 3면이 바다인 한국의 지리적 상황에서 1개 해상 대테러특공대만으로 한국의 영해 전체를 대상으로 평상시에 발생하는 해상 테러나 강력범죄 등을 예방하고 진압하는 것은 사실상 불가능하다는 인식에 따라 2004년에 부산지방해양경찰본부, 그리고 2006년에 동해 및 목포 지방해양경찰본부에 각각 대테러특공대를 추가로 창설했다. 한국의 지정학적 위치, 한국 선박에 대한 국제 테러조직의 테러 위협 증가, 중국 어선의 불법 어로, 일본의 억지 주장이 계속되고 있는 독도 문제 등을 고려해 볼 때 해양 경찰의 대테러특공대 추가 창설은 미래 지향적인 결정이었다는 평가를 받을 만하다.

참고 문헌

국내 문헌

권재상(2007), "현대 심리전의 특징," 「국방심리전 정책연구서」(서울: 국방부).

국가안전보장회의(2005), 「국가위기관리 기본지침」(서울: 국가안전보장회의).

국가정보원(2009), 「국제테러정세: 2008」(서울: 테러정보통합센터).

———(2007a), 「테러정세: 2006」(서울: 테러정보통합센터).

———(2007b), 「월간 테러정세」 2007월 6월호(서울: 국가정보원).

———(2004a), 「대테러 연구논총」 제1호(서울: 국가정보원).

———(2004b), 「국가대테러활동지침」(서울: 국가정보원).

국방대학교(2007a), 「국가안보와 전쟁」(서울: 국방대학교).

———(2007b), 「안보관계용어집」(서울: 국방대학교).

———(2005), 「안보관계용어집」(서울: 국방대학교).

국방부(2006), 「국방백서」(서울: 국방부).

———(2001), 「국제 테러리즘」(서울: 국방부).

국회정보위원회(2002), 「테러관계 자료집」(서울: 국회정보위원회 수석전문연구실).

김국신 외(2005), 「미래의 대테러작전 수행 개념 및 발전 방향」(대전: 육군교육사령부).

김두현(2004), 「현대테러리즘론」(서울: 백산출판사).

김선범(2008), 「안정작전」(서울: 국방대학교).

———(2006), "대테러전 어떻게 대비할 것인가?," 「합동군사연구」 제16호.

김수은(2008), 「국가안보와 전쟁」(서울: 합동참모대학).

김열수(2005). "한국군의 대테러 활동 정립 방안," 「합동참모본부 '05 합동교리 발전 세미나 발표논문집」.

김우상(2005), "세계화와 인간안보," 「아산재단 연구총서」, 제181집(서울: 집문당).

김현기(2001), "북한군 특수부대의 실체," 「국방저널」, 2001년 11월호.

문광건 외(2003), 「뉴테러리즘의 오늘과 내일」(서울: 한국국방연구원).

박준석(2006), 「뉴테러리즘개론」(서울: 백산출판사).
이윤규 외(2009), 「첨단 IT 기술을 활용한 대테러 작전 발전 방안」(서울: 육군발전협회 지상군연구소).
———(2007), 「평시 국가 위기관리 정책 방향과 과학기술 적용 방안」(서울: 육군발전협회 지상군연구소).
육군대학(2008), 「도시지역 방어전투: 합동교육 · 교리세미나」(대전: 육군대학).
육군본부(2005), 「대침투작전: 야전교범 0-3」(대전: 육군본부).
———(2007), 「대테러작전」(대전: 육군본부).
장창규 외(2002), 「테러리즘과 문명공존」(서울: 한국국방연구원).
정원영(2000), 「지방자치시대 통합방위」(서울: 한국국방연구원).
주수기(2007), "21세기 국제테러리즘: 뉴 테러리즘," 「대테러연구」, 제30집.
통합방위본부(2006a), 「통합방위법」(서울: 통합방위본부).
———(2006b), 「통합방위시행령」(서울: 통합방위본부).
———(2006c), 「통합방위지침」(서울: 통합방위본부).
최진태(2006a), 「테러리즘의 이론과 실제」(서울: 대영문화사).
———(2006b), 「알카에다와 국제테러조직」(서울: 대영문화사).
최진태 · 이영철(2004), 「폭탄테러대응매뉴얼」(서울: 한국테러리즘연구소).
합동참모본부 역(2005), 「대테러작전: 미 합동교범 3-07」(서울: 합동참모본부).
———(2002), 「아프간전쟁 종합분석」(서울: 합동참모본부).
———(1997), 「군사기본교리」(서울: 합동참모본부).

국외 문헌

Banlaoi, Rommel(2004), *War on Terrorism in Southeast Asia*(Manila: Rex Book Store).
Clutterbuck, Richard(1987), *Kidnap, Hijack and Extortion: The Response* (London: Macmillan).
Dobson, Christopher & Ronald Payne(1982), *Counterattack: The West's Battle against the Terrorists*(New York: Facts on File).
———(1979), *The Terrorists: Their Weapons, Leaders and Tactics*(London: Facts on File).
Celmer, Marc A.(1987), *Terrorism, US Strategy, and Reagan Policies* (London: Manshell Publishing).

Gunaratna, Rohan(2000), "Suicide Terrorism: A Global Threat." *Jane's Intelligence Review*(20 October).

Gunaratna, Rohan(ed)(2004), *The Changing Face of Terrorism*(Singapore: Wastern Universities Press).

Hoffman, Bruce(1998), *Inside Terrorism*(New York: Columbia University Press).

Janke, Peter(1983), *Guerrilla and Terrorist Organizations: World Directory and Bibliography*(Brighton: Harvester Press).

Jin-Tai Choi(1994), *Aviation Terrorism*(London: Macmillan Press).

Laqueur, Walter(ed).(2004), *Voices of Terror*(New York: Reed Press).

Lowenthal, Mark M.(2006), *Intelligence: From Secrets to Policy*(Washington, DC: CQ Press).

Mandel, Robert(1994), *The Changing Face of National Security: A Conceptual Analysis*(Westport: Greenwood Press).

Mickolus, Edward F.(1980), *Transnational Terrorism: A Chronology of Events, 1968~1979*(London: Aldwych Press).

Paret, Peter(1992), *Understanding War: Essays on Clausewitz and the History of Military Power*(Princeton: Princeton University Press).

Schmid , Alex P. & Albert Jongman(1998), *Political Terrorism: New Guide to Actors, Authors, Concepts, Data Bases, Theories, and Literature,* (Amsterdam: SWIDOC).

Tan, Andrew & Kumar Ramakrishna(eds)(2002), *The New Terrorism: Anatomy, Trends and Counter-Strategies*(Singapore: Wastern Universities Press).

Thompson, Leroy(1986), *The Rescuers: The World's Top Anti-Terrorist Units*(Wiltshire: David & Charles Publishers).

Truby, J. David(1978), *How Terrorists Kill: The Complete Terrorist Arsenal* (Boulder: Paladin Press).

US Department of State(2009), *Country Reports on Terrorism: 2008* (Washington DC: US GPO).

———(2008), *Country Reports on Terrorism: 2007*(Washington DC: US GPO).

———(2007), *Country Reports on Terrorism: 2006*(Washington DC: US GPO).

———(2006), *Country Reports on Terrorism: 2005*(Washington DC: US GPO).

———(2004), *Patterns of Global Terrorism: 2003*(Washington DC: US GPO).

———(2003), *Patterns of Global Terrorism: 2002*(Washington DC: US GPO).

Walker, Clive(1986), *The Prevention of Terrorism in British Law* (Manchester: Manchester University Press).

Wardlaw, Gran(1989), *Political Terrorism: Theory, Tactics and Counter-Measures*(Cambridge: Cambridge University Press).

Wilkinson, Paul(1986), *Terrorism and Liberal State*(London: Macmillan).

——(ed.)(1981), *British Perspectives on Terrorism*(London: George Allen and Unwin).

——(1974), *Political Terrorism*(London: Macmillan).

찾아보기

ㄱ

ㄴ

ㄷ

ㄹ

ㅁ

ㅂ

ㅅ

저자 소개

최진태(崔鎭泰)

[약 력]
순천대학교(학사, 전공: 사회교육, 부전공: 영어교육)
연세대학교(석사, 전공: 외교안보, 대테러보안)
영국 University of St. Andrews 석·박사통합대학원(박사, 전공: 대테러보안)
군사저널 편집위원
청와대 경호실 제101 경비단 대테러 자문위원
소방방재청 인적재난 R&D사업 테러 안전기획 실무위원
국가대테러협상전문 위원
국가대테러정책위원회 위원
한양대학교 행정자치대학원 겸임교수
한국테러리즘연구소 소장

[저 서]
Aviation Terrorism(London: Macmillan, 1994).
테러, 테러리스트 & 테러리즘(서울: 대영문화사, 1997).
Police Administration and Crime(Seoul: Nexus Press, 1999).
테러리즘의 이론과 실제(서울: 대영문화사, 2006).
알카에다와 국제테러조직(서울: 대영문화사, 2006).
테러시대의 안전 및 생존 전략(서울: 글마당, 2009).

[주요 논문]
해외 진출 한국 기업의 대테러 경호·경비 전략에 관한 연구
동남아시아 이슬람 테러리즘 현황 및 전망에 관한 연구
미래 국제 테러 유형과 전망에 관한 연구
평시 국가 위기관리 정책 방향과 과학기술 적용 방안에 관한 연구

미래에 예상되는 북한의 신종 테러 수법에 관한 연구
해외방문 및 체류자의 대테러 자가 위기관리 행동기법에 관한 연구
정보화시대의 정보전과 국가안보에 관한 연구
해적행위의 본질, 발생 현황 및 조직·기술적 접근 방법에 관한 연구
사이버 테러리즘의 본질과 전망에 관한 연구 외

[기 타]
KBS, MBC, SBS, YTN 등 국내 TV와 라디오, 일본 아사히 TV, 미국 Voice of America 등의 테러 및 대테러 관련 프로그램에 Commentator로 100여 회 이상 출연
조선, 중앙, 동아일보 등 일간신문 및 전문지에 테러 및 대테러 관련 기고와 인터뷰 100여 회
군, 경찰, 정부 및 민간 기관에 국제 테러정세, 대테러전략 및 전술, 대테러 생존기법 등에 대한 강의 200여 회 실시

국가안보와 대(對)테러전략

펴낸날 / 제1판 제1쇄 2009년 9월 21일
지은이 / 최진태
펴낸이 / 임춘환
펴낸곳 / 도서출판 대영문화사
주소 / 서울 용산구 청파동 1가 178-2 ㊚ 140-869
등록 / 1975년 12월 26일 제3-16호
전화 / (02)716-3883, (02)714-3062
팩시밀리 / (02)703-3839
우체국 온라인 / 011353-02-009106

ISBN 978-89-7644-328-1

〔값 12,000원〕